改訂
増補

予算会計

連結キャッシュ・フロー
予算制度の構築に向けて

清文社

はじめに

✔夢のトライアングル

大学卒業後、鉄鋼商社の経理部門、監査法人を経て、会社を起業して16年目になります。

この間、「経理担当者」「会計士・税理士」「経営者」という3つの立場を経験してきました。それぞれの立場に対して少なからず思い入れがあります。

「経理担当者」の時代には、「経営者はなぜ、管理部門を軽視するのか？ 数値に基づく経営が重要であり、会計を深く理解する必要があるはずだ」と思っていました。

「会計士・税理士」の時代には「経営者はなぜ、監査を軽視するのか？ リスクが多い時代の中で、経営の姿をオープンにし、監査と正々堂々対峙していくべきではないか」と思っていました。

今は「経営者」の時代にいます。

経営者の頭にあるのは次の2つです。

1. お金（社員たちの生活を守っていく為に、いかに収益を上げ、利益を上げていくべきか？）

2. 人（収益及び利益を上げる為に、社員のベクトルをいかに一本化し、オフバランスの人財価値をどのようにして最大化していくべきか？）

経営者は「過去」ではなく、99%「将来」の方向を向いています。

多くの経営者が、「なぜ経理担当者や会計士・税理士は、未来志向の経営の観点での良き相談相手になってくれないのだろう？」と感じているはずです。

それだけ会社を継続させていくことが難しい時代になっています。

「経理担当者」「会計士・税理士」と「経営者」の間には、大きな心の溝があります。

この3者の間で、お互いに信頼し合う「夢のトライアングル」を構築することが、個々の会社はもちろん、日本経済が発展していくために必要だと思っています。

そのキーワードが「予算」です。

✔財務諸表には「予測概念」が含まれている

実績の財務諸表は、原則として過去の記録の積み上げですが、国際会計との整合性の観点から「予測」の概念が多く入って来ています。

例えば「退職給付会計」や「減損評価」、「繰延税金資産の回収可能性」や「資産除却債務」などです。「時価評価」も予測概念に入るでしょう。

IFRSでは「将来キャッシュ・フローの予測に資する」という点が重視されるので、今

後さらに予測主義が加速します。

予測がブレることにより、実績財務諸表が歪められるリスクに常にさらされています。

実績財務諸表の適正性は、「予測の正確性」が担保されなければならないのです。

しかしながら、**予測の根拠となる予算作成にはルールがなく、予算作成プロセスの内部統制は整備・運用されていません。**

✔なぜ「キャッシュ・フロー予算」が必要なのか？

技術革新や生産の自動化等により、世界的には供給過剰が加速していくため、長期的にはデフレの時代になります。物の価値は下がり、お金の価値が上がっていく時代です。

会社の成長のための設備投資やM&Aは、お金がなければできません。例えば、ROEを上げるために市場から自己株式を取得するにもお金が必要です。

お金は「会社（法人）の血液」です。お金が流れなくなった時に会社は死を迎えます。社員は生活基盤を失い、債権者や株主も大きな損失を被ります。

だからこそ「キャッシュ・フロー経営」が重要なのです。

ところが、その具体的な数値目標としての「予算キャッシュ・フロー計算書」は作成されていません。予算損益計算書の作成に留まっています。

その一方で、東芝やオリンパスなどの粉飾決算（不正会計）は後をたたず、資本市場の発展に大きなブレーキがかけられています。

粉飾決算（不正会計）は、なぜ起きるのでしょうか？

上場会社は、決算短信で業績予想を発表しています。投資家はこの指標を重視して、「株を買う、保有を続ける、株を売る」という経済的意思決定をしています。

業績予想の売上高の10％以上、利益の30％以上、予想値からかい離すると判断した場合には、すみやかに業績予想の修正と修正理由を発表しなければなりません。

下方修正に合理的な理由がない場合、投資家の信頼を失い、株価が暴落する危険性があります。

そのため経営者は、「何としても業績予想を実現する」という強いプレッシャーを受け、結果として経理操作による粉飾決算へと繋がってしまう潜在的危険性があります。

また、内部予算が粉飾決算の引き金になる場合もあります。

ある会社で、A事業は年率10％で成長しており、B事業は逆に年率10％で縮小しているとします。

この場合、A事業部門の目標売上高を当期比10％増加に設定することは合理的ですが、B事業部門の目標売上高を同様に当期比10％増加に設定されたら、実現は限りなく不可

能に近くなります。

B事業の営業マンは、業績達成により賞与査定が決まるとしたら、「何としても目標売上高を達成しなければ」という強いプレッシャーがかかります。

その結果、与信上の危ない先に販売したり、「経理操作をしてでも目標売上高を達成したい」という衝動にかられる危険性は常にあると考えられます。

2015年9月5日、衝撃的なニュースが流れました。

東芝が「キャッシュ・フロー予算に基づく業績評価制度」の導入を決定したというニュースです。

東芝、業績連動報酬を刷新　不適切会計の再発防止

東芝は毎期の業績に応じて執行役らの報酬を決めている評価制度を大幅に見直す。年間利益の目標に対する達成度だけでなく、どれだけキャッシュフロー（現金）を稼いだかを中心的な項目に据える。ごまかしが利きにくい現金収支で管理するやり方に切り替え、不適切会計の再発防止につなげる。

不適切会計を調べた第三者委員会(中略)は、従来の業績評価制度が背景にあると指摘した。期間損益に大きく左右される制度が、実現が難しい予算作成や予算必達を意味する「チャレンジ」の横行につながった可能性が高い。

例えば執行役の報酬は基本報酬と職務報酬で構成。職務報酬の40〜45％が業績連動で、その期間の損益によって支給されなかったり、最大で2倍に増えたりと大きく変動する。

従来の制度では、自身の業績評価を高く見せるため、期間利益を多く出そうとして工事採算の見積もりや在庫評価などで操作が行われがちだった。これに対し、キャッシュフローに基づく管理はごまかしが利きにくい。東芝は15年3月期から業績評価・報酬制度の見直しを内々に検討していた。不適切会計問題を受けて設置した経営刷新委員会で議論し、正式に導入を決めた。…（2015年9月5日付日経新聞。下線は筆者による）

なぜ、「キャッシュ・フロー予算」が経理操作の防止に役立つのでしょうか？

従前の「損益予算」の場合、売上高や部門利益が予算未達で、経理操作によって利益を出そうとすれば、売上高40を架空計上して部門利益を40増額させることができます（**例1**）。

一方、「キャッシュ・フロー予算」の場合、同様の経理操作をしても、期末の売掛金が40増えるので、売上債権の増減額（（期末売掛金－期首売掛金）×△1）が△40増えて△90になり、部門別営業キャッシュ・フローの実績は変わりません（**例2**）。

経理操作をしても意味がないのです。

例1：従前の損益予算			例2：キャッシュ・フロー予算			
	予算	実績	経理操作後実績		予算	実績	経理操作後実績
売上高架空計上操作 +40				売上高架空計上操作 +40			売掛金 +40
売上高	100	70	→110	売上高	100	70	→110
費用	80	80	80	費用	80	80	80
部門利益	20	△10	→30	部門利益	20	△10	→30
				売上債権の増減額	△10	△50	→△90
				たな卸資産の増減	20	△20	△20
				部門別営業C/F	30	△80	=△80

経理操作しても変わらない

　もし、営業部門の予算目標を「営業キャッシュ・フロー」に設定し、その目標達成により賞与等の業績評価がなされる仕組みに変わったら、営業マンの行動はどのように変わるでしょうか？

　営業マンは「危ない相手先には売らない」し、「経理操作は行わない」し、「できるだけ回収サイトを短くし、前受金を取る努力をする」はずです。

　連結経営において親会社が連結子会社等をコントロールすることは難しいですが、連結経営方針の予算目標を「営業キャッシュ・フロー」に設定すれば、同様のリスクは回避され、連結ベースのキャッシュ・フローの改善に繋がると考えます。

　将来の成長の為の投資を積極的に行うことができ、将来利益は社員に還元され、組織の飛躍的成長を生み出すことになるでしょう。

　また、与信管理や滞留債権の回収等の対応の管理コストも、自動的に削減されます。

例1：部門損益で業績評価	例2：部門キャッシュ・フローで業績評価
↓	↓
営業マン「売上高と利益を追求」	営業マン「部門営業キャッシュフローの最大化を追求」
1．損益の経理操作リスクがある →	1′．損益の経理操作は起こらない
2．危ない相手先へ売る（貸倒リスク） →	2′．危ない相手先へ売らない
3．資金回収遅れが発生 →	3′．契約上の回収条件の短縮化・前受金化
4．税金等支出の増加・資金繰り悪化 →	4′．会社全体の資金の増加
5．将来の成長の為の投資ができない →	5′．将来の成長の為の投資を積極的に行える
6．人件費抑制・モチベーション⇩ →	6′．企業成長→給与上昇→モチベーション⇧
…将来不安・人材離脱	

　予算は、上場会社だけでなく、多くの非上場会社にとっても共通の命題です。

　特に非上場会社においては、以下の点でキャッシュ・フロー予算制度の構築が重要な役割を果たすと考えます。

1. カリスマによる経営から組織的な経営への「経営承継」
2. 資金繰り管理の高度化

✔学習のポイント～予算を「複式簿記」で考える～

　従前の予算作成実務は、「損益予算」の作成であり、予算科目別に売上高や費用を集計しています。これは会計的に見れば「単式簿記」になります（例3）。

　しかし、キャッシュ・フロー予算制度を構築するためには、「②部門別月次予算貸借対照表」が正確に作成できることが前提となります。

　つまり、予算を「単式簿記」から「複式簿記」に変えなければ、この前提は実現できないのです。これが本書を「予算会計」と名付けた理由です。

例3：予算を単式簿記から複式簿記へ

✔「キャッシュ・フロー予算制度」の構築と本書の位置づけ

　筆者は「会計士・税理士」時代に3年（1996年から1999年）をかけて、約240枚のエクセルシートを使い、製造業を前提とした予算キャッシュ・フロー簡易自動作成システムを構築しました。これを書籍にまとめ、2000年10月に『企業予算編成マニュアル』（共著、清文社）として発刊しました。これは幸い読者のご好評を得て、4回の増刷を重ねることができました（現在は品切れ）。

　2012年3月には、卸売業を前提とした『予算会計－将来キャッシュ・フロー経営を可能にする財務諸表作成マニュアル－』（共著、清文社）を発刊しました。本書はその改訂増補版です。

　これまで、多くの上場会社の経理の方や経営企画の方と率直な意見交換をしてきましたが、こんな意見を多く耳にしました。

　「たしかに、本来はキャッシュ・フロー予算をつくるべきなんだけど、実際に部門別の月次のキャッシュ・フロー予算を構築し、運用するのは難しいですよね。…」

　ところが、東芝がキャッシュ・フロー予算に基づく業績評価制度を導入することを発表して以降、上場会社の間で急速に「キャッシュ・フロー予算制度」の導入検討が始まって

います。

実際に「キャッシュ・フロー予算制度」を構築するためには、以下の5つが必要になると考えます。

---
1. キャッシュ・フロー予算作成プロセスの全体像の理解
2. 部門別キャッシュ・フロー予算による業績評価制度の確立
3. キャッシュ・フロー予算のシステム化
4. キャッシュ・フロー予算の作成ルールの策定
5. 予算プロセスがルール通りに作成されていることを検証する内部統制監査の実施

本書は、主として上記1.（一部2.を含む）について解説しています（1.以外の実務的な対応についてはP233「スリー・シー・コンサルティングの予算事業」をご参照下さい。）。

改訂増補にあたり、「応用編」として、より実践的な以下の内容を加えました。

第8章：月次予算書の作成（P/L・B/S・C/F）
第9章：部門別予算書の作成（P/L・B/S・C/F）
第10章：月次予実管理と月次着地予想（P/L・資／計・C/F）
第11章：予算における業績評価制度（P/L・C/F）
第12章：予算連結財務諸表の作成（連P/L・連株／変・連B/S・連C/F）
第13章：上場会社の場合の公表用の業績予想の作成

キャッシュ・フロー予算制度を構築する中心はもちろん「会計人」です。会計人の仕事は「作業」から「経営判断」へ、パラダイムシフトすべきと考えています。

経理の方は将来の経営層を担い、会計専門家は上場会社等の社外役員に招聘（しょうへい）される時代になってゆくべきと考えています。

素朴な気持ちとして、「会計業界をもっと夢のある世界にしたい」と思っています。

読者の皆さんと一緒に「予算会計」という新たな会計領域を創造していければ幸いです。

本書は、関西で税務を中心に活躍されている公認会計士・税理士　海崎雅子氏へご協力を依頼し、一緒に完成させました。

最後に、執筆にあたり清文社の矢島祐治氏をはじめ関係者の皆様に多大なご支援をいただいたこと、心より御礼申し上げます。

2015年12月

公認会計士・税理士　児玉　厚

宝印刷グループ
(株)スリー・シー・コンサルティング 代表取締役

目　次

はじめに　**(1)**

予算会計とは　**(11)**

第 **I** 部　**基礎編**

第1章　予算編成方針関係の予算編成

予算編成方針関係の予算編成プロセス ･･**4**

STEP 1～4　「当期実績予想：損益計算書」「予算編成方針」の作成プロセス（例：売上高）　**6**

STEP 5～8　「当期実績予想：比較貸借対照表」「当期実績予想：キャッシュ・フロー計算書」
「予算編成方針」の作成プロセス（例：売掛金）　**8**

STEP 9-1　「当期実績予想：損益計算書」の当期実績の分析・課題の整理　**10**

STEP 9-2　「未払消費税等」「純資産の部」に関する「当期実績予想：比較貸借対照表」の
作成プロセス　**12**

STEP 9-3　「当期実績予想：比較貸借対照表」の当期実績の分析・課題の整理　**14**

STEP 9-4　「当期実績予想：キャッシュ・フロー計算書」の当期実績の分析・課題の整理　**16**

STEP 10　「次期目標利益」の作成　**18**

STEP 11　「次期目標売上高」の作成　**20**

STEP 12　「予算編成方針」の作成　**22**

第2章　売上高関係の予算編成

売上高関係の予算編成プロセス ･･･**26**

STEP 1　「担当者別相手先別販売計画表」の作成　**28**

STEP 2～4　「販売計画書」「予算損益計算書」「消費税等計画書」の作成　**30**

STEP 5-1　「担当者別相手先別売上代金回収計画表」の作成（その1）　**32**

STEP 5-2　「担当者別相手先別売上代金回収計画表」の作成（その2）　**34**

STEP 6～9　「売上代金回収計画書」「月次資金計画書」「予算（比較）貸借対照表」の作成　**36**

STEP 10・11　「直接法：予算キャッシュ・フロー計算書」の作成　**38**

STEP 12・13　「間接法：予算キャッシュ・フロー計算書」の作成　**40**

(7)

第3章　売上原価関係の予算編成

売上原価関係の予算編成プロセス ································· 44

STEP1 「商品別適正在庫計画書」の作成　46

STEP2 「商品仕入兼在庫計画書」の作成　48

STEP3～6 「予算損益計算書」「消費税等計画書」「予算（比較）貸借対照表」の作成　50

STEP7 「相手先別商品仕入計画表」の作成　52

STEP8-1 「相手先別仕入代金支払計画表」の作成（その1）　54

STEP8-2 「相手先別仕入代金支払計画表」の作成（その2）　56

STEP9～12 「仕入代金支払計画書」「月次資金計画書」「予算（比較）貸借対照表」の作成　58

STEP13・14 「直接法：予算キャッシュ・フロー計算書」の作成　60

STEP15・16 「間接法：予算キャッシュ・フロー計算書」の作成　62

第4章　設備投資等及び減価償却費関係の予算編成

設備投資等及び減価償却費関係の予算編成プロセス ················· 66

STEP1 「設備投資・処分等申請書」の作成　68

STEP2 「固定資産兼減価償却費計画書」の作成　70

STEP3～7 「予算損益計算書」「予算（比較）貸借対照表」「消費税等計画書」「月次資金計画書」の作成　72

STEP8・9 「直接法：予算キャッシュ・フロー計算書」の作成　74

STEP9・10 「間接法：予算キャッシュ・フロー計算書」の作成　76

第5章　人件費・販管費関係の予算編成

人件費・販管費関係の予算編成プロセス ······················· 80

STEP1・2 「人件費計画書」「予算損益計算書（人件費）」の作成　82

STEP3・4 「人件費支払計画書」「月次資金計画書（人件費支出）」の作成　84

STEP5～7 「営業費予算書」「予算損益計算書（営業費）」「消費税等計画書」の作成　86

STEP8 「営業費支払計画書（営業費支出）」の作成　88

STEP9～11 「月次資金計画書（営業費支出）」「予算（比較）貸借対照表（未払金）」の作成　90

STEP12・13 「管理費計画書」「予算損益計算書（管理費）」の作成　92

STEP14～16 「消費税等計画書」「予算（比較）貸借対照表（未払消費税等）」の作成　94

STEP17・18 「管理費支払計画書」「月次資金計画書（管理費支出）」の作成　96

STEP19・20 「直接法：予算キャッシュ・フロー計算書」の作成　98

STEP21・22 「間接法：予算キャッシュ・フロー計算書」の作成　100

第6章　資金運用・調達関係の予算編成

資金運用・調達関係の予算編成プロセス＜資金運用関係＞＜資金調達関係＞ ……………104

STEP1～4　「予算損益計算書」「予算（比較）貸借対照表」の作成　**106**

STEP5・6　「資金運用収支計画書」「月次資金計画書」の作成　**108**

STEP7・8　「直接法：予算キャッシュ・フロー計算書」の作成　**110**

STEP9・10　「間接法：予算キャッシュ・フロー計算書」の作成　**112**

STEP11～14　「借入金計画書」「予算損益計算書」「予算（比較）貸借対照表」の作成　**114**

STEP15・16　「借入金収支計画書」「月次資金計画書」の作成　**116**

STEP17・18　「借入金利息支出計画書」「月次資金計画書」の作成　**118**

STEP19・20　「直接法：予算キャッシュ・フロー計算書」の作成　**120**

STEP21・22　「間接法：予算キャッシュ・フロー計算書」の作成　**122**

第7章　税金等・総合予算関係の予算編成

税金等・総合予算関係の予算編成プロセス ……………………………………126

STEP1・2　「剰余金処分等支払計画書」「月次資金計画書（配当金等支出）」の作成　**128**

STEP3・4　「税金等支払計画書」「月次資金計画書（税金等支出）」の作成　**130**

STEP5～7　「月次資金計画書」の完成及び「予算（比較）貸借対照表（現金及び預金）」の作成　**132**

STEP8・9　「予算キャッシュ・フロー計算書（現金及び現金同等物関係）」の作成　**134**

STEP10　「税金等計画書」の作成　**136**

STEP11　「予算損益計算書」の完成　**138**

STEP12・13　「予算株主資本等変動計画書」及び「予算貸借対照表」の完成　**140**

STEP14　「予算比較貸借対照表」の作成　**142**

STEP15・16　「【その他共通項目】予算キャッシュ・フロー計算書」の作成　**144**

STEP17　「直接法：予算キャッシュ・フロー計算書」の完成　**146**

STEP18　「間接法：予算キャッシュ・フロー計算書」の完成　**148**

第Ⅱ部　応用編

第8章　年間予算スケジュールと月次予算財務諸表の作成

CASE1　上場会社の「年間予算スケジュール表」の作成　**154**

CASE2　「月次予算損益計算書」の作成　**156**

CASE3　「月次予算比較貸借対照表」の作成　**160**

CASE4 「月次予算キャッシュ・フロー計算書」の作成　**166**

第9章　部門別予算財務諸表の作成

CASE1 「部門別予算損益計算書集計表」の作成　**172**

CASE2 「部門別予算損益計算書」の作成　**176**

CASE3 「部門別予算比較貸借対照表」の作成　**180**

CASE4 「部門別予算キャッシュ・フロー計算書」の作成　**186**

第10章　月次予実管理と月次着地予想

CASE1 【予算損益計算書】「＜全社＞月次予実管理報告書」及び「当期着地予想報告書」並びに「＜営業部門＞予実管理報告書」の作成　**192**

CASE2 【月次資金計画書】「＜全社＞当期着地予想報告書」の作成　**196**

CASE3 【予算キャッシュ・フロー計算書】「＜全社＞月次予実管理報告書」及び「当期着地予想報告書」並びに「＜営業部門＞予実管理報告書」の作成　**200**

第11章　予算による業績評価制度

CASE1 損益予算による業績評価制度（例：営業マン　鈴木一也）　**206**

CASE2 キャッシュ・フロー予算による業績評価制度（例：営業マン　鈴木一也）　**208**

第12章　連結予算財務諸表の作成

CASE1 「予算連結精算表：予算連結損益計算書」の作成　**212**

CASE2 「予算連結精算表：予算連結株主資本等変動計算書」の作成　**214**

CASE3 「予算連結精算表：予算連結貸借対照表」の作成　**216**

CASE4 「予算連結キャッシュ・フロー精算表」の作成　**218**

CASE5 「予算連結損益計算書」の作成　**220**

CASE6 「予算連結株主資本等変動計算書」の作成　**222**

CASE7 「予算連結貸借対照表」の作成　**224**

CASE8 「予算連結キャッシュ・フロー計算書」の作成　**226**

第13章　上場会社の場合の公表用の業績予想管理

CASE　公表用の業績予想の作成　**230**

スリー・シー・コンサルティングの予算事業　**233**

※　本書の記述は、2015年12月1日時点の法令等によっています。

予算会計とは

■ 概要

本書で定義する「予算会計」とは、「予算財務諸表等を作成する理論」をいいます。

ここでいう「予算財務諸表等」とは以下の内容をさしています。

(1) 個別会計

① 月次資金計画書

② 予算損益計算書→②' 月次予算損益計算書→②" 部門別予算損益計算書

③ 予算株主資本等変動計算書

④ 予算貸借対照表

⑤ 予算比較貸借対照表

　　　→⑤' 月次予算比較貸借対照表→⑤" 部門別予算比較貸借対照表

⑥ 【直接法】予算キャッシュ・フロー計算書

⑦ 【間接法】予算キャッシュ・フロー計算書

　　　→⑦' 月次予算キャッシュ・フロー計算書

　　　→⑦" 部門別予算キャッシュ・フロー計算書

(2) 連結予算

⑧ 予算連結損益計算書→⑧' セグメント別予算連結損益計算書

⑨ 予算連結株主資本等変動計算書

⑩ 予算連結貸借対照表

⑪ 予算連結キャッシュ・フロー計算書

(3) 業績予想

⑫ 連結業績予想

⑬ 個別業績予想

予算編成の流れにおける位置付けは次頁のとおりです。

■予算編成の基本的な流れ

（1）個別予算

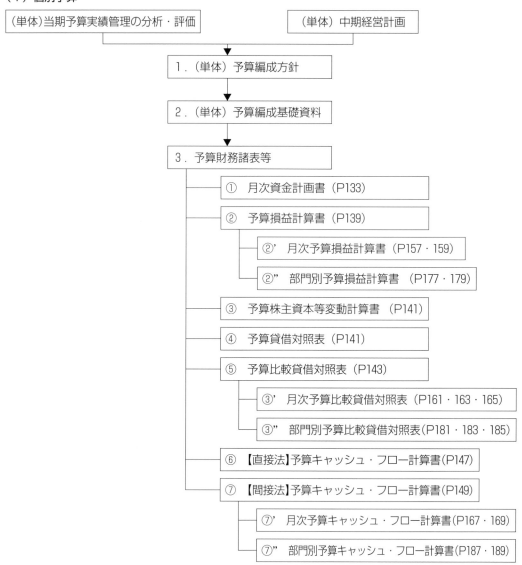

（２）連結予算

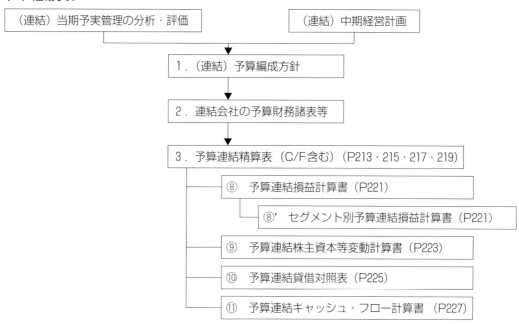

（３）業績予想（上場会社の場合）

※　連結開示会社の場合は、個別業績予想の開示は任意。

■月次予実管理と月次着地予想

(1)　【予算損益計算書】〈全社・営業部門〉月次予実管理報告書（例：5月）（P193）

(1')　【予算損益計算書】〈全社〉当期着地予想報告書（例：5月末時点）（P195）

(2)　【月次資金計画書】〈全社〉当期着地予想報告書（例：5月末時点）（P197・199）

(3)　【予算キャッシュ・フロー計算書】〈全社・営業部門〉月次予実管理報告書（例：5月）（P201）

(3')　【予算キャッシュ・フロー計算書】〈全社〉当期着地予想報告書（例：5月末時点）（P203）

■予算における業績評価制度

(1)　損益予算による業績評価（営業部門：営業マン　鈴木一也の冬季賞与額の査定）（P207）

(2)　キャッシュ・フロー予算による業績評価（営業部門：営業マン　鈴木一也の冬季賞与額の査定）（P209）

(13)

■ 本書の前提

予算作成の流れをシンプルに説明する関係上、以下の簡易な企業モデルを前提としています。

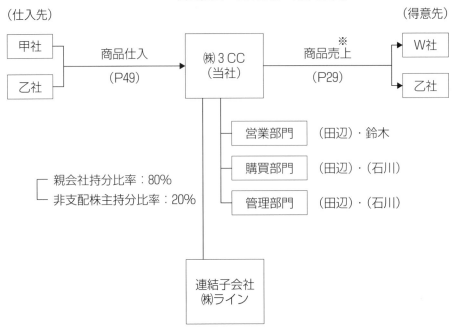

※ 連結予算の作成（P211以降）において、売上高及び売掛金は以下のように変更する。

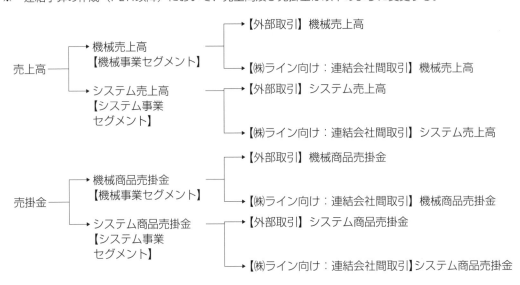

第1章 予算編成方針関係の予算編成

予算編成方針関係の予算編成プロセス

■ 目的

予算編成方針関係の作成ステップの全体像を把握し、共通理解を高めます。

■ 作成手順

STEP 1 ▶ 「①当期実績予想：残高試算表（P/L）」を作成する。

STEP 2 ▶ ①より、「②当期実績予想：損益計算書」を作成する。

STEP 3 ▶ ②より、「③予算編成方針：当期実績・課題（P/L）」を作成する。

STEP 4 ▶ ②より、「④当期実績予想：消費税等計画書」を作成し、未払消費税等の金額を下記の⑤へ転記する。

STEP 5 ▶ 「⑤当期実績予想：残高試算表（B/S）」を作成する。

STEP 6 ▶ ⑤より、「⑥当期実績予想：比較貸借対照表」を作成する。

STEP 7 ▶ ⑥より、「⑦当期実績予想：キャッシュ・フロー計算書」を作成する。

STEP 8 ▶ ⑥⑦より、「⑧予算編成方針：当期実績・課題（B/S・C/F）」を作成する。

STEP 9 ▶ 前期剰余金処分方針・⑥より、「当期実績予想：株主資本等変動計算書」を作成し、②⑥⑦と併せて⑨－1～12（以下⑨）「当期実績分析・課題の整理」をする。

STEP 10 ▶ ⑨より、「⑩次期目標利益」を算定する。

STEP 11 ▶ ⑨⑩より、「⑪次期目標売上高」を算定する。

STEP 12 ▶ ⑨⑩⑪より、「⑫予算編成方針（次期予算目標)」を作成する。

■ チェックポイント

○ 「当期実績予想」について、予算作成基準に準拠して作成します。

○ 「当期の予算編成方針」の問題点・課題点が改善されるように作成します。

○ 次期の「予算編成方針（次期予算目標）」は予算作成基準に準拠して作成します。

○ 「予算編成スケジュール」を作成し、作業の進捗管理を行います。

○ 各予算資料の「作成責任部署・担当」を明確化します。

○ 予算編成方針の内容がブレるリスクを洗い出し、リカバリー対応策を事前に検討します。

第Ⅰ部　基礎編

作業フローチャート【予算編成方針】

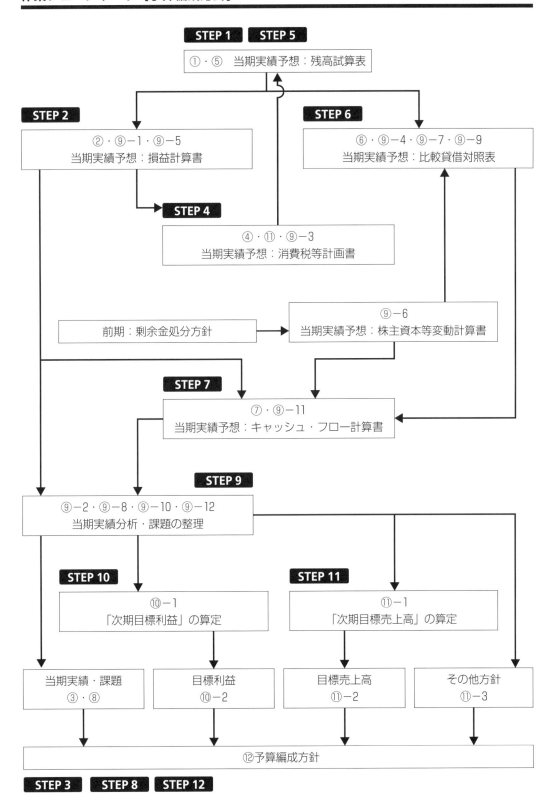

STEP 1〜4 ▶ 「当期実績予想：損益計算書」「予算編成方針」の作成プロセス（例：売上高）

■ 目的

当期実績予想の損益計算書（例：売上高）をどのように作成するのか、それが予算編成方針とどのように結びついているのかを理解します。

■ 作業手順

手順1 ▶ 「当期実績予想：残高試算表」の「12月末残高」欄に12月の会計帳簿の残高試算表の「売上高」の実績数値…①を記入する（円単位）。

手順2 ▶ 販売部門の受注・納品予定データを収集して、「当期実績予想：残高試算表」の翌1月から3月の売上高の実績予想合計値を「1〜3月予想」欄の貸方…②へ記入する（円単位）。

手順3 ▶ 「①＋②＝③」の計算結果を「当期実績予想：残高試算表」の「実績予想残高」欄に記入する（円単位）。

手順4 ▶ ③の値を表示単位未満切捨て処理し、当該表示単位の数値…④を「当期実績予想：損益計算書」の「売上高」欄へ記入する。

手順5 ▶ 「当期実績予想：損益計算書」の「（実績予想：④売上高－売上高予算数値⑤）÷売上高予算数値⑤×100％＝売上高予算差異率…⑥」を計算する。

手順6 ▶ ④の値を「予算編成方針」の「当期実績の概況と課題」の数値欄へ記入する。

手順7 ▶ ⑥の値を「予算編成方針」の「当期実績の概況と課題」の比率欄へ記入する。

手順8 ▶ 「当期実績予想：貸借対照表」の未払消費税等を算定するために、「当期実績予想：消費税等計画書」の仮受消費税等を計算・記入する。

当期実績予想：④売上高×消費税率＝仮受消費税等…⑦

■ チェックポイント

○ 予実差異の原因は（1）「予算設定に起因するもの」と（2）「実績に起因するもの」とに区分し、（2）はさらに（2-1）「次期に影響を及ぼすもの」と（2-2）「次期に影響を及ぼさないもの」に区分します。

上記の（1）と（2-1）を次期予算編成方針へ反映させます。

予実差異の原因 ┬ （1）予算設定に起因するもの
　　　　　　　　└ （2）実績に起因するもの ┬ （2-1）次期に影響を及ぼすもの
　　　　　　　　　　　　　　　　　　　　　└ （2-2）次期に影響を及ぼさないもの

○ 当期の実績予想を予算作成基準に準拠して合理的に予測します。

○ 作成日（修正日）、作成責任者、承認者を明確化します。

○ 実績予想の根拠資料を整備します。

第Ⅰ部 基礎編

■NO.1−1「当期実績予想：残高試算表」 （単位：円）

総勘定科目		貸借	X0年12月	X1年1〜3月予想		X1年3月
NO.	総勘定科目名		残高金額	借方	貸方	実績予想残高
100	売上高	貸	① 85,500,000		② 14,500,000	③ 100,000,000

手順1　　　　　**手順2**　　　　　**手順3**

■NO.1−2「当期実績予想：損益計算書」（P11） （単位：千円）

科　目	変／固	消費税等	実　績	予　算	予算差異率	分析・評価
売上高		○	④ 100,000	⑤ 165,000	⑥ △39%	販売見込、具体的戦略が欠如していたこと
【売上原価】	…略…	…略…		…略…		

手順4　　　　　**手順5**

手順6　　　　　**手順7**

■NO.1−3「予算編成方針」（P23）

1．当期実績の概況と課題	当期の売上高は、④100,000千円、予算比⑥39%減 となった。主たる要因は、販売見込、具体的戦略が欠如していたことに起因している。…略…

■NO.1−4「当期実績予想：消費税等計画書」（P13） （単位：千円）

項　目	金額	項　目	金額
前期未払消費税等支払	0	前期未払消費税等	0
中間納付消費税等	0		
＜仮払消費税等＞		＜仮受消費税等＞	
当期商品仕入高：80,000×8％	6,400	売上高④100,000×8％	⑦ 8,000
…略…	…略…		
仮払消費税等計	…略…		**手順8**
当期未払消費税等（当期実績予想貸借対照表へ転記）	…略…		

注：固定資産取得分は便宜上省略している。

第1章　予算編成方針関係の予算編成　　7

STEP 5~8 ▶ **「当期実績予想：比較貸借対照表」「当期実績予想：キャッシュ・フロー計算書」「予算編成方針」の作成プロセス（例：売掛金）**

■ 目的

「当期実績予想：比較貸借対照表」（例：売掛金）や「当期実績予想：キャッシュ・フロー計算書」をどのように作成するのか、また予算編成方針とどのように結びついているのかを理解します。

■ 作業手順

手順1 ▶ 「当期実績予想：残高試算表」の「12月末残高金額」欄に、12月会計帳簿の残高試算表の売掛金の実績数値…①を記入する（円単位）。

手順2 ▶ 販売部門の受注・納品予定データを収集して、「当期実績予想：残高試算表」の翌1月から3月の売掛金発生額の実績予想合計値を「1～3月予想」欄の借方…②へ記入する（円単位）。

手順3 ▶ 販売部門の売掛金回収予定データを収集して、「当期実績予想：残高試算表」の翌1月から3月の売掛金入金額の実績予想合計値を「1～3月予想」欄の貸方…③へ記入する（円単位）。

手順4 ▶ 「①＋②－③＝④」の計算結果を「当期実績予想：残高試算表」の「実績予想残高」欄に記入する（円単位）。

手順5 ▶ ④の値を表示単位未満切捨て処理し、当該表示単位の数値…⑤を「当期実績予想：比較貸借対照表」の売掛金の「当期末」欄へ記入する。

手順6 ▶ 「当期実績予想：比較貸借対照表」の「当期実績予想：売掛金⑤－前期：売掛金⑥＝当期増減差額…⑦」を計算・記入する。

手順7 ▶ 同表の「分析・評価」欄に、⑦の増減差額の発生原因…⑧を記入する。

手順8 ▶ 「当期実績予想：キャッシュ・フロー計算書」の「売上債権の増減額」に「⑦×△1＝⑨」の値を記入する。

手順9 ▶ 「当期実績予想：キャッシュ・フロー計算書」の営業活動によるキャッシュ・フローの金額…⑩を縦計算・記入する。

手順10 ▶ ⑧及び⑩を「予算編成方針」の「当期実績の概況と課題」へ記入する。

手順11 ▶ ⑧の改善方針…⑪を「予算編成方針」の「販売方針」へ記入する。

■ チェックポイント

○当期の実績予想を、予算作成基準に準拠して合理的に予測します。

○作成日（修正日）、作成責任者、承認者を明確化します。

8　第Ⅰ部　基礎編

■NO.1−5「当期実績予想：残高試算表」

(単位：円)

総勘定科目		貸借	X0年12月	X1年1〜3月予想		X1年3月
NO.	総勘定科目名		残高金額	借方	貸方	実績予想残高
10	売掛金	借	①48,060,000	②15,660,000	③55,491,000	④8,229,000

手順1　**手順2**　**手順3**　**手順4**

X1年2月：(47kg) 売上高4,700千円×1.08＝5,076千円
X1年3月：(29kg) 売上高2,919千円×1.08＝3,153千円
　　計　(76kg) 売上高7,619千円×1.08＝8,229千円

■NO.1−6「当期実績予想：比較貸借対照表」(P15)

(単位：千円)

科　目	前期末 (X0.3.31)	当期末 (X1.3.31)	当期増減差額	分析・評価
【資産の部】				
【流動資産】	10,000	31,555	＋21,555	
現金及び預金	10,000	3,355	△6,645	当期C/F：現金及び現金同等物
売掛金	⑥　0	⑤　8,229	⑦　8,229	⑧回収サイト長い
商品	0	20,000	20,000	過剰在庫発生
…略…	…略…	…略…	…略…	…略…
買掛金	0	2,000	2,000	支払サイト短い
…略…	…略…	…略…	…略…	…略…

手順5　**手順6**　**手順7**

■NO.1−7「当期実績予想：【間接法】キャッシュ・フロー計算書」(P17)

(当期：X0年4月1日〜X1年3月31日)

(単位：千円)

科　目	金　額	摘　要
Ⅰ．営業活動によるキャッシュ・フロー		
税引前当期純利益	2,045	当期P/Lより
…略…	…略…	…略…
売上債権の増減額	⑨　△8,229	当期比較B/Sより△表示
たな卸資産の増減額	△20,000	当期比較B/Sより△表示
仕入債務の増減額	＋2,000	当期比較B/Sより
…略…	…略…	…略…
営業活動によるキャッシュ・フロー	⑩　△22,505	縦計

手順8　**手順9**

■NO.1−8「予算編成方針」(P23)

手順10

1．当期実績の概況と課題	…略…資金面では、営業利益が生じているにもかかわらず、営業キャッシュ・フローは⑩△22,505千円（資金不足）となっています。主たる要因は、⑧売掛金回収サイトが買掛金支払サイトより長いこと及び過剰在庫等の資金負担増に起因しています。
2．次期予算目標	…略…営業キャッシュ・フローは、47,000千円を実現します。
2−1 利益計画	…略…
2−2 販売方針	…略…⑪売掛金の回収条件の1カ月短縮化を図り、…略…
2−3 商品仕入方針	…略…買掛金の支払条件の1カ月伸ばし、仕入支出を41,000千円以内に抑制。
	…略…許容在庫回転期間　2.2カ月…略…
…略…	…略…

手順11

第1章　予算編成方針関係の予算編成　**9**

STEP 9−1 ▶ 「当期実績予想：損益計算書」の当期実績の分析・課題の整理

■ 目的

「当期実績予想：損益計算書」と当期の予算数値を比較して予算実績差異を把握し、差異原因の内容及び次期への課題を整理します。

■ 作業手順

手順1 ▶ 平均販売価格及び販売数量について、実績、予算、予算差異比率及び差異の分析・評価内容を記入する。

手順2 ▶ 「実績」欄について、「当期実績予想：残高試算表（P/L）」（P7）の数値（千円単位）を記入する。…① なお、各種利益率も計算・記入する。

手順3 ▶ 「変動・固定」欄については、損益計算書の各費用科目ごとに、以下のとおり区分記入する。

売上高に比例的に発生する費用項目：「変動」（変動費）

上記以外の費用科目 　　　　　　：「固定」（固定費）

なお、営業外収益科目については、マイナスの費用とみなす。

手順4 ▶ 「消費税等」欄については、消費税の課税対象になるものに「○」を記入する。

手順5 ▶ 「予算」欄について、「当期の予算損益計算書」（P7）の予算数値（千円単位）を記入する。…② なお、各種利益率も計算・記入する。

手順6 ▶ 「予算差異率」欄へは、以下の計算結果を記入する。…③

収益科目：（①−②）÷②×100％＝③（小数点未満四捨五入）

費用科目：（②−①）÷②×100％＝③（小数点未満四捨五入）

利益率　：①−②＝③（小数点未満四捨五入）

手順7 ▶ 「④分析・評価」欄については、③の差異原因を簡潔明瞭に記入する。

手順8 ▶ 変動費、変動費率、限界利益率及び固定費について、③を記入し、差異原因を簡潔明瞭に記入する。

これらは、後述する「目標売上高」算定の基礎数値となる（P21参照）。

■ チェックポイント

○ 予算に関する「Plan（計画）⇒Do（実行）⇒Check（評価）⇒Action（改善）」が機能するように、Plan（計画）にあたる次期の「予算編成方針」作成のための「当期実績の評価・改善課題」を明確にすることが重要です（P6参照）。

10　第Ⅰ部　基礎編

■NO.1−9「当期実績予想：損益計算書」(当期：X0年4月1日〜X1年3月31日)

(単位：千円)

科　目	変動固定	消費税等	①実績	②予算	③予算差異率	④分析・評価
平均販売価格			100	110	△9%	値引競争の為
販売数量（kg）			1,000kg	1,500kg	△33%	1．販売見込計画が甘い　2．具体的行動計画が甘い　3．営業力不足　4．商品改善努力不足　5．顧客ニーズの収集不足
売上高		○	100,000	165,000	△39%	同上
【売上原価】						
期首商品たな卸高			0	0		
当期商品仕入高		○	80,000	90,000	+11%	売上減少に伴う
小　計			80,000	90,000		
期末商品たな卸高			20,000	15,000	+33%	売上キャンセル等過剰在庫
差引：売上原価	変動		60,000	75,000	+20%	同上
売上総利益			40,000	90,000		
（売上総利益率）			(40%)	(55%)	△15%	緊急仕入により、割高の商品仕入が発生した為
【販売費及び一般管理費】			37,260	39,010	+4%	売上高減少による変動費の減少
役員報酬	固定		12,000	12,000	−%	
従業員給与・賞与	固定		3,600	3,600	−%	
法定福利費	固定		1,625	1,625	−%	
販売手数料	変動	○	1,000	3,000	+66%	代理店売上低迷の為
広告宣伝費	固定	○	1,200	2,000	+40%	資金不足の為抑制
旅費交通費	固定	○	1,600	1,650	+3%	…略…
水道光熱費	固定	○	960	980	+2%	…略…
通信費	固定	○	840	860	+2%	…略…
消耗品費	固定	○	1,200	1,250	+4%	…略…
賃借料	固定	○	4,800	4,800	−%	
交際費	固定	○	5,200	3,000	△73%	クレーム等交渉
租税公課	固定		1,200	2,200	+45%	予算見積り誤り
減価償却費	固定		1,695	1,695	−%	
雑費	固定	○	340	350	+3%	…略…
営業利益			2,740	50,990	△95%	
（営業利益率）			(3%)	(31%)	△28%	
【営業外収益】			5	6		
受取利息及び配当金	固定		5	6	△17%	…略…
【営業外費用】			700	300		
支払利息	固定		700	300	△133%	資金不足の借入金増の為
経常利益			2,045	50,696	△96%	
（経常利益率）			(2%)	(31%)	△29%	
【特別利益】			0	0		
固定資産売却益			0	0		
【特別損失】			0	0		
固定資産売却損			0	0		
税引前当期純利益			2,045	50,696	△96%	⇒当期C/Fへ転記（P17）
法人税、住民税及び事業税			1,415	20,278	+93%	
法人税等調整額			0	0		
当期純利益			630	30,418	△98%	⇒当期株／変へ転記（P13）
変動費（上記変動費集計）	変動		61,000	78,000	+22%	
変動費率（変動費÷売上高×100%）			61%	47%	△14%	値引競争による上昇
限界利益率（100%−変動費率）			39%	53%	△14%	
固定費（固定費集計）	固定		36,955	36,304	△2%	交際費及び支払利息の増加

第1章　予算編成方針関係の予算編成　　11

STEP 9-2

「未払消費税等」「純資産の部」に関する「当期実績予想：比較貸借対照表」の作成プロセス

目的

「当期実績予想：比較貸借対照表」の未払消費税等の算定プロセス、「当期実績予想：株主資本等変動計算書」の作成の流れ、及び「当期実績予想：比較貸借対照表」の純資産の部の科目金額の算定プロセスを理解します。

作業手順

手順1 「前期未払消費税等」には、前期の貸借対照表の未払消費税等金額を記入する（千円単位表示：単位未満切捨て。以下同じ）。…①

手順2 「前期末払消費税等支払」には、当期の未払消費税等の総勘定元帳より、①についての支払金額を記入する。…②

手順3 「中間納付消費税等」には、当期の総勘定元帳より、中間納付消費税等の合計値を記入する。…③

手順4 「仮受消費税等」には、「当期実績予想：損益計算書」（P11）より、課税対象の収益科目金額に消費税率を乗じた金額を記入する。…④

手順5 「仮払消費税等」には、「当期実績予想：損益計算書」（P11）より、課税対象の費用等科目金額に消費税率を乗じた金額を記入する。…⑤

手順6 「当期未払消費税等」には、「①－②－③＋④－⑤＝⑥」の計算結果を記入する。

手順7 上記⑥の値を「当期実績予想：貸借対照表」の「未払消費税等」へ記入する。

手順8 「当期実績予想：損益計算書」の当期純利益の値を「当期実績予想：株主資本等変動計算書」の繰越利益剰余金の当期変動額「当期純利益」欄へ記入する。

手順9 「当期実績予想：株主資本等変動計算書」の「当期首残高」欄には、前期の株主資本等変動計算書の当期末残高の金額を記入する。

手順10 「当期末残高」には、「当期首残高＋当期変動額」の計算結果を記入する。

手順11 上記の当期末残高を「当期実績予想：比較貸借対照表（純資産の部）」へ記入する。

　　　　さらに「当期実績予想数値－前期数値＝増減差額」を計算・記入する。

チェックポイント

○ 当期実績予想の損益計算書、株主資本等変動計算書及び比較貸借対照表の数値間の整合性の検証をします。

■NO.1−10 「当期実績予想：消費税等計画書」（便宜上、端数四捨五入）

（当期：X0年4月1日〜X1年3月31日）　　　　　　　　　　　　　　　　　　　　　　　（単位：千円）

手順2　　　　　　　　　　**手順1**

項　目	金　額	項　目	金　額
前期未払消費税等支払…②	0	前期未払消費税等…①	0
中間納付消費税等…③	0		
＜仮払消費税等＞		＜仮受消費税等＞	
当期商品仕入高 80,000×8％	6,400	売上高100,000×8％…④	8,000
販売手数料 1,000×8％	80		
広告宣伝費 1,200×8％	96		
旅費交通費 1,600×8％	128		
水道光熱費 960×8％	77		
通信費 840×8％	67		
消耗品費 1,200×8％	96		
賃借料 4,800×8％	384		
交際費 5,200×8％	416		
雑費 340×8％	27		
仮払消費税等計…⑤	7,771		
当期未払消費税等 ①−②−③+④−⑤=⑥	229		

手順3　**手順4**　**手順5**　**手順6**

注：固定資産取得分は便宜上省略している。

■NO.1−11 「当期実績予想：比較貸借対照表」（P15）

手順7　　　　　　　　　　　　　　　　　　　　　　　　　　　　（単位：千円）

科　目	前期（X0.3.31）	当期（X1.3.31）	増減差額	分析・評価
…略…	…略…	…略…	…略…	…略…
未払消費税等	−	229	＋229	当期消費税等の債務
…略…	…略…	…略…	…略…	…略…

■NO.1−12 「当期実績予想：損益計算書」（P11）

（当期：X0年4月1日〜X1年3月31日）　　　　　　　　　　　　　　　　　　　　　　　（単位：千円）

科　目	変動固定	消費税等	実　績	予　算	予算差異率	分析・評価
…略…	…略…	…略…	…略…	…略…	…略…	…略…
当期純利益			630	30,418	△98％	…略…
…略…	…略…	…略…	…略…	…略…	…略…	…略…

■NO.1−13 「当期実績予想：株主資本等変動計算書」

（当期：X0年4月1日〜X1年3月31日）　**手順8**　　**手順9**　　（単位：千円）

科　目	資本金	繰越利益剰余金	純資産合計
当期首残高	前期B/Sより 10,000	前期B/Sより 0	前期B/Sより 10,000
当期変動額			
当期純利益	−	630	630
当期末残高	当期B/Sへ 10,000	当期B/Sへ 630	当期B/Sへ 10,630

■NO.1−14 「当期実績予想：比較貸借対照表」（P15）　**手順10**

（単位：千円）

科　目	前期（X0.3.31）	当期（X1.3.31）	増減差額	分析・評価
…略…	…略…	…略…	…略…	…略…
【純資産の部】				
資本金	10,000	10,000	±0	増減なし
繰越利益剰余金	0	630	＋630	当期純利益による増加
純資産合計	10,000	10,630	＋630	同上
…略…	…略…	…略…	…略…	…略…

手順11

第1章　予算編成方針関係の予算編成　　**13**

STEP 9-3 ▶ 「当期実績予想：比較貸借対照表」の当期実績の分析・課題の整理

■ 目的

「当期実績予想：比較貸借対照表」の当期残高と前期残高の数値を比較して増減差額を把握し、差異原因の内容及び次期への課題を整理します。

■ 作業手順

手順1 ▶ 「前期」欄には、前期の貸借対照表の数値を記入する。…①

手順2 ▶ 「当期」欄には、「当期実績予想：残高試算表（B/S）」（P9）及び「当期実績予想：株主資本等変動計算書」（P13）より、当期末残高の予想値を記入する。…②

手順3 ▶ 「増減差額」欄には、「②−①＝③」の計算結果を記入する。

手順4 ▶ 「④分析・評価」欄には、③の差異原因を簡潔明瞭に記入する。

■ チェックポイント

(1) 「資産合計＝負債及び純資産合計」などの実績予想の数値の整合性を検証します。

(2) 会計帳簿には、株主資本等変動計算書の概念がありません。「当期実績予想：残高試算表」の「A：繰越利益剰余金」金額には「B：当期純利益」が含まれていないので、「当期実績予想：貸借対照表」の「C：繰越利益剰余金」とは一致しません。

「A+B=C」が成立することを確認します。

(3) 予算に関する「Plan（計画）⇒Do（実行）⇒Check（評価）⇒Action（改善）」が機能するように、Plan（計画）にあたる次期の予算編成方針の作成のための「当期実績の評価・改善課題」を明確にすることが重要です。

(4) 当期増減差額の金額は、「当期実績予想：キャッシュ・フロー計算書」作成の基礎数値となります。キャッシュ・フロー計算書への組替仕訳を表すと以下のとおりです。なお、キャッシュ・フロー計算書科目は符号（＋−）の関係で貸方固定とします。

［例1：売掛金］

（借方）	（貸方）	
	／（比較B/S：売掛金増加）	(1) ＋8,229千円
	（C/F：売上債権の増減額）（P17)	△8,229千円
借方合計＝ − 千円	貸方合計	− 千円

［例2：商品］

（借方）	（貸方）	
	／（比較B/S：商品増加）	(2) ＋20,000千円
	（C/F：たな卸資産の増減額）（P17)	△20,000千円
借方合計＝ − 千円	貸方合計	− 千円

■NO.1−15「当期実績予想：比較貸借対照表」(X0年3月31日〜X1年3月31日)

手順1 **手順2** **手順3** **手順4**

(単位：千円)

科　目	①前期 (X0.3.31)	②当期 (X1.3.31)	③増減差額	④分析・評価
【資産の部】				
【流動資産】	10,000	31,784	+21,784	
現金及び預金	10,000	3,355	△6,645	当期C/F参照
売掛金		(1) 8,229	+8,229	回収サイトが長い 当期C/F：売上債権の増加（P17）
商品		(2) 20,000	+20,000	見込売上のキャンセル 恒常在庫の発生 当期C/F：たな卸資産の増加（P17）
その他流動資産		200	+200	…略…
貸倒引当金		△0	△0	該当なし
【固定資産】		8,445	+8,445	
【有形固定資産】		3,305	+3,305	
車両		3,000	+3,000	新規取得
器具備品		2,000	+2,000	新規取得
減価償却累計額		△1,695	△1,695	当期C/Fへ
【無形固定資産】		140	+140	
特許権		140	+140	特許取得
【投資その他の資産】		5,000	+5,000	
投資有価証券		2,000	+2,000	新規取得
保証金		3,000	+3,000	新規賃借に伴う差入保証金
資産合計	10,000	40,229	+30,229	
【負債の部】				
【流動負債】	0	13,599	+13,599	
買掛金		2,057	+2,057	支払サイトが短い 当期C/F：仕入債務の増加（P17）
短期借入金		6,000	+6,000	運転資金不足の為（P18参照） 次期返済必要額：目標利益計算へ
1年内返済予定 長期借入金		4,000	+4,000	運転資金不足の為（P18参照） 5年返済次期返済予定額：目標利益計算へ
未払消費税等		229	+229	当期消費税等債務
未払法人税等		830	+830	当期法人税・住民税・事業税債務
未払金		297	+297	販売手数料の未払金
その他流動負債		186	+186	…略…
【固定負債】	0	16,000	+16,000	
長期借入金		16,000	+16,000	運転資金不足の為 5年返済：1年超返済予定額
＜負債合計＞	0	29,599	+29,599	
【純資産の部】				
資本金	10,000	10,000	±0	増減なし
繰越利益剰余金	0	630	+630	当期純利益による増加
純資産合計	10,000	10,630	+630	同上
負債及び純資産合計	10,000	40,229	+30,229	

第1章　予算編成方針関係の予算編成　　**15**

STEP 9-4 ▶ 「当期実績予想：キャッシュ・フロー計算書」の当期実績の分析・課題の整理

■ 目的

「当期実績予想：間接法のキャッシュ・フロー計算書」を作成し、当期純利益と営業活動によるキャッシュ・フローとの差異原因を把握し、キャッシュ・フローの改善に係る次期への課題を整理します。

■ 作成手順

手順1 ▶ 「金額」欄には、「当期実績予想：比較貸借対照表（当期比較B/S）」「当期実績予想：損益計算書」及び「当期実績予想：株主資本等変動計算書」より、キャッシュ・フロー計算書への組替仕訳を作成し、同仕訳のキャッシュ・フロー計算書科目金額を記入する。

［例：仕入債務の増減額］

（借方）	（P15）	（貸方）	（P17）
（当期比較B/S：買掛金増加）＋2,057千円		（C/F：仕入債務の増減額）	2,057千円
借方合計　2,057千円		貸方合計	2,057千円

「①営業活動によるキャッシュ・フロー」「②投資活動によるキャッシュ・フロー」及び「③財務活動によるキャッシュ・フロー」並びに「④現金及び現金同等物に係る換算差額（例：為替換算差損益）」を区分ごとにそれぞれ計算する。

「①＋②＋③＋④」の計算結果を「⑤現金及び現金同等物の増減額（当設例：減少額）」へ記入する。

「⑥現金及び現金同等物の期首残高」には、前期のキャッシュ・フロー計算書の現金及び現金同等物の期末残高の数値を記入する。

「⑤＋⑥」の計算結果を「⑦現金及び現金同等物の期末残高」へ記入する。

手順2 ▶ 「①営業活動によるキャッシュ・フロー」と「当期実績予想：損益計算書」の⑧当期純利益との差異金額を計算する。

手順3 ▶ 上記の差異原因（⑨の内訳内容）を整理する。

■ チェックポイント

○「⑦現金及び現金同等物の期末残高」と「当期実績予想：比較貸借対照表」（P15）の「現金及び預金」等の数値との整合性を検証します。

○予算に関する「Plan（計画）⇒Do（実行）⇒Check（評価）⇒Action（改善）」が機能するように、Plan（計画）にあたる「次期の予算編成方針」（P23）作成のための当期実績の評価・改善課題を明確にすることが重要です。

16　第Ⅰ部　基礎編

■NO.1－16「当期実績予想：間接法のキャッシュ・フロー計算書」

（当期：X0年4月1日～X1年3月31日）　　　　　　　　　　　　　　　　　　　　　（単位：千円）

手順1

科　　目	金　　額	当期実績予想作成基礎資料
Ⅰ．営業活動によるキャッシュ・フロー		
税引前当期純利益	2,045	当期P/L（P11）より
減価償却費	1,695	当期P/L（P11）より
貸倒引当金の増減額	―	当期比較B/S（P15）より
受取利息	△5	当期P/L（P11）より…符合マイナス（△）表示
支払利息	700	当期P/L（P11）より
売上債権の増減額　★	△8,229	当期比較B/S（P15）より…符号マイナス（△）表示
その他の流動資産の増減額	△200	当期比較B/S（P15）より同上
仕入債務の増減額　★	2,057	当期比較B/S（P15）より
たな卸資産の増減額　★	△20,000	当期比較B/Sより…符号マイナス（△）表示
未払消費税等の増減額	229	当期比較B/S（P15）より
未払金の増減額	297	当期比較B/S（P15）より
その他の流動負債の増減額	186	当期比較B/S（P15）より
小　計	△21,225	縦計計算
利息及び配当金の受取額	5	当期P/L（P11）・当期比較B/S（P15）より
利息の支払額	△700	当期P/L（P11）・当期比較B/S（P15）より
法人税等の支払額	△585	当期P/L（P11）・当期比較B/S（P15）より
営業活動によるキャッシュ・フロー	△22,505	縦計計算…①

手順2

差＝△23,135千円

「当期実績予想：損益計算書」の当期純利益＝⑧630千円

科　　目	金　　額	当期実績予想作成基礎資料
Ⅱ．投資活動によるキャッシュ・フロー		
投資有価証券の取得による支出	△2,000	（当期比較B/S）×△1
有形固定資産の取得による支出	△5,000	（当期比較B/S＋減価償却費）×△1
無形固定資産の取得による支出	△140	（当期比較B/S＋減価償却費）×△1
保証金支出	△3,000	（当期比較B/Sより）×△1
投資活動によるキャッシュ・フロー	△10,140	縦計計算…②
Ⅲ．財務活動によるキャッシュ・フロー		
短期借入金による収入	6,000	当期比較B/S（P15）より
長期借入による収入	20,000	当期比較B/S（P15）より
長期借入金の返済による支出	0	
配当金の支払額	0	前期の剰余金方針
財務活動によるキャッシュ・フロー	26,000	縦計計算…③
Ⅳ．現金及び現金同等物に係る換算差額	0	外貨換算差額等…④
Ⅴ．現金及び現金同等物の増減額	△6,645	①＋②＋③＋④＝△6,645…⑤ 当期比較B/Sと一致（P15）
Ⅵ．現金及び現金同等物の期首残高	10,000	当期比較B/S（P15）より…⑥
Ⅶ．現金及び現金同等物の期末残高	3,355	当期比較B/S（P15）より…⑤＋⑥＝⑦

手順3

科　　目	数　　値	⑨差異原因の内容
売上債権の増減額　★	△8,229千円	売上債権の回収期間が長い（資金負担増）
仕入債務の増減額　★	2,057千円	仕入債務の支払期間が短い（資金負担増）
たな卸資産の増減額　★	△20,000千円	商品が過剰在庫になっている（資金負担増）

↓

「予算編成方針」（P23）へ反映

第1章　予算編成方針関係の予算編成　　**17**

STEP 10 ▶ 「次期目標利益」の作成

■ 目的

　次年度最低確保しなければならない原資としての税引後利益を計算して、税額を加算して調整前目標利益を計算します。達成の確実性の観点より、調整前目標利益を予算歩留率で除して目標利益を計算します。これが「予算編成方針」の目標利益となります。

■ 作業手順

手順1 ▶ 次期の税引後の当期純利益を原資として返済しなければならない借入金の次期返済額を集計する（借入金の目的と返済原資の関係は〈参考〉を参照）。

「当期実績予想：比較貸借対照表」（P15）より

短期借入金の次年度返済予定額　　　　　　　　　　　　B/S：6,000千円

（1年返済予定含む）長期借入金の次年度返済予定額：B/S20,000÷5年＝4,000千円

計　　　　　　　　Ⓐ10,000千円

〈参考〉借入金の目的と返済原資の関係

NO.	借入金の目的	次期借入金返済額の原資
1	非償却資産（例：土地）の取得目的の借入金	次期の税引後の当期純利益を原資として返済
2	運転資金の為の借入金	次期の税引後の当期純利益を原資として返済
3	償却資産（例：機械）の取得目的の借入金	減価償却費による内部留保資金原資として返済

手順2 ▶ 次期の目標配当額を決定する。「競業他社の株主配当率を下回らない」という社長方針より、株主配当率8%とする。

次期の目標配当額＝1株当たり券面額(出資額)50千円×目標株主配当率8%×（発行済株式数304株－自己株式数0株）＝Ⓑ1,216千円

手順3 ▶ 目標内部留保額を算定する（当社は目標内部留保率80%を設定している）。

目標内部留保額（社外流出：目標配当額1,216千円）÷（100%－目標内部留保率：80%）×目標内部留保率80%＝Ⓒ4,864千円

手順4 ▶ 次期税引後の目標利益を計算する。

Ⓐ10,000千円＋Ⓑ1,216千円＋Ⓒ4,864千円＝Ⓓ16,080千円

手順5 ▶ 次期の予定税率を把握し、次期法定実効税率を算定して、次期の法人税等負担額を計算する（便宜上、以下の税率と仮定し、税効果会計は考慮しない）。

法人税率＝23.90%…a、地方法人税率＝4.40%…b、法人住民税率(標準税率)＝12.90%…c※、事業税(標準税率)＝1.90%…d、地方法人特別税率＝152.60%…e

> 合計法定税率＝a+a×(b+c)+d+d×e＝32.8341%（小数点第4位表示）
>
> ↓
>
> 法定実効税率＝32.8341%÷(1+d+d×e)＝31.33%（小数点第2位未満四捨五入）

次期概算加算流出額（例：交際費等）＝4,738千円…f

次期の税金負担（法人税等）＝（Ⓓ税引後の目標利益+f）÷（100%－31.33%）×31.33%＝Ⓔ9,498千円（単位未満四捨五入）

手順6 ▶ 税引前の次期目標利益の金額を算定する。

次期目標利益＝Ⓓ16,080千円＋Ⓔ9,498千円＝Ⓕ25,578千円

手順7 ▶ 予算歩留率＝確実に達成できる予算額÷社内予算額×100%＝Ⓖ86%

手順8 ▶ 修正後：次期目標利益＝(対外的)次期目標利益Ⓕ25,578千円÷予算歩留率Ⓖ86%×100%＝Ⓗ29,742千円（単位未満四捨五入）

理由は、確実性の観点より、費用面で調整することを前提としている為である。

18　第Ⅰ部　基礎編

■NO.1−17「次期目標利益算定表」

（単位：千円）

項　目		金　額
次期の借入金元本返済額　　…Ａ より転記	**手順1**	10,000
次期の配当額　　　　　　　…Ｂ より転記	**手順2**	1,216
次期の目標内部留保額　　　…Ｃ より転記	**手順3**	4,864
次期の税引後目標利益＝Ａ＋Ｂ＋Ｃ＝Ｄ	**手順4**	16,080
次期の税金負担（法人税等）…Ｅ より転記	**手順5**	9,498
次期目標利益（税引前次期利益）Ｄ＋Ｅ＝Ｆ	**手順6**	25,578

予算歩留率＝確実に達成できる予算額÷社内予算額×100％＝<u>86％</u>…Ｇ

手順7

修正後：次期目標利益＝（対外的）次期目標利益 Ｆ 25,578千円÷ Ｇ 86％×100％
＝<u>29,742千円</u>… Ｈ（単位未満四捨五入）

手順8

■NO.1−18「予算編成方針」（P23）

1．当期実績の概況と課題	…略…
2．次期予算目標	…略…目標経常利益：Ｈ 29,742円を達成する。…略…
2−1 利益計画	…略…　　　　　　　　　　・目標経常利益：Ｈ 29,742千円
…略…	…略…
2−9 剰余金処分方針	【当期剰余金の処分】①配当額：　　　　400千円 【次期剰余金の処分】②配当額：Ｂ 1,216千円

第1章　予算編成方針関係の予算編成　　**19**

STEP 11 ▶「次期目標売上高」の作成

■ 目的

当期の費用構造を分析し、次期の目標利益を達成する目標売上高を計算します。

■ 作業手順

手順1▶ 「当期実績予想：損益計算書」（P11）より、「次期目標販売単価・費用検討表」の「当期実績」欄へ記入する。

手順2▶ 「次期目標販売単価・費用検討表」の「次期目標」欄へ次期目標値を記入する。
なお、次期目標の「目標設定理由」を簡潔明瞭に記入する。

手順3▶ 次期の目標固定費及び目標利益から目標売上高を計算する。
次期目標利益は、予算歩留率考慮前の目標利益としている（P19）。
理由は、予算達成の確実性の観点より、未達成分の利益は費用面で調整することを前提としている為である。

　　売上高－（変動費＋固定費）＝目標利益⇒売上高－変動費＝目標利益＋固定費

　　売上高－変動費＝限界利益＝売上高×限界利益率＝目標利益＋固定費

　　∴売上高＝（目標利益＋固定費）÷限界利益率

　　（予算歩留率考慮前の次期目標利益（P19回）25,578千円＋次期目標固定費：
　　⑥29,755千円）÷（次期目標限界利益率：⑤49％）＝112,924千円

　　次期目標販売数量＝112,924千円÷③@90千円（予想販売単価）

　　　　　　　　　　＝1,255㎏（端数四捨五入）⇒⑧1,260㎏（一桁目切上げ）

　　次期目標売上高　＝③@90千円×⑧1,260㎏＝⑨113,400千円

手順4▶ 上記の目標売上高・目標販売数量・目標限界利益率・目標固定費の実効性について、具体的行動計画に基づき客観的に評価する。

■ チェックポイント

○（部門別の）目標固定費と目標限界利益率を、いかに合理的に設定するかが大切です。

〈予算実務上のポイント〉

○目標売上高は、製品別の「販売単価×販売数量」の計算値として集計されます。この場合、製品市場の「需要の価格弾力性（価格が1％下がった場合、販売数量は何％増加するか）」を十分に考慮して目標販売単価を設定します。

○もし、すべての費用が変動費であれば会社は赤字にはなりません。しかし、人件費や減価償却費等の固定費は常に発生します。次期の費用戦略を考える場合、固定費の削減以外に「変動費の固定費化」と「固定費の変動費化」を考慮する必要があります。

・製品の成長性が高い場合…変動費の固定費化（例：販売代理店体制→直販体制）

・製品の成長性が低い場合…固定費の変動費化（例：直販体制→販売代理店体制）

20　第Ⅰ部　基礎編

■NO.1-19「当期実績予想：損益計算書」(P11) (単位：千円)

科　目	変／固	消費税等	実　績	予　算	予算差異率	分析・評価
販売数量			1,000kg	1,500kg	△33%	販売見込計画が甘い等
売上高		○	@100×1,000kg＝①100,000	165,000	△39%	同上、値引競争
…略…	…略…	…略…	…略…	…略…	…略…	…略…
当期純利益			630	30,418	△98%	⇒当期株／変へ
変動費			②61,000	78,000	＋22%	
変動費率			②÷①×100%＝61%	47%	△14%	値引競争による上昇
限界利益率			100%－61%＝39%	53%	△14%	
固定費			36,955	36,304	△2%	交際費及び支払利息の増加

手順1

■NO.1-20「次期目標販売単価・費用検討表」

項　目	当期実績	次期目標	目標設定理由
販売単価／kg	100千円	③ @90千円	競業他社との価格競争
変動費／kg	61千円	④ @46千円	仕入先選択→仕入単価引下げ　※
変動費率	61%	51%	46千円÷90千円×100%＝51%
限界利益率	39%	⑤ 49%	100%－51%＝49%
固定費	36,955千円	⑥ 29,755千円 ⑦ 19%削減	・役員報酬の引下げ、交際費の削減 ・賃借料の引下げ等

※　変動費単価@46千円の内訳：④-1「販売手数料単価＝@1千円」・④-2「売上原価単価＝@45千円」

■NO.1-21「次期目標売上高算定図表」

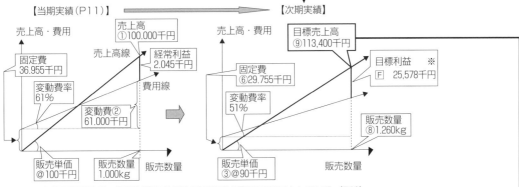

※　次期目標利益は、予算歩留率考慮前の目標利益F25,578千円としている（P19）。

■NO.1-22「予算編成方針」

2．次期予算目標	次期の許容販売単価③@90千円で目標販売数量⑧1,260kgを実現し、目標売上高⑨113,400千円を達成する。さらに売上原価単価を④-2 45千円以下に抑え、限界利益率⑤49%を実現する。また、固定費を⑥29,755千円（⑦19%減）に抑える。もって、目標経常利益H29,742円を達成する。…略…
2-1 利益計画	・目標売上高　　　⑨ 113,400千円 ・目標経常利益　　H29,742千円
2-3 商品仕入方針	・売上原価単価④45千円とする為→許容仕入単価39千円　　…略…
2-8 販管費等方針	・営業費43%削減・管理費22%削減

第1章　予算編成方針関係の予算編成　　21

STEP 12 ▶「予算編成方針」の作成

■ 目的

すべての社員が次期予算作成に関する共通認識を持って、統一的に予算作成を進められるように次期目標及び行動指針を明確化します。

■ 作業手順

手順1▶「1. 当期実績の概況と課題」には、当期実績予想の財務諸表（P11・13・15・17）の予実差異分析・課題の整理を行い、その内容を簡潔明瞭に記載する。

手順2▶「2. 次期予算目標」には、中期経営計画との関係との整合性を図り、予算基礎資料より、「目標売上高」「目標経常利益」「目標の営業活動によるキャッシュ・フロー」を示し、次期の経営方針を記載する。

手順3▶「2-1 利益計画」には、総合予算としての「目標売上高及び目標経常利益」を記載する。

手順4▶「2-2 販売方針」には、営業部門の目標及び行動指針を記載する。

手順5▶「2-3 商品仕入方針」には、購買部門の目標及び行動指針を記載する。

手順6▶「2-4 設備方針」には、設備投資・処分の目標及び行動指針を記載する。

手順7▶「2-5 資金調達・運用方針」には、資金調達・運用の目標及び行動指針を記載する。

手順8▶「2-6 人事方針」には、人員増減などの目標及び行動指針を記載する。

手順9▶「2-7 研究開発方針」には、研究開発の目標及び行動指針を記載する。

手順10▶「2-8 その他販管費等方針」には、その他販管費の目標及び行動指針を記載する。

手順11▶「2-9 剰余金処分方針」には、配当等の剰余金処分の目標及び行動指針を記載する。

■ チェックポイント

○ 当期の予算実績管理における課題の改善すべき点が反映されている必要があります（P6参照）。

○ 中期経営計画の次年度のアクションプランとの整合性が図られる必要があります。

○ 挑戦可能な目標で、裏付けのある具体的な戦略が明示されていることが必要です。

○ 目標経常利益は、予算歩留率を考慮した目標となっています。

■NO.1－23「予算編成方針」（次期：X1年4月1日〜X2年3月31日）

1.当期実績の概況と課題（P11・15・17） **手順1**	当期の売上高は100,000千円、予算比39％減となった。 　主たる要因は、販売見込の甘さ、具体的戦略が欠如していたことに起因している。平均販売価額は、@100千円、販売数量は1,000kgとなっている。売上総利益率は40％、予算比15％低下となった。主たる要因は、販売単価減少要因に加え、緊急仕入により、割高の商品仕入を行ったことに起因している。販売費及び一般管理費は37,260千円、予算比4％改善となっているが、実質的には、売上高減少に伴う販売手数料の減少が主たる要因である。この結果、営業利益は2,740千円、予算比95％減となっている。受取利息及び配当金は5千円となり、予算比17％減となっている。支払利息は700千円となり、予算比133％増となっており、金利負担が増加している。この結果、経常利益2,045千円、予算比96％減となっている。 　税引前当期純利益は経常利益と一致している。法人税、住民税及び事業税は1,415千円、実効税率（1,415千円÷2,045千円×100％）69％となっており、相対的に税負担が大きくなっている。主たる要因は、交際費が5,200千円＜税務上加算（費用とならない）＞と相対的に大きくなっていることに起因している。 　当期純利益は630千円、予算比98％減となっている。 　資金面では、営業利益が生じているにもかかわらず、営業活動によるキャッシュ・フローは△22,505千円（資金不足）となっている。主たる要因は、売掛金回収サイトが買掛金支払サイトより長いこと及び過剰在庫等の資金負担増に起因している。
2.次期予算目標（P19・20・21） **手順2** **手順3**	次期は、中期経営計画より、売上高320,000千円、経常利益率48％、借入金の一掃及び自己資本比率70％を3年後に実現するための足固めの年とする。 　営業のプロ意識を一から積上げる。顧客、関係者のかかえる問題・ニーズを地道にヒアリングする。今期のクレーム内容を分析・評価する。これを仕入先と継続的に協議し、商品品質の向上を図る。また、関東地域に有効な代理店網（30店）を確立する。 　次期の許容販売単価を@90千円とし、目標販売数量1,260kgを実現し、目標売上高113,400千円を達成する。さらに売上原価単価を45千円以下に抑え、限界利益率49％を実現する。 　また、固定費を29,755千円（当期比19％減）以下に抑える。 　もって、目標経常利益29,742円を達成する。 　営業活動によるキャッシュ・フロー47,000千円を実現する。
2－1 利益計画	①目標売上高：113,400千円（P20・21）　②目標経常利益：29,742千円（P19）
2－2 販売方針（P20・21） **手順4**	①許容販売単価：@90千円　②目標販売数量：1,260kg ③得意先へメリットを与え、売掛金回収条件の1カ月短縮化を図り、目標営業収入を116,121千円とする。 ④営業マンの増員・教育強化・クレーム分析・評価の徹底 ⑤関東地域への代理店網の拡大及びホームページの刷新
2－3 商品仕入方針 **手順5**	①許容仕入単価（売上原価単価45千円とする為（P21））：39千円 ②仕入先の選別を行い、仕入先との信頼関係を基礎として、買掛金の支払条件を1カ月伸ばし、仕入支出を41,000千円以下に抑える。 ③月次の仕入の平準化を図る。④許容在庫回転期間：2.2カ月（数量ベース）
2－4 設備方針	①パソコン・ソフトの購入、②設備投資支出：2,160千円以内（税込）　**手順6**
2－5 資金調達・運用方針	借入金を増加させない。　**手順7**
2－6 人事方針	①営業人員1名増。②営業マン賞与は目標の営業活動によるキャッシュ・フロー予算達成度による業績評価に基づいて支給する。③役員報酬を60％削減し、役員賞与をカットする。 **手順8**
2－7 研究開発方針	自由診療をメインにしている個人病院のニーズリサーチ　**手順9**
2－8 その他販管費等方針	①営業費　43％削減（小数点未満四捨五入）　**手順10** ②管理費　22％削減（小数点未満四捨五入）
2－9 剰余金処分方針 **手順11**	【当期剰余金の処分】①配当額：　　400千円 【次期剰余金の処分】②配当額：1,216千円（P18）

第1章　予算編成方針関係の予算編成　23

第**2**章

売上高関係の
予算編成

売上高関係の予算編成プロセス

■ 仮想企業モデル

○ 会社：㈱甲社

○ 組織：社長：田辺雄一　従業員：鈴木一也　計：営業2名

　　　　次期1名増員予定（石川京子）…「人事方針」（P23）より

○ 決算月：3月

○ 事業形態：A健康薬品材料の仕入・販売

○ 得意先：W社・Z社　計2社

■ 目的

　売上高関係の予算損益計算書、月次資金計画書、予算（比較）貸借対照表、直接法及び間接法による予算キャッシュ・フロー計算書の作成ステップの全体像を理解します。

■ 作成手順

STEP 1 ▶　「①②担当者別相手先別販売計画表」を作成する。

STEP 2 ▶　①と②を集計して、「③販売計画書」を作成する。

STEP 3 ▶　③より、「④予算損益計算書」を作成する。

STEP 4 ▶　④より、「⑤消費税等計画書」を作成する。

STEP 5 ▶　①②より、「⑥⑦担当者別相手先別売上代金回収計画表」を作成する。

STEP 6 ▶　⑥と⑦を集計して、「⑧売上代金回収計画書」を作成する。

STEP 7 ▶　⑧より、「⑨月次資金計画書」を作成する。

STEP 8 ▶　⑧より、「⑩予算貸借対照表」を作成する。

STEP 9 ▶　⑩より、「⑪予算比較貸借対照表」を作成する。

STEP 10 ▶　④⑤⑪より、「⑫直接法：予算C/F組替仕訳」を作成する。

STEP 11 ▶　⑫より、「⑬直接法：予算キャッシュ・フロー計算書」を作成する。

STEP 12 ▶　⑪より、「⑭間接法：予算C/F組替仕訳」を作成する。

STEP 13 ▶　⑭より、「⑮間接法：予算キャッシュ・フロー計算書」を作成する。

■ チェックポイント

○ 予算スケジュール（P153参照）に従って、進捗管理を行います。

　なお、スケジュール上のリスクを事前に洗い出し、対応策を検討しておきます。

○ 上記の各予算資料については、「予算編成方針」（P23）に従って作成します。

○ 上記の各予算資料については、作成の具体的な根拠（アクションプラン等）を明示します。

○ 予算数値がブレるリスクを事前に洗い出し、リカバリー対応策を検討しておきます。

第Ⅰ部　基礎編

作業フローチャート【売上関係】

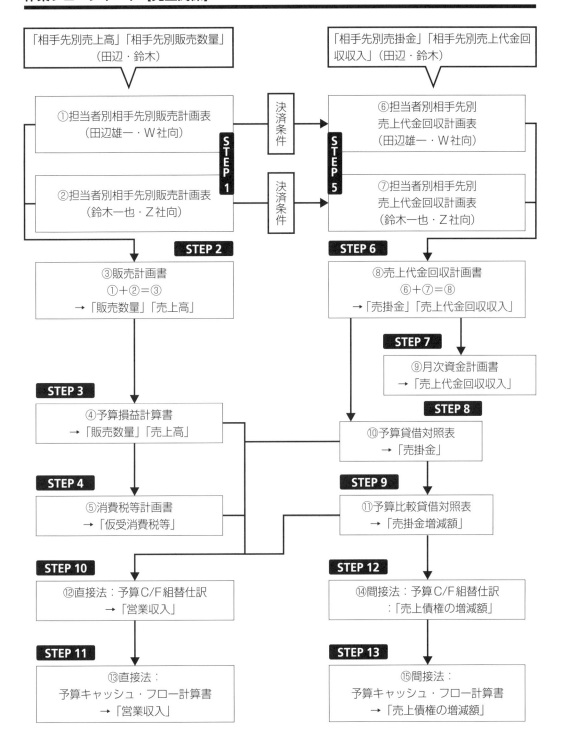

STEP 1 ▶ 「担当者別相手先別販売計画表」の作成

■ 目的

　各営業担当者が、当期の月次販売実績及び次期の販売予算編成方針より、次期の具体的な行動計画に基づく担当者別相手先別の月次販売予算をつくります。

　これが会社全体の販売計画の基礎となります。

■ 作業手順

手順1 ▶ 当年度の販売数量に対する担当者別販売数量の構成比率を基礎として、①次年度担当者別割当率を決定する。次の算式より、次年度の③担当者別販売数量を算定する。

　　　②次年度目標販売数量1,260kg×（田辺①：68%）＝③<u>860kg</u>（1桁目四捨五入）

手順2 ▶ 次年度の「予算編成方針」（販売方針）（P23）より、④平均予想販売単価を記入する。

手順3 ▶ 次年度の③担当者別販売数量を⑤月次販売数量へ合理的に振り分けて、記入する。月次販売数量の実現の為の根拠・行動計画を明示する。

手順4 ▶ 次年度の④平均予想販売単価に⑤月次販売数量を乗じて、⑥担当者別相手先別の月次販売金額を計算・記入する。

手順5 ▶ 次年度の⑥担当者別相手先別月次販売金額を集計し、次年度担当者別相手先別販売金額累計額：売上高を記入する。

■ チェックポイント

○ 次年度の平均販売単価は、次年度の市場での価格競争や売上値引等を考慮した販売価格の予想平均値を示します。

○ 次年度担当者別割当率は、過去の担当者別の販売実績、営業相手先の需要状況、営業力及び営業の難易度等を加味して、販売部門で決定します。

○ ⑤月次販売数量については、以下の点に留意します。

　・相手先の生産計画や購入計画等を十分に調査して、根拠を明確にすること

　・不特定の顧客へ販売する場合には、営業プロセスを分析し、具体的な行動計画を明示すること

　　例えば、販売目標が10件で、実績より、営業日数＝240日、A：コール件数、B：アポ率＝2%、C：提案・見積提示率＝30%、D：受注率＝20%と仮定します。

　　次年度の販売目標を実現する為には、「10件÷D：20%÷C：30%÷B：2%÷営業日数240日＝A：35件」の新規電話コールを毎日する必要があります。

　・季節性のある商品の場合には、実績の月次の季節変数（実績構成比率）を用いて月次予算額を計算すること

○ 次年度の販売予測がブレるリスクを洗い出し、当該リスクが生じた場合のリカバリー対応策を事前に明確化しておく必要があります。

■NO.2−1「担当者別相手先別販売計画表【田辺雄一】」

得 意 先	W 社					
期の区分	当 期 実 績		次 期 予 想			
決済条件	末締翌々月末振込入金		末日締翌月末振込入金（1カ月後入金）(P23)			
平均単価（予想）	100千円		**手順2** 90千円 …④			
単価予想根拠	—		市場動向予測分析及び得意先との交渉より			
項　目	販売数量 kg	販売金額 （千円）	販売数量 kg⑤	根拠：受注管理表・得意先 生産計画等より		販売金額（千円） ④×⑤＝⑥
4月	—	—	30	30kg×@90千円		2,700
5月	—	—	**手順3** 40	40kg×@90千円	**手順4**	3,600
6月	50	5,000	50	50kg×@90千円		4,500
7〜翌1月	…略…	…略…	…略…	…略…		…略…
2月	37	(A)3,700	50	50kg×@90千円		4,500
3月	19	(B)1,919	100	100kg×@90千円		9,000
累計	700	70,000	860	**手順5**		77,400

＜次期目標販売数量の割当＞

当期 販売数量	当期 担当実績	当期 構成比率	次年度 担当割当率	根拠	次年度 販売数量	次年度割当数量 （1桁目四捨五入）
1,000kg	700kg	70%	①68%	…略…	②1,260kg	①×②＝③　860kg

手順1

＜次期行動目標＞…略…

■NO.2−2「担当者別相手先別販売計画表【鈴木一也】」

上期販売金額合計＝13,500→P207②

得 意 先	Z 社					
期の区分	当 期 実 績		次 期 予 想			
決済条件	末締翌々月末振込入金		末日締翌月末振込入金（1カ月後入金）(P23)			
平均単価（予想）	100千円		**手順2** 90千円 …④		**手順4**	
単価予想根拠	—		市場動向予測分析及び得意先との交渉より			
項　目	販売数量 kg	販売金額 （千円）	販売数量 kg⑤	根拠：受注管理表・得意先 生産計画等より		販売金額（千円） ④×⑤＝⑥
4月	—	—	20	20kg×@90千円		1,800
5月	—	—	**手順3** 20	20kg×@90千円		1,800
6月	10	1,000	20	20kg×@90千円		1,800
7〜翌1月	…略…	…略…	…略…	…略…		…略…
2月	10	(C)1,000	50	50kg×@90千円		4,500
3月	10	(D)1,000	50	50kg×@90千円	**手順5**	4,500
累計	300	30,000	400			36,000

＜次期目標販売数量の割当＞

当期 販売数量	当期 担当実績	当期 構成比率	次年度 担当割当率	根拠	次年度 販売数量	次年度割当数量 （1桁目四捨五入）
1,000kg	300kg	30%	①32%	…略…	②1,260kg	①×②＝③　400kg

手順1

＜次期行動目標＞…略…

```
【田辺雄一】＜W社＞              【鈴木一也】＜Z社＞
「担当者別相手先別販売計画表」      「担当者別相手先別販売計画表」
                    ↓
            「販売計画書」(P31)
```

第2章　売上高関係の予算編成　　**29**

STEP 2~4 ▶ 「販売計画書」「予算損益計算書」「消費税等計画書」の作成

■ 目的

各営業担当者の「担当者別相手先別販売計画表」(P29) を集計し、「販売計画書」を作成し、次年度の販売数量と売上高を算定し、「予算損益計算書」の売上高へ記入し、さらに「消費税等計画書」の仮受消費税等を計算・記入します。

■ 作業手順

手順1▶ 各営業担当者の「担当者別相手先別販売計画表」(P29) より、月次の販売数量を集計し、「販売計画書」の「販売数量」欄に記入する。

手順2▶ 次年度の販売数量合計（縦計）を計算・記入する。次年度の「予算編成方針」(P23) の目標販売数量の水準を満たしていることを確認する。

手順3▶ 「販売計画書」の累計値の販売数量を、次年度の「予算損益計算書」へ記入する。

手順4▶ 「販売計画書」の月次の販売数量を、「商品仕入兼在庫計画書」(P49) へ転記する。

手順5▶ 各営業担当者の「担当者別相手先別販売計画表」(P29) より、月次の販売金額を集計し、「販売計画書」の「販売金額」欄に記入する。

手順6▶ 次年度の販売金額累計（縦計）を計算・記入する。次年度の「予算編成方針」(P23) の目標売上高の水準を満たしていることを確認する。

手順7▶ 「販売計画書」の販売金額累計を、次年度の「予算損益計算書」の売上高へ記入する。

手順8▶ 「売上高」が消費税等が課税される対象である場合には、売上高に対する仮受消費税等を計算する。

手順9▶ 売上高に対する仮受消費税等を「消費税等計画書」へ記入する。

■ チェックポイント

○ 予算編成においては、「販売計画書」の信頼性が最も重要です。

○ 全社販売計画書の月次販売数量は、商業であれば「購買計画・在庫計画」、製造業であれば「生産計画・在庫計画」の月次出庫数量を決定します。

○ 全社販売計画を実現する為の営業戦略を明確にし、その為に必要な販売費の方針が決まります。

○ 目標売上高がブレるリスクを洗い出し、事前にリカバリー対応策をまとめます。

○ 上場会社の場合、証券取引所へ公表する業績予想売上高は、当該目標売上高を基礎とします。投資者保護の観点より、達成の確実性を担保する為の修正が行われる場合もあります。

第Ⅰ部　基礎編

■NO.2-3「販売計画書」

「担当者別相手先別販売計画表」（P29）より集計

区　分	A健康食品材料			
項　目	販売数量（kg）		販売金額（千円）	
4月	「田辺＋鈴木＝ 30＋20＝	合計」 50	「田辺＋鈴木＝ 2,700＋1,800＝	合計」 4,500
5月	40＋20＝	60	3,600＋1,800＝	5,400
6月	50＋20＝	70	4,500＋1,800＝	6,300
7～翌1月	…略…		…略…	
2月	50＋50＝	100	4,500＋4,500＝	9,000
3月	100＋50＝	150	9,000＋4,500＝	13,500
累計	860＋400＝	1,260	77,400＋36,000＝	113,400
備考	「商品仕入兼在庫計画書」 （P49）へ転記する。		「予算編成方針」（P23）の目標売上高の 水準を満たしているか検討を行う。	

手順1（販売数量4月合計50）、**手順5**（販売金額4月合計4,500）、**手順2**（累計1,260）、**手順4**（備考）、**手順6**（累計113,400）

■NO.2-4「予算損益計算書」（P139）＜抜粋＞

（単位：千円）

科　目	変動 固定	消費 税等	予　算	基礎資料
平均販売価格			90千円	予算編成方針（P23）より
販売数量　※			1,260kg	予算編成方針の目標販売数量1,260kg （P23）をクリアーしているか？
売上高		対象 ○	113,400	予算編成方針の目標売上高113,400千円 （P23）をクリアーしているか？
…略…	…略…	…略…	…略…	…略…

手順3、**手順7**

※　予算編成方針の目標売上高をクリアーしていない場合は、各予算額の修正を
　行います。

■NO.2-5「消費税等計画書」（P95）＜抜粋＞

（単位：千円）

項　目	金　額	項　目	金　額
当期未払消費税等支払	…略…	当期未払消費税等…「当期実績予 想：貸借対照表」（P13・15）より	229
中間納付消費税等…③	…略…		
＜仮払消費税等＞		＜仮受消費税等＞	
商品仕入高関係　※	…略…	113,400　×消費税等率8％ ＝9,072…売上高関係	① 9,072
…略…	…略…	…略…	…略…

手順8（113,400）、**手順9**（9,072）

第2章　売上高関係の予算編成　　**31**

STEP 5-1 「担当者別相手先別売上代金回収計画表」の作成（その1）

■ 目的

営業担当者の「担当者別相手先別販売計画表」（P29）より、当該相手先に対する売掛金の回収条件（例：末締翌月末振込入金）より、「月次の売上高に対応する売掛金がいつ入金されるか」「相手先別の次年度末現在の売掛金はいくらになるか」をまとめた「担当者別相手先別売上代金回収計画表」をつくります。

■ 売上高の計上と売掛金の回収の関係

売上高に対する売上代金の回収は、売掛金の回収の形で会計処理される。売上高が消費税等の課税対象である場合には、回収される売掛金は「売上高×（1＋消費税率）」となる。

また、売掛金がいつ回収されるかは、販売する相手先との販売契約上の決済条件によって決まる。当年度の相手先との売掛金回収の決済条件は「末締2カ月後振込入金」であったが、営業活動によるキャッシュ・フローの改善を目的として、予算編成方針で「売掛金の回収条件を1カ月短縮化する」（P23）ことが明示されている。相手先と交渉し、次年度の売掛金の回収条件を1カ月短縮化し、「末締翌月末振込入金（1カ月後入金）」で合意がなされると仮定する。

手順1 田辺雄一のW社に対する担当者別相手先別販売計画表：5月売上高＝①3,600千円を記入する。

手順2 5月発生売掛金＝5月売上高×（1＋消費税率0.08）
　　　　　　　　　　　＝①×（1＋0.08）＝②3,888千円を記入する。

次年度の5月の売上高計上の会計処理は以下のようになる。

次期売掛金回収条件：末締翌月末振込（1カ月後入金）

手順3 5月発生の売掛金②3,888千円は、W社との販売契約の決済条件：1カ月後の売掛金回収より、6月末に売掛金が回収となる為、売掛金回収額の6月に記入する。会計処理は以下のようになる。

【田辺雄一】＜W社＞「担当者別相手先別販売計画表」(P29)より

■NO.2-6「担当者別相手先別売上代金回収計画表」＜W社＞【田辺雄一】　　（単位：千円）

区分	月次発生売上高 / 月次発生売掛金	売掛金発生と回収の関係（得意先）：W社			W社よりの資金回収額
	次期決済条件	末締翌月末振込入金（1カ月後入金）			
	発生区分	当月売上分	前月売上分	前々月以前売上分	W社よりの売掛金回収額
	対象	1カ月分	1カ月分	1カ月分	
当期末残高 3月末	当期決済条件	末締翌々月末振込入金（2カ月後入金）			
		（当期3月売上高）	（当期2月売上高）		
	売上高 5,619	1,919	3,700		
	※3 売掛金 6,069	※2 売掛金 2,073	※1 売掛金 3,996	当期決済条件：2カ月後入金	
4月	売上高 2,700 2,700×(1+0.08) ＝売掛金 2,916　**手順1**	5月入金 売掛金 2,916	5月入金 売掛金 2,073		3,996
5月	売上高 ①3,600 3,600×(1+0.08) ＝売掛金 ②3,888　**手順2**	6月入金 売掛金 ②3,888	次期決済条件：1カ月後入金		4,989
6月	売上高 4,500 4,500×(1+0.08) ＝売掛金 4,860	7月入金 4,860		**手順3**	5月売上代金回収 ②3,888
7～12月	…略…	…略…	…略…	…略…	…略…
1月	売上高 9,000 9,000×(1+0.08) ＝売掛金 9,720	2月入金 9,720			12月売上代金回収 9,720
2月	売上高 4,500 4,500×(1+0.08) ＝売掛金 4,860	3月入金 4,860	次期決済条件：1カ月後入金		1月売上代金回収 9,720
3月	売上高 9,000 9,000×(1+0.08) ＝売掛金 9,720	翌年度4月入金 9,720	次期決済条件：1カ月後入金		2月売上代金回収 4,860
W社：次期末残高		W社向の売掛金：9,720	年度累計		縦計 79,941

※1：3,996＋(P35) 1,080＝5,076 (P9)
※2：2,073＋(P35) 1,080＝3,153 (P9)
※3：6,069＋(P35) 2,160＝8,229 (P9)
当期実績予想の貸借対照表（P15）の売掛金と一致

「売上代金回収計画書」(P37)へ転記

第2章　売上高関係の予算編成　33

STEP 5-2 ▶ 「担当者別相手先別売上代金回収計画表」の作成（その2）

■ 作成手順

手順1▶ 「担当者別相手先別販売計画表」（P29）の月次売上高を記入する。

手順2▶ 「月次売上高×（1＋消費税率）＝月次発生売掛金」を計算・記入する。

手順3▶ 相手先に対する売掛金の回収条件（末締1カ月後振込入金）に従って、売上高計上月の次月の「売掛金回収額」欄に回収金額を記入する。

手順4▶ 「売掛金回収額」欄の各月の売掛金回収額を集計（縦計）し、年度累計欄へ記入します。「売掛金回収額」欄の各月の売掛金回収額及び年度累計額を「売上代金回収計画書」（P37）へ記入する。

手順5▶ 3月売上高に対応する売掛金は、決済条件：1カ月後回収になるので、次年度の4月に回収される。従って、次年度の3月末現在では売掛金として残るので、「相手先別売掛金」に記入する。

　　　この相手先別売掛金の金額は「売上代金回収計画書」（P37）へ記入される。

■ チェックポイント

○「売掛金がいつ回収されるか」は、得意先との販売契約上の決済条件：売掛金回収条件（例：末締翌月末振込入金＜1カ月後入金＞）によって決まります。

○売掛金回収額は、消費税等が課税される課税売上高の場合には、「売上高×（1＋消費税率）」の金額、消費税等が課税されない売上高の場合には、「売上高＝売掛金」となります。

○消費税等の経理処理の方法は、設問では「税抜方式（仮受消費税等と仮払消費税等を独立科目として区分処理する方法）」を前提としています。

「税込方式（仮受消費税等と仮払消費税等を区分処理しない方法）」を採用している場合には、売上高金額の中に消費税等が含まれるので「売上高＝売掛金」となります。

○次年度期首（当年度末）現在の売掛金は、得意先との当年度の決済条件：売掛金回収条件に従って回収されます。

設問では、当年度の売掛金回収条件は末締翌々月末振込入金（2カ月後）ですので、「当年度の2月分の売上高×（1＋消費税率）＝A：売掛金」と「当年度の3月分の売上高×（1＋消費税率）＝B：売掛金」の合計が次期首の売掛金残高となります。

前者の2月分のA：売掛金は次年度の4月に入金され、後者の3月分のB：売掛金は5月に入金されることになります。

○次年度末の相手先別の売掛金は、次年度の決済条件：売掛金回収条件により決まります。

設問では、売掛金回収条件は末締翌月末振込（1カ月後入金）ですので、次年度末における売掛金残高は、3月分の売掛金発生額となります。

もし、売掛金回収条件が末締翌々月末振込（3カ月後入金）である場合は、1月から3月の売掛金発生額の合計値が次年度末の売掛金となります。

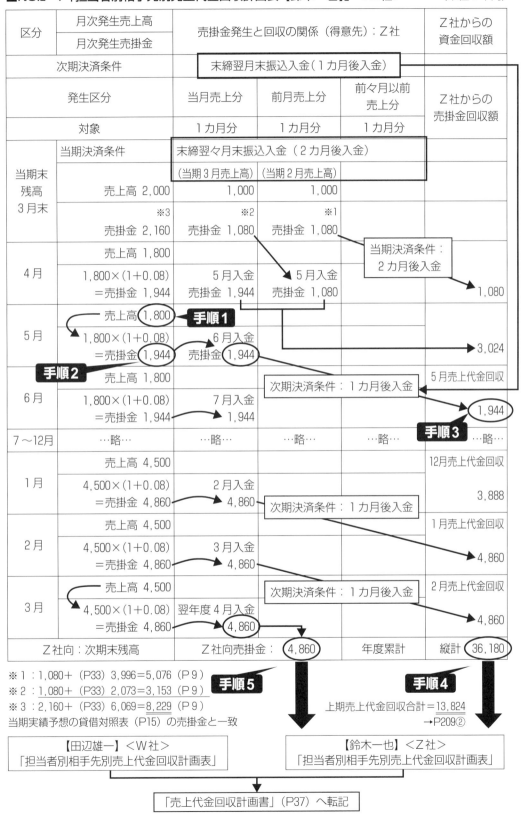

STEP 6~9 ▶ 「売上代金回収計画書」「月次資金計画書」「予算（比較）貸借対照表」の作成

■ 目的

「担当者別相手先別売上代金回収計画表」（P33・35）を集計して「売上代金回収計画書」を作成し、月次売掛金回収額を「月次資金計画書」へ記入し、次年度末の売掛金を「予算貸借対照表」及び「予算比較貸借対照表」へ記入します。通常は、損益予算にとどまるので売上高のみの計算になりますが、ここでは貸借対照表予算としての売掛金を計算している点、月次資金計画書に反映している点に特徴があります。

■ 作成手順

手順1▶ 各営業担当者の「担当者別相手先別売上代金回収計画表」（P33・35）の①相手先別月次売掛金回収額、②相手先別次年度累計額及び③次期末現在の相手先別売掛金を「売上代金回収計画書」へ記入する。

手順2▶ 「売上代金回収計画書」の相手先別の各行金額を集計し、「全社合計」欄の①月次売掛金回収額及び②次期末現在の売掛金に記入する。

手順3▶ 「売上代金回収計画書」の「全社合計」欄の月次売掛金回収額及び次年度累計額の金額を「月次資金計画書」へ記入する。

手順4▶ 「月次資金計画書」では、上期累計欄を設けているので、上半期（6ヵ月）の累計額を計算・記入する。

手順5▶ 「売上代金回収計画書」の「全社合計」欄の次年度末現在の売掛金を「予算貸借対照表」の売掛金へ記入する。

手順6▶ 「予算貸借対照表」の売掛金の金額を「予算比較貸借対照表」の「次期」欄に記入する。

手順7▶ 「当期実績予想：貸借対諸表」（P15）の売掛金の金額を「予算比較貸借対照表」の「当期」欄へ記入し、売掛金の増減差額を計算し、「増減差額」欄へ記入する。

■ チェックポイント

○「売上代金回収計画書」の担当者別相手先別の各月の売掛金回収額の集計値が、「月次資金計画書」の売上代金回収収入の値と一致します。

○「月次資金計画書」の売上代金回収収入は各月の給与等の費用を支払う原資なので、資金繰り管理上、最も重要な予算数値です。

○売掛金の増減差額は、予算キャッシュ・フロー計算書作成の為の重要な科目金額で、プラスはキャッシュ・アウトになり、マイナスはキャッシュ・インになります。

36　第Ⅰ部　基礎編

■NO.2−8「売上代金回収計画書」

「担当者別相手先別売上代金回収計画表」（P33・35）より集計　　　　　　　（単位：千円）

担当者・相手先	田辺雄一・W社	鈴木一也・Z社	全社合計
区分	（売掛金）回収額	（売掛金）回収額	（売掛金）回収額
4月　**手順1−①**	（4,989）3,996	（3,024）1,080	（8,013）5,076　**手順2−①**
5月	（3,888）4,989	（1,944）3,024	（5,832）8,013
6月	（4,860）3,888	（1,944）1,944	（6,804）5,832
7〜12月	…略…	…略…	…略…
1月	（9,720）9,720	（4,860）3,888	（14,580）13,608
2月	（4,860）9,720	（4,860）4,860	（9,720）14,580
3月	（9,720）4,860	（4,860）4,860	（9,720）9,720
年間累計　**手順1−②**	79,941	36,180	116,121
次期末現在の売掛金	（9,720）	（4,860）	（14,580）

手順1−③　　**手順2−②**

手順3

■NO.2−9「月次資金計画書」（P133）＜抜粋＞

（単位：千円）

区分		上 期 資 金 計 画 書						
発生月		4月	5月	6月	7月	8月	9月	上期累計
資金収入	売上代金回収収入	5,076	8,013	5,832	6,804	9,720	10,692	横集計 46,137
	…略…	…略…	…略…	…略…	…略…	…略…	…略…	…略…

区分	**手順4**	下 期 資 金 計 画 書						
発生月	上期累計	10月	11月	12月	1月	2月	3月	年間累計
資金収入	売上代金回収収入 →46,137	10,692	10,692	10,692	13,608	14,580	9,720	横集計 116,121
	…略…	…略…	…略…	…略…	…略…	…略…	…略…	…略…

■NO.2−10「予算貸借対照表」（P141）＜抜粋＞

（単位：千円）

予算科目	予算額	予算作成基礎資料
【資産の部】		
【流動資産】	…略…	**手順5**
…略…	…略…	…略…
売掛金	14,580	
…略…	…略…	…略…

■NO.2−11「予算比較貸借対照表」（P143）＜抜粋＞

手順6　　（単位：千円）

予算科目	当期	次期	増減差額	予算作成基礎資料
【資産の部】	（P15）			
【流動資産】	…略…	…略…	…略…	**手順7−②**
…略…	…略…	…略…	…略…	…略…
売掛金　**手順7−①**	8,229	14,580	6,351	予算貸借対照表より
…略…	…略…	…略…	…略…	…略…

第2章　売上高関係の予算編成　　**37**

STEP 10・11 ▶ 「直接法：予算キャッシュ・フロー計算書」の作成

■ 目的

「予算損益計算書（売上高）」（P31）、「消費税等予算表（売上高に関する仮受消費税等）」（P31）及び「予算比較貸借対照表（売掛金増加）」（P37）より、「直接法：予算キャッシュ・フロー計算書組替仕訳」を作成し、「直接法：予算キャッシュ・フロー計算書（営業活動によるキャッシュ・フロー）」の営業収入へ記入します。

＜考察＞

予算キャッシュ・フロー計算書は、「営業活動によるキャッシュ・フロー」「投資活動によるキャッシュ・フロー」「財務活動によるキャッシュ・フロー」の区分に分けられます。

営業活動によるキャッシュ・フローの作成方法には、次の2つの方法があります。

・直接法：「営業収入－営業支出」の形式で表示する方法
・間接法：「税引前当期純利益＋差異原因」の形式で表示する方法

貸借対照表の科目金額の借方合計と貸方合計は一致します。「予算貸借対照表」と「当期実績予想：貸借対照表」の増減差額の内、現金及び預金の増減内訳を示したものが「予算キャッシュ・フロー計算書」です。増減差額も貸借合計は一致するので、予算キャッシュ・フロー計算書は、現金及び預金以外の科目増減金額を組み替えることにより作成することができます。

以下、「予算キャッシュ・フロー計算書科目組替仕訳」（予算C/F組替仕訳）を作成します。

■ 作成手順

手順1 ▶ 「予算損益計算書」（P31）の売上高を、予算C/F組替仕訳の借方の売上高へ記入する。

手順2 ▶ 「消費税等計画書」（P31）の仮受消費税等を、予算C/F組替仕訳の借方の同科目へ記入する。

手順3 ▶ 予算C/F組替仕訳の借方合計を計算・記入する。

手順4 ▶ 予算C/F組替仕訳の貸借合計は一致するので、貸方合計欄に借方合計額を記入する。

手順5 ▶ 予算比較貸借対照表の売掛金増減額を同組替仕訳の貸方の同科目へ記入する。

手順6 ▶ 予算C/F組替仕訳の貸方の合計が一致するように、営業収入の金額を逆算・記入する。

手順7 ▶ 予算C/F組替仕訳の営業収入金額と、月次資金計画書の売上代金回収収入累計の一致を検証する。

手順8 ▶ 予算C/F組替仕訳の営業収入金額を「直接法：予算キャッシュ・フロー計算書」（P147）の同科目欄へ記入する。

■ チェックポイント

○予算キャッシュ・フロー計算書組替仕訳の意味を正しく理解します（P40＜考察＞参照）。
○科目数値が変化した場合には、貸借合計が一致するようにC/F科目金額を調整します。

38　第Ⅰ部　基礎編

■NO.2-12「予算損益計算書」(P31・141)＜抜粋＞　　　　　　　　（単位：千円）

予算科目	変動固定	消費税等	予算額	予算作成基礎資料
売上高		対象○	113,400	
…略…	…略…	…略…	…略…	…略…

■NO.2-13「消費税等計画書」(P31・95)＜抜粋＞　　　　　　　　（単位：千円）

項　目	金　額	項　目	金　額
＜仮払消費税等＞		＜仮受消費税等＞	
商品仕入高関係	…略…	113,400×消費税等率8％＝9,072	9,072
…略…	…略…	…略…	…略…

■NO.2-14「予算比較貸借対照表」(P37・143)＜抜粋＞　　　　　　　　（単位：千円）

予算科目	当期	次期	増減差額	予算作成基礎資料
【資産の部】	(P15)			
【流動資産】	…略…	…略…	…略…	
…略…	…略…	…略…	…略…	…略…
売掛金	8,229	14,580	＋6,351	予算貸借対照表より
…略…	…略…	…略…	…略…	…略…

■NO.2-15「直接法：予算キャッシュ・フロー計算書組替仕訳」

注：キャッシュ・フロー計算書科目は、「＋－の符号」の関係上、貸方科目に固定している。　　　　（単位：千円）

借　方			貸　方		
科　目	金　額	基礎資料	科　目	金　額	基礎資料・転記先
手順1 売上高	113,400	予算損益計算書 (P31) より	営業収入	手順6 116,121	C/Fへ転記(P147)
仮受消費税等 (売上高関係)	9,072	消費税等計画書 (P31) より	売掛金増加	6,351	予算比較貸借対照表 (P37)
前受金増加	0	予算比較貸借対照表	受取手形増加	手順5 0	予算比較貸借対照表
手順2			貸倒引当金取崩 (売上債権)	0	引当金計画書
手順3			貸倒損失 (売上債権)	0	予算損益計算書
計	122,472		計	122,472 手順4	

月次資金計画書（通期累計）(P37)	金　額	
売上代金回収収入	手順7	116,121

■NO.2-16「直接法：予算キャッシュ・フロー計算書」(P147)＜抜粋＞　　　　（単位：千円）

予算科目	予算額	予算作成基礎資料
Ⅰ．営業活動によるキャッシュ・フロー		
営業収入	手順8 116,121	
…略…	…略…	…略…

第2章　売上高関係の予算編成　　39

STEP 12·13 ▶ 「間接法：予算キャッシュ・フロー計算書」の作成

■ 目的

「予算比較貸借対照表（売掛金増加）」（P31）より、「間接法：予算キャッシュ・フロー計算書組替仕訳」（予算C/F組替仕訳）を作成し、「間接法：予算キャッシュ・フロー計算書（営業活動によるキャッシュ・フロー）」の「売上債権の増減額」へ記入します。

■ 作成手順

手順1▶ 借方合計はゼロなので、借方合計欄に「0」を記入する。

手順2▶ 貸借合計は一致するので、貸方合計欄にも「0」を記入する。

手順3▶ 「予算比較貸借対照表」の売掛金増加の金額を、予算C/F組替仕訳の貸方の同科目欄へ記入する。

手順4▶ 予算C/F組替仕訳の貸方の合計が一致するように、売上債権の増減額欄の金額を逆算・記入する。

手順5▶ 予算C/F組替仕訳の「売上債権の増減額」の金額を「間接法：予算キャッシュ・フロー計算書」の同科目欄へ記入する。

■ チェックポイント

○ 予算キャッシュ・フロー計算書組替仕訳の意味を正しく理解します(下記＜考察＞参照)。

○ 科目数値が変化した場合には、貸借合計が一致するようにキャッシュ・フロー科目金額を調整します。

＜考察＞「なぜ、売上債権の増減額を資金減少表示（△表示）するのか？」

「間接法：予算キャッシュ・フロー計算書」は、予算損益計算書の税引前当期純利益からスタートします。

これは、「税引前当期純利益は資金収入です」という前提を示しています。

このことは、予算損益計算書の税引前当期純利益を上に登って行くと売上高になる訳ですから、「売上高はすべて営業収入です」ということを意味しています。

「①期首の売掛金は、期中に回収されるので営業収入に含まれます」が、「②期末の売掛金は、未回収なので、営業収入から除かなければならない」ことになります。

売上債権の増加は、「②期末の売掛金（マイナス金額）＞①期首の売掛金（プラス金額）」を意味するので、資金減少（△表示）となります。

第Ⅰ部　基礎編

■NO.2−17「予算比較貸借対照表」(P37・143) ＜抜粋＞　(単位：千円)

科　目	当期	次期	増減差額	予算作成基礎資料
【資産の部】	(P15)			
【流動資産】	…略…	…略…	…略…	
…略…	…略…	…略…	…略…	…略…
売掛金	8,229	14,580	6,351	予算貸借対照表(P143)より
…略…	…略…	…略…	…略…	…略…

■NO.2−18「間接法：予算キャッシュ・フロー計算書組替仕訳」

注：キャッシュ・フロー計算書科目は、「＋−の符号」の関係上、貸方科目に固定している。　(単位：千円)

借　方　科　目	金　額	基礎資料	貸　方　科　目	金　額	基礎資料・転記先
			売上債権の増減額	△6,351	C/Fへ転記
			売掛金増加　手順4	6,351	予算比較貸借対照表 (P143)
前受金増加	0	予算比較貸借対照表 (P143)	受取手形増加　手順3	0	予算比較貸借対照表 (P143)
			貸倒引当金取崩 (売上債権)	0	引当金計算書
			貸倒損失 (売上債権)	0	予算損益計算書 (P139)
計　手順1	0		計	0	手順2

■NO.2−19「間接法：予算キャッシュ・フロー計算書」(P149) ＜抜粋＞　(単位：千円)

予算科目	予算額	予算作成基礎資料
Ⅰ．営業活動によるキャッシュ・フロー		
税引前当期純利益	…略…	予算損益計算書 (P139) より
…略…	…略…	…略…
売上債権の増減額　手順5	△6,351	…略…
…略…	…略…	…略…

第 **3** 章

売上原価関係の予算編成

売上原価関係の予算編成プロセス

仮想企業モデル

○仕入先：Ｘ社・Ｙ社　計2社

目的

　売上原価関係の予算損益計算書、月次資金計画書、予算（比較）貸借対照表、直接法・間接法：予算キャッシュ・フロー計算書の作成手順の全体像を理解する。

作成手順

STEP 1 ▶ 　「①商品別適正在庫計画書（在庫戦略）」を作成する。

STEP 2 ▶ 　①と販売計画書より、「②商品仕入兼在庫計画書」を作成する。

STEP 3 ▶ 　②より、「③予算損益計算書（売上原価）」を作成する。

STEP 4 ▶ 　②より、「④消費税等計画書（仮払消費税等）」を作成する。

STEP 5・6 ▶ 　②より、「⑤・⑥予算（比較）貸借対照表（商品）」を作成する。

STEP 7 ▶ 　②より、「⑦・⑧相手先別商品仕入計画表（Ｘ社・Ｙ社）」を作成する。

STEP 8 ▶ 　⑦・⑧より、「⑨・⑩相手先別仕入代金支払計画表」を作成する。

STEP 9 ▶ 　⑨・⑩より、「⑪仕入代金支払計画書」を作成する。

STEP 10 ▶ 　⑪より、「⑫月次資金計画書」を作成する。

STEP 11・12 ▶ 　⑪より、「⑬・⑭予算（比較）貸借対照表（買掛金）」を作成する。

STEP 13 ▶ 　③・④・⑥・⑭より、「⑮直接法：予算C/F組替仕訳」を作成する。

STEP 14 ▶ 　⑮より、「⑯直接法：予算キャッシュ・フロー計算書」を作成する。

STEP 15 ▶ 　⑥・⑭より、「⑰間接法：予算C/F組替仕訳」を作成する。

STEP 16 ▶ 　⑰より、「⑱間接法：予算キャッシュ・フロー計算書」を作成する。

チェックポイント

○「⑦・⑧相手先別仕入計画表」と相手先ごとの買掛金支払条件に基づいて、「⑨・⑩相手先別仕入代金支払計画表」を作成します。次年度の相手先ごとの月次仕入支出が記載され、次年度末以降の支払になる金額が相手先別の買掛金となります。⑨・⑩を集計したものが「⑪仕入代金支払計画書」です。

　⑪の月次仕入支出額が「⑫月次資金計画書」へ記入されます。⑪の買掛金合計額が「⑬予算貸借対照表」の買掛金になります。

　「⑭予算比較貸借対照表」の買掛金の増減額を計算し、商品の増減額と合わせて「⑮・⑰予算C/F組替仕訳」を作成し、「⑯⑱予算キャッシュ・フロー計算書」を作成します。

第Ⅰ部　基礎編

商品仕入予算及び資金予算の編成のフロー図

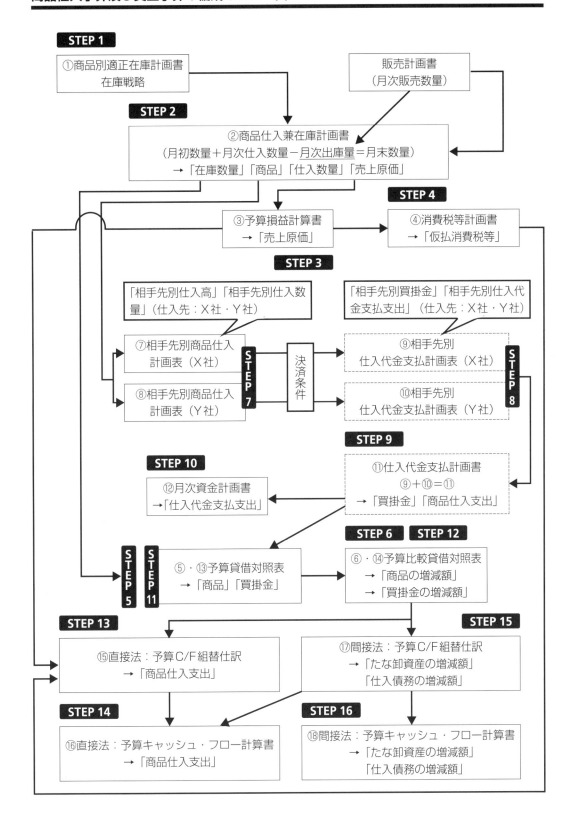

STEP 1 ▶ 「商品別適正在庫計画書」の作成

■ 目的

　予算編成方針、次年度の販売数量の推移、仕入先の供給能力、商品の特徴、在庫スペース等を勘案し、適正在庫水準を維持するための在庫戦略をまとめた「商品別適正在庫計画書」をつくります。

■ 作成手順

手順1 ▶ 「①当期末（次期首）在庫数量」に、当期実績予想の在庫管理表の当期末在庫数量を記入する。

手順2 ▶ 「②次期の最も販売数量の少ない月と同月の販売数量」に、「販売計画書」（P31）より記入する。

手順3 ▶ 「③次期の最も販売数量の多い月と同月の販売数量」に、「販売計画書」（P31）より記入する。

手順4 ▶ 「④次期の平均月間販売数量＝平均月間出荷数量」に、「販売計画書」（P31）より「次年度目標販売数量÷12カ月」の計算結果を記入する。

手順5 ▶ 「⑤当期における反省点」には、当期の予算実績管理における反省点を記入する。

手順6 ▶ 「⑥在庫状況等の特徴」には、商品在庫する倉庫等の制約等を記載する。

手順7 ▶ 「⑦次期在庫戦略」には「予算編成方針：商品仕入方針」（P23）に従って、次年度在庫戦略の基本方針を明示する。

　　　　本設例では、以下の基本方針が明示されている。

　　　　・当期に仕入先からの特別発注の入庫が遅れ、売上のキャンセルが生じていることより、仕入の平準化を図る。

　　　　・当期の営業活動によるキャッシュ・フローの主たる減少原因である過剰在庫を適正水準に圧縮する為に、目標値として在庫回転期間2.2カ月（数量ベース）が明示されている。

　　　　・次年度目標限界利益率を10％向上させる為に、次年度売上原価単価45千円を先入先出法により実現する為に、次年度目標仕入単価を39千円とする。

■ チェックポイント

○「販売計画書」（P31）の月次販売量（＝月次出庫量）の推移の季節性を把握します。

○仕入先の供給能力、品質水準を把握します。

○品質及び納期の適正性を担保できる複数の仕入先から見積りを取り、価格比較します。

○在庫管理上のリスクと当該事象が発生した場合のリカバリー策を事前に検討します。

46　第Ⅰ部　基礎編

■NO.3-1「商品別適正在庫計画書」

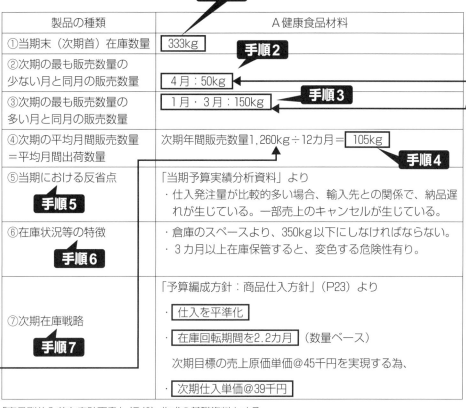

製品の種類	A健康食品材料
①当期末（次期首）在庫数量	333kg 〔手順1〕
②次期の最も販売数量の少ない月と同月の販売数量	4月：50kg 〔手順2〕
③次期の最も販売数量の多い月と同月の販売数量	1月・3月：150kg 〔手順3〕
④次期の平均月間販売数量＝平均月間出荷数量	次期年間販売数量1,260kg÷12カ月＝105kg 〔手順4〕
⑤当期における反省点 〔手順5〕	「当期予算実績分析資料」より ・仕入発注量が比較的多い場合、輸入先との関係で、納品遅れが生じている。一部売上のキャンセルが生じている。
⑥在庫状況等の特徴 〔手順6〕	・倉庫のスペースより、350kg以下にしなければならない。 ・3カ月以上在庫保管すると、変色する危険性有り。
⑦次期在庫戦略 〔手順7〕	「予算編成方針：商品仕入方針」（P23）より ・仕入を平準化 ・在庫回転期間を2.2カ月（数量ベース） 　次期目標の売上原価単価@45千円を実現する為、 ・次期仕入単価@39千円

「商品別仕入兼在庫計画書」（P49）作成の基礎資料とする。

「販売計画書」（P31）より抜粋

区分	A健康食品材料	
項目	販売数量（kg）	…略…
4月	50	
5月	60	
6月	70	
7月	100	
8月	110	
9月	110	
10月	110	
11月	110	
12月	140	
1月	150	
2月	100	
3月	150	
累計	1,260	

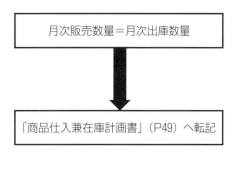

月次販売数量＝月次出庫数量

↓

「商品仕入兼在庫計画書」（P49）へ転記

第3章　売上原価関係の予算編成　47

STEP 2 ▶ 「商品仕入兼在庫計画書」の作成

■ 目的

　「商品別適正在庫計画書」（P47）及び「販売計画書」（P31）より「商品仕入兼在庫計画書」をつくり、次年度の「月初商品たな卸数量＋月次商品仕入数量－月次商品出庫数量＝月末商品たな卸数量」の関係を表します。また、同表より、「P/L売上原価」「仕入高に関する仮払消費税等」及び「B/S商品」の金額を計算します。

■ 作成手順

手順1▶ 経理規程のたな卸資産の評価方法「先入先出法」を記入する。

手順2▶ 「当期実績予想：商品仕入兼在庫計画表」より、「当期末商品たな卸数量」を記入する。

手順3▶ 「当期B/Sの商品金額÷当期末商品たな卸数量＝期首商品単価」を記入する。

手順4▶ 「販売計画書」の月次販売数量を「③月次商品出庫数量」欄へ記入する。

手順5▶ 「商品別適正在庫書」より、「月次平均販売数量」を記入する。

手順6▶ 「①月初商品たな卸数量」欄へ、前月末の「④月末商品たな卸数量」を記入する。

手順7▶ 「⑥目標在庫回転期間」（数量ベース）の在庫水準を維持し、できる限り月次の仕入の平準化を図るように「②月次商品仕入数量」を記入する（P23）。

手順8▶ 「①＋②－③＝④月末商品たな卸数量」の計算結果を記入する。

手順9▶ 「④月末商品たな卸数量÷⑤月次平均販売数量＝⑥在庫回転期間」を記入する。

手順10▶ 「②月次仕入数量」を相手先別月次仕入数量の内訳に分解・記入する。

手順11▶ 商品仕入方針（P23）に従い、仕入先ごとの次期予定仕入単価を記入する。

手順12▶ 「次期首商品単価×①次期首商品たな卸数量＝（A）次期首商品たな卸高」を記入する。「当期実績予想：損益計画書」（P11）の「期末商品たな卸高」と一致する。

手順13▶ 「次期仕入単価×②次期商品仕入数量＝（B）次期商品仕入高」を記入する。

手順14▶ 「次期仕入単価×③次期末商品たな卸数量＝（C）次期末商品たな卸高」を記入する（先入先出法を前提とする）。

手順15▶ 「（A）＋（B）－（C）＝（D）次期商品売上原価」を記入する。

手順16▶ （C）より、「予算貸借対照表」の商品欄へ記入する。

手順17▶ （A）から（D）の値を「予算損益計算書」の売上原価欄へ記入する。

手順18▶ 「（B）×消費税率＝仕入高の仮払消費税等」を「消費税等計画書」へ記入する。

手順19▶ 相手先別の月次仕入数量を「相手先別商品仕入計画表」へ記入する。

■ チェックポイント

○ 月次仕入の平準化と在庫水準の最小化（目標商品回転期間の実現）のバランスをとります。

48　第Ⅰ部　基礎編

■NO.3-2「商品仕入兼在庫計画書」

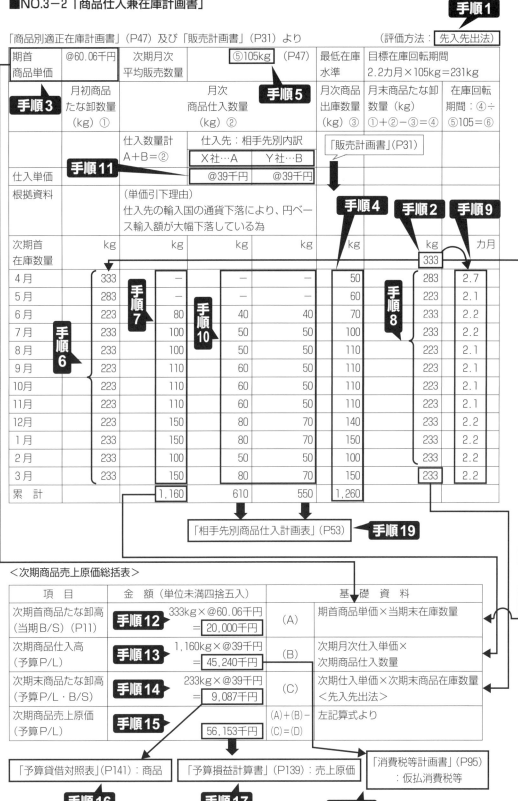

STEP 3~6 ▶ 「予算損益計算書」「消費税等計画書」「予算（比較）貸借対照表」の作成

■ 目的

「商品仕入兼在庫計画書」（P47）より、「予算損益計算書（売上原価）」「消費税等計画書（仕入高に対する仮払消費税等）」及び「予算（比較）貸借対照表（商品）」へ記入します。

■ 作成手順

手順1 ▶ 「商品仕入兼在庫計画書」の「次期商品売上原価総括表」より、「予算損益計算書」の「売上原価：②期首商品たな卸高」へ記入する。

手順2 ▶ 「商品仕入兼在庫計画書」の「次期商品売上原価総括表」より、「予算損益計算書」の「売上原価：③当期商品仕入高」へ記入する。

手順3 ▶ 「予算損益計算書」の「売上原価：④小計」へ「②＋③＝④」の計算結果を記入する。

手順4 ▶ 「商品仕入兼在庫計画書」の「次期商品売上原価総括表」より、「予算損益計算書」の「売上原価：⑤期末商品たな卸高」へ記入する。

手順5 ▶ 「予算損益計算書」の「売上原価：⑥差引」へ「④－⑤＝⑥」の計算結果を記入する。

手順6 ▶ 「予算損益計算書」の「⑦売上総利益」には、「①売上高－⑥差引売上原価＝⑦売上総利益」の計算結果を記入する。

手順7 ▶ 「売上原価：③次期商品仕入高」に対する「仮払消費税等」を「消費税等計画書」へ記入する。

手順8 ▶ 「商品仕入兼在庫計画書」の「次期商品売上原価総括表」より、「予算貸借対照表」の「商品」へ記入する。

手順9 ▶ 「予算貸借対照表」より、「予算比較貸借対照表」の「商品」へ記入する。

手順10 ▶ 「予算比較貸借対照表」の「商品」の増減差額を計算・記入する。

■ チェックポイント

○「予算損益計算書」（P139）の「⑥差引売上原価56,153千円を目標販売数量1,260kgで除した単位当たりの売上原価（変動費）@45千円は予算編成方針（P23）の目標売上原価単価45千円以下に抑えられている」ことを確認します。

○「予算比較貸借対照表」（P143）の商品の増減差額欄の金額が「予算編成方針」（P23）の「商品在庫の圧縮」になり、当期に比べて大きく減少していることを確認します。

「商品別仕入兼在庫計画書」の「次期商品売上原価総括表」（P49）より

■NO.3-3「予算損益計算書」（P139）＜抜粋＞

（自X1年4月1日至X2年3月31日）　　　　　　　　　　　　　　（単位：千円）

予算科目	変動固定	消費税等	予算額	予算作成基礎資料
平均販売価格			① 90	
販売数量			② 1,260kg	
売上高		○	③ 113,400	
【売上原価】			手順1	
期首商品たな卸高			④ 20,000	@60.06千円×333kg
当期商品仕入高		○	手順2 ⑤ 45,240	@39千円×1,160kg
小　計			手順3 ⑥ 65,240	縦計
期末商品たな卸高			手順4 ⑦ 9,087	@39千円×233kg
差　引	変動		手順5 ⑧ 56,153	③－⑦＝⑧
売上総利益			手順6 ⑨ 57,247	縦計計算：③－⑧＝⑨

■NO.3-4「消費税等計画書」（P95）＜抜粋＞

（単位：千円）

項　目	金　額	項　目	金　額
当期未払消費税等支払	…略…	当期未払消費税等	…略…
中間納付消費税等	…略…		
＜仮払消費税等＞		＜仮受消費税等＞	
商品仕入高関係	手順7	113,400×消費税率8％	①
45,240×消費税率8％		＝9,072…売上高関係	9,072
＝3,619…次期商品仕入高関係	3,619		
…略…	…略…		

■NO.3-5「予算貸借対照表」（P141）＜抜粋＞

（X2年3月31日現在）　　　　　　　　　　　　　　（単位：千円）

予算科目	予算額	予算作成基礎資料
【資産の部】	手順8	
【流動資産】	…略…	
…略…	…略…	…略…
商　品	9,087	商品別仕入兼在庫計画書より
…略…	…略…	…略…

■NO.3-6「予算比較貸借対照表」（P143）＜抜粋＞

（単位：千円）

科　目	当期（X1.3.31）	次期（X2.3.31）	増減差額	予算作成基礎資料
【資産の部】		手順9	手順10	
【流動資産】	…略…	…略…	…略…	…略…
…略…	…略…	…略…	…略…	…略…
商　品	（P15） 20,000	9,087	△10,913	予算貸借対照表より
…略…	…略…	…略…	…略…	…略…

直接法及び間接法による「予算キャッシュ・フロー計算書組替仕訳」の「商品増加」へ転記する（P61・63）。

第3章　売上原価関係の予算編成　　**51**

STEP 7 ▶「相手先別商品仕入計画表」の作成

■ 目的

「商品仕入兼在庫計画書」（P49）より「相手先別商品仕入計画表」を作成し、月次仕入数量の相手先別内訳を明らかにします。同表は、相手先別の買掛金決済条件を基礎として作成される「相手先別仕入代金支払計画表」の基礎となります。

■ 作成手順

手順1 ▶ 「相手先別商品仕入計画表」の「当期実績」欄に当期の月次仕入実績を記入する。

手順2 ▶ 「予算編成方針」（P23）の「商品仕入方針」より、「相手先別商品仕入計画表」の次年度の平均予想仕入単価を記入する。

手順3 ▶ 「相手先別商品仕入計画表」の「次期予想：仕入数量kg」欄に、「商品仕入兼在庫計画書」（P49）の月次仕入数量の相手先別内訳数量を記入する。

なお、次年度の4・5月は在庫の圧縮の為、仕入を行わない計画になっている。

手順4 ▶ 次年度の平均予想仕入単価に月次仕入数量を乗じて、「相手先別の月次仕入高」を計算・記入する。

手順5 ▶ 次年度の「決済条件」に、次年度の相手先別の買掛金支払条件を記入する。

手順6 ▶ 「相手先別商品仕入計画表」の次期予想の決済条件と仕入金額を、「相手先別仕入代金支払計画表」へ記入する。

■ チェックポイント

○当年度の相手先別の商品仕入管理上の問題点や課題を改善する点に留意します。

○次年度の相手先別の平均仕入単価の合理性を検討します。仕入単価引下げ交渉にあたっては、商品の品質が確保される複数の仕入先との比較検討を行います。

○次年度の相手先別の月次仕入数量は、仕入先の供給能力から見て妥当かを検証します。月次仕入数量が変わる場合には、「商品仕入兼在庫計画書」（P49）との整合性の調整を図ります。

○次年度の仕入予測がブレるリスクを洗い出し、当該リスクが生じた場合のリカバリー策を事前に検討しておきます。

○仕入単価引下げ交渉等について、購買担当者が高いモチベーションで挑戦できる人事評価・報奨制度を担保します。

■NO.3−7「相手先別商品仕入計画表（仕入先）：X社」

「商品別仕入兼在庫計画書」（P49）より

商品の種類	手順1		A健康食品材料		手順5
期の区分	当 期 実 績	手順2	次 期 予 想		
決済条件	末日締翌月末振込支払		末締翌々月末振込支払【1カ月決済期間延長】（P23）		
平均単価（予想）	60千円		39千円（売上原価単価45千円以内にする為）（P23）		
単価予想根拠	―		仕入先の輸入国の通貨下落により、円ベース輸入額が大幅下落している為		
項　　目	仕入数量kg	仕入金額（千円）	仕入数量kg	仕入個数予想根拠	仕入金額（千円）
4月	100	6,000	―	過剰在庫調整	―
5月	100	6,000	―	同上	―
6月	50	3,000	40	最低在庫水準を維持し、仕入の平準化を図る。	① 1,560
7〜12月	…略…	…略…	…略…	…略…	…略…
1月	151	9,060	80	同上	3,120
2月	―	―	50	同上	1,950
3月	22	（値引あり）1,304	80	同上	3,120
累計	666	39,970	610	次期仕入高合計	23,790

手順3　手順4

■NO.3−8「相手先別商品仕入計画表（仕入先）：Y社」

「商品別仕入兼在庫計画書」（P49）より

商品の種類	手順1		A健康食品材料		手順5
期の区分	当 期 実 績	手順2	次 期 予 想		
決済条件	末日締翌月末振込支払		末締翌々月末振込支払【1カ月決済期間延長】（P23）		
平均単価（予想）	60千円		39千円（売上原価単価45千円以内にする為）（P23）		
単価予想根拠	―		仕入先の輸入国の通貨下落により、円ベース輸入額が大幅下落している為		
項　　目	仕入数量kg	仕入金額（千円）	仕入数量kg	仕入個数予想根拠	仕入金額（千円）
4月	100	6,000	―	過剰在庫調整	―
5月	100	6,000	―	同上	―
6月	100	6,000	40	最低在庫水準を維持し、仕入の平準化を図る。	① 1,560
7〜12月	…略…	…略…	…略…	…略…	…略…
1月	150	9,009	70	同上	2,730
2月	―	―	50	同上	1,950
3月	10	601	70	同上	2,730
累計	667	40,030	550	次期仕入高合計	21,450

手順3　手順4

「相手先別商品仕入代金支払計画表」（P55・57）へ転記　手順6

第3章　売上原価関係の予算編成　**53**

STEP 8-1 ▶ 「相手先別仕入代金支払計画表」の作成（その1）

■ 目的

「相手先別商品仕入計画表」（P53）と当該仕入先に対する買掛金の支払条件（例：末締翌々月末振込支払）より、「月次の仕入高に対応する買掛金がいつ支払われるか」と「相手先別の次年度末現在の買掛金はいくらになるか」をまとめた「相手先別仕入代金支払計画表」をつくります。

■ 仕入高の計上と買掛金の支払の関係

仕入高に対する実際の支払は買掛金の支払の形で会計処理される。仕入高が消費税等の課税対象である場合には、買掛金は「仕入高×（1＋消費税率）」となる。

また、買掛金がいつ支払されるかは、商品仕入れした相手先との購買契約上の「決済条件」により決まる。当年度の相手先との買掛金支払の決済条件は「末締1カ月後振込支払」であるが、営業キャッシュ・フローの改善を目的として、予算編成方針として「買掛金の支払条件を1カ月伸ばす」ことが明示されている。相手先と交渉し、次年度の買掛金の支払条件を1カ月伸ばし、「末締翌々月末振込支払（2カ月後支払）」で合意がなされると仮定する。

■ 作成手順

手順1 「（X社）相手先別商品仕入計画表」の6月仕入高
　　　　＝①1,560千円を月次仕入高欄に記入する。

手順2 6月発生買掛金＝6月仕入高×（1＋消費税率0.08）
　　　　＝①1,560×（1+0.08）＝②1,685千円を月次買掛金欄に記入する。

次年度の6月の仕入高計上の会計処理は以下のようになる。

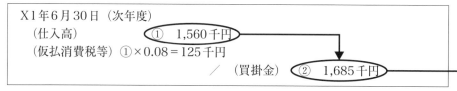

手順3 6月発生の買掛金②1,685千円は、X社との購買契約の次期決済条件：2カ月後の買掛金支払より、8月末に買掛金の支払となるので、8月の買掛金支払額欄に記入します。会計処理は以下のようになる。

■NO.3－9－A「相手先別商品仕入計画表」（仕入先：X社）

「商品別仕入兼在庫計画書」（P49）より

商品の種類	A健康食品材料				
期の区分	当　期　実　績		次　期　予　想		
決済条件	末日締翌月末振込支払		末締翌々月末振込支払【1カ月決済期間延長】（P23）		
平均単価（予想）	60千円		39千円（売上原価単価45千円以内にする為）（P23）		
単価予想根拠	―		仕入先の輸入国の通貨下落により、円ベース輸入額が大幅下落している為		
項　　目	仕入数量kg	仕入金額（千円）	仕入数量kg	仕入個数予想根拠	仕入金額（千円）
4月	100	6,000	―	過剰在庫調整	―
5月	100	6,000	―	同上	―
6月	50	3,000	40	最低在庫水準を維持し、仕入の平準化を図る。	① 1,560
7～12月	…略…	…略…	…略…	…略…	…略…
1月	151	（端数あり）9,069	80	同上	3,120
2月	―		50	同上	1,950
3月	22	（値引あり）1,304	80	同上	3,120
累計	666	39,970	610	次期仕入高合計	23,790

■NO.3－10－A「相手先別仕入代金支払計画表」（仕入先：X社）

「相手先別商品仕入計画表」（P53）より　　　　　　　　　　　　　　　　　　　（単位：千円）

項　　目	月次発生仕入高 月次発生買掛金	買掛金発生額と支払の関係（仕入先）：X社			X社への資金支払額
次期決済条件		末締翌々月末振込支払【1カ月決済期間延長】（P23）			
発生区分	当期分：1カ月後支払 次年度4月支払	当月仕入分	前月仕入分		X社への買掛金支払額
対象		1カ月分	1カ月分		
当期末残高（3月末）	1,304	【当期決済条件】末締翌月末支払			
	1,304×（1＋0.08）＝1,408	1,408			
4～5月	…略…	…略…	…略…	…略…	…略…
6月（端数四捨五入） 仕入高	①1,560	①1,560			
買掛金	②1,685	②1,685	―		
7月 仕入高	1,950				
買掛金	2,106	2,106	②1,685		―
8月 仕入高	1,950				6月仕入代金支払
買掛金	2,106	2,106	2,106		②1,685
9～12月	…略…	…略…	…略…	…略…	…略…
1月 仕入高	3,120				11月仕入代金支払
買掛金	3,370	3,370	3,370		2,527
2月（四捨五入） 仕入高	1,950				12月仕入代金支払
買掛金	2,106	2,106	3,370		3,370
3月 仕入高	3,120				1月仕入代金支払
買掛金	3,370	3,370	2,106		3,370
X社：次期末残高		買掛金 5,476		支払累計	21,625

手順1　手順2　手順3　シフト　次期分：2カ月後支払

第3章　売上原価関係の予算編成　　**55**

STEP 8−2 ▶ 「相手先別仕入代金支払計画表」の作成 (その2)

■ 作成手順

手順1 「次期決済条件」に、「次年度の相手先別の買掛金支払条件：末締翌々月末振込支払」を記入する。

手順2 「当期末残高（3月末）」には、当期末の相手先別買掛金残高を記入する。当期の相手先別の決済条件は「末締翌月末支払」なので、当期の3月の買掛金発生額は、次年度の4月に支払われる。

手順3 「相手先別商品仕入計画表」（P53）の月次仕入高を記入する。

手順4 「月次仕入高×（1＋消費税率）＝月次発生買掛金」を計算・記入する。

手順5 相手先に対する買掛金の支払条件（末締2カ月後振込支払）に従って、仕入高計上月の次々月の買掛金支払額列に支払金額を記入する。

手順6 「買掛金支払額」欄の各月の買掛金支払額を集計（縦計）し、年度累計欄へ記入する。「買掛金支払額」欄の各月の買掛金支払額及び年度支払累計額を「仕入代金支払計画書」（P59）へ記入する。

手順7 2月と3月の仕入高に対応する買掛金は、決済条件：2カ月後支払になるので、次々年度の4月、5月にそれぞれ支払われる。従って、2月と3月の仕入高に対応する買掛金発生額の合計が次年度の3月末現在の買掛金となるので、「相手先別買掛金」欄に記入する。

この相手先別買掛金の金額は「仕入代金支払計画書」（P59）へ記入される。

■ チェックポイント

○「買掛金がいつ支払されるか」は、仕入先との購買契約上の「（決済条件）買掛金支払条件（例：末締翌々月末振込支払＜2カ月後支払＞）」によって決まります。

○手形支払の場合には、手形の期間を含めて支払時期を計算します。

例えば、「（決済条件）買掛金支払条件（例：末締翌々月末3カ月手形支払)」の場合には、仕入計上時から5カ月後に資金支払がなされることになります。

○買掛金は、消費税等が課税される課税仕入高の場合には「仕入高×（1＋消費税率）」の計算額となり、消費税等が課税されない仕入高の場合には「仕入高＝買掛金」となります。

○消費税等の経理処理の方法は、設問では「税抜方式（仮受消費税等と仮払消費税等を独立科目として区分処理する方法)」を前提としています。

○次年度期首（当年度末）現在の買掛金は、仕入先との当年度の決済条件（買掛金支払条件：末締翌月末振込支払＜1カ月後支払＞）に従って支払われます。

56 第Ⅰ部 基礎編

■NO.3-9-B「相手先別商品仕入計画表」（仕入先：Y社）

「商品別仕入兼在庫計画書」（P49）より

商品の種類	A健康食品材料				
期の区分	当期実績		次期予想		
決済条件	末日締翌月末振込支払		末締翌々月末振込支払【1カ月決済期間延長】（P23）		
平均単価（予想）	60千円		39千円（売上原価単価45千円以内にする為）（P23）		
単価予想根拠	—		仕入先の輸入国の通貨下落により、円ベース輸入額が大幅下落している為		
項　目	仕入数量kg	仕入金額（千円）	仕入数量kg	仕入数量予想根拠	仕入金額（千円）
4月	100	6,000	—	過剰在庫調整	—
5月	100	6,000	—	同上	—
6月	100	6,000	40	最低在庫水準を維持し、仕入の平準化を図る。	1,560
7〜12月	…略…	…略…	…略…	…略…	…略…
1月	150	（端数あり）9,009	70	同上	2,730
2月	—	—	50	同上	1,950
3月	10	（端数あり）601	70	同上	2,730
累計	667	40,030	550	次期仕入高合計	21,450

■NO.3-10-B「相手先別仕入代金支払計画表」（仕入先：Y社）

「相手先別商品仕入計画表」（P53）より

(単位：千円)

項　目	月次発生仕入高 月次発生買掛金	買掛金発生額と支払の関係（仕入先）：Y社			Y社への資金支払額
次期決済条件	**手順1**	末締翌々月末振込支払【1カ月決済期間延長】(P23)			
発生区分		当月仕入分	前月仕入分		Y社への買掛金支払額
対象	**手順2**	1カ月分	1カ月分		
当期末残高（3月末）	601 601×(1+0.08)=649	【当期決済条件】末締翌月末支払 649		当期分：1カ月後支払 次年度4月支払	
4〜5月	…略… **手順3**	…略…	…略…	…略…	…略…
6月（端数切捨て）	仕入高 ①1,560 買掛金 ②1,684	②1,684	—		
7月	仕入高 1,950 **手順4** 買掛金 2,106	2,106	②1,684	**手順5**	
8月	仕入高 1,950 買掛金 2,106	2,106	2,106	6月仕入代金支払 ②1,684	
9〜12月	…略…	…略…	…略…	…略…	…略…
1月（切捨）	仕入高 2,730 買掛金 2,948	2,948	2,948	次期分：2カ月後支払	11月仕入代金支払 2,106
2月（切上）	仕入高 1,950 買掛金 2,106	2,106	2,948		12月仕入代金支払 2,948
3月（切捨）	仕入高 2,730 買掛金 2,948	2,948	2,106		1月仕入代金支払 2,948
Y社：次期末残高	**手順7**	買掛金 5,054		支払累計 **手順6**	18,761

第3章　売上原価関係の予算編成　**57**

STEP 9~12 ▶ 「仕入代金支払計画書」「月次資金計画書」「予算（比較）貸借対照表」の作成

■ 目的

「相手先別仕入代金支払計画表」（P55・57）を集計して「仕入代金支払計画書」を作成し、月次仕入支出合計を「月次資金計画書」へ記入します。次年度末の買掛金を「予算貸借対照表」及び「予算比較貸借対照表」へ記入します。通常は、損益予算にとどまるので仕入高のみの計算になりますが、ここでは貸借対照表予算としての買掛金を計算している点、月次資金計画書に反映している点に特徴があります。

■ 作成手順

手順1▶ 「相手先別仕入代金支払計画表」の相手先別月次買掛金支払額及び相手先別次年度支払累計額を「仕入代金支払計画書」の相手先別「月次仕入支出」欄へ記入する。

手順2▶ 「相手先別仕入代金支払計画表」の相手先別次年度末買掛金残高を「仕入代金支払計画書」の相手先別「次期末現在の買掛金」へ記入する。

手順3▶ 「仕入代金支払計画書」の相手先別月次仕入支出及び相手先別次年度支払累計額を横に集計し、「合計」欄に各合計値を記入する。

手順4▶ 「仕入代金支払計画書」の「合計」欄の月次仕入支出合計及び年間累計の金額を「月次資金計画書」の対応する欄へ記入する。なお、「月次資金計画書」では上期累計欄を設けているので、上半期（6カ月）の累計額を計算・記入する。

手順5▶ 「仕入代金支払計画書」の「合計」欄の「次期末現在の買掛金」を「予算貸借対照表」の「買掛金」へ記入する。

手順6▶ 「予算貸借対照表」の買掛金を「予算比較貸借対照表」の「次期」欄に記入する。

手順7▶ 「当期実績予想：貸借対諸表」の買掛金を「予算比較貸借対照表」の「当期」欄へ記入し、買掛金の増減差額を計算し、記入する。

■ チェックポイント

○「仕入代金支払計画書」の相手先別の各月の買掛金支払額の集計値が「月次資金計画書」の月次仕入支出の値と一致します。

○月次資金計画書の月次仕入支出は、各月の対応する売上高の変化により変動するので、資金繰り管理上重要な数値です。

○買掛金の増減差額は、「予算キャッシュ・フロー計算書」作成の為の重要な科目金額で、プラスはキャッシュ・インになり、マイナスはキャッシュ・アウトになります。

58　第Ⅰ部　基礎編

■NO.3−11「仕入代金支払計画書」

「相手先別仕入代金支払計画表」（P55・57）より集計 （単位：千円）

相手先	X社		Y社		合計	
対象	（買掛金）	月次仕入支出	（買掛金）	月次仕入支出	（買掛金）	月次仕入支出
4月	（―）	1,408	（―）	649	（―）	2,057
5月	（―）	―	（―）	―	（―）	―
6月	（1,685）	―	（1,684）	―	（3,369）	―
7〜12月	手順1	…略…	手順1	…略…	手順3	…略…
1月	（6,740）	2,527	（5,896）	2,106	（12,636）	4,633
2月	（5,476）	3,370	（5,054）	2,948	（10,530）	6,318
3月	（5,476）	3,370	（5,054）	2,948	（10,530）	6,318
年間累計		21,625		18,761		40,386
次期末現在の買掛金	手順2−①	5,476	手順2−②	5,054	B/S：買掛金10,530	

■NO.3−12「月次資金計画書」（P133）＜抜粋＞

（単位：千円）

区分			上 期 資 金 計 画 書						
発生月			4月	5月	6月	7月	8月	9月	上期累計
…略…	…略…	…略…	…略…	…略…	…略…	…略…	…略…	…略…	…略…
資金支出	仕入代金支払支出		2,057	―	―	…略…	…略…	…略…	…略…
	…略…	…略…	…略…	…略…	…略…	…略…	…略…	…略…	…略…

手順4

区分			下 期 資 金 計 画 書						
発生月		上期累計	10月	11月	12月	1月	2月	3月	年間累計
…略…	…略…	…略…	…略…	…略…	…略…	…略…	…略…	…略…	…略…
資金支出	仕入代金支払支出	…略…	…略…	…略…	…略…	4,633	6,318	6,318	40,386
		…略…	…略…	…略…	…略…	…略…	…略…	…略…	

手順4

■NO.3−13「予算貸借対照表」（P141）＜抜粋＞

（単位：千円）

予算科目	予算額（X2.3.31）	予算作成基礎資料
…略…	…略…	…略…
買掛金	手順5　10,530	仕入代金支払計画書より
…略…	…略…	…略…

■NO.3−14「予算比較貸借対照表」（P143）＜抜粋＞

（単位：千円）

予算科目	当期（X1.3.31）	次期（X2.3.31）	増減差額	予算作成基礎資料
…略…	…略…	…略…	…略…	…略…
買掛金	（P15）　2,057	10,530	8,473	予算貸借対照表より
…略…	…略…	…略…	…略…	…略…

手順7　　手順6　　手順7

第3章　売上原価関係の予算編成　**59**

STEP 13・14 ▶ 「直接法：予算キャッシュ・フロー計算書」の作成

■ 目的

「予算損益計算書（売上原価）」「消費税等計画書（仕入高に関する仮払消費税等）」及び「予算比較貸借対照表（商品増加・買掛金増加）」より、「直接法：予算キャッシュ・フロー計算書組替仕訳」（予算C/F組替仕訳）を作成し、「直接法：予算キャッシュ・フロー計算書（営業活動によるキャッシュ・フロー）」の「商品仕入支出」へ記入します。

■ 作成手順

手順1 ▶ 「予算比較貸借対照表」の買掛金増加の金額を、予算C/F組替仕訳の借方の同科目欄へ記入する。

手順2 ▶ 予算C/F組替仕訳の借方合計を計算・記入する。

手順3 ▶ 予算C/F組替仕訳の合計の貸借は一致するので、貸方合計欄に借方合計額を記入する。

手順4 ▶ 「予算損益計算書」（P139）の売上原価の金額を貸方の同科目欄へ記入する。

手順5 ▶ 「消費税等計画書」（P95）の仕入高に対する仮払消費税等の金額を、同組替仕訳の貸方の同科目欄へ記入する。

手順6 ▶ 「予算比較貸借対照表」（P143）の商品増加の金額を、C/F組替仕訳の貸方の同科目欄へ記入する。

手順7 ▶ 予算C/F組替仕訳の貸方の合計が一致するように、商品仕入支出欄の金額を逆算して記入する。

手順8 ▶ 予算C/F組替仕訳の商品仕入支出金額と、「月次資金計画書」（P133）の仕入代金支払支出の年度累計との一致を検証する。

手順9 ▶ 予算C/F組替仕訳の商品仕入支出金額を、「直接法：予算キャッシュ・フロー計算書」の同科目欄へ記入する。

■ チェックポイント

○ 予算キャッシュ・フロー計算書組替仕訳の意味を正しく理解します。

・貸方の売上原価と商品増加の合計は「商品仕入高」を意味します。
同科目金額に対する消費税等が「仮払消費税等」です。

・借方の買掛金増加は、①期首の買掛金は商品仕入支出を構成しますが、②期末の買掛金は商品仕入支出に含まれないので、増加額（②－①）は商品仕入支出から除かれることを意味します。

○ 科目数値が変化した場合には、貸借合計が一致するように予算キャッシュ・フロー計算書科目金額を逆算して記入します。

■NO.3-15「直接法:予算キャッシュ・フロー計算書組替仕訳」
注:キャッシュ・フロー計算書科目は、「+-の符号」の関係上、貸方科目に固定している。
(単位:千円)

借 方			貸 方		
科 目	金 額	基礎資料	科 目	金 額	基礎資料・転記先
買掛金増加	8,473	予算比較貸借対照表(P143)より	売上原価	56,153	予算損益計算書(P139)より
			仮払消費税等(仕入高関係)	3,619	消費税等計画書(P95)より
			商品増加	△10,913	予算比較貸借対照表(P143)より
			商品仕入支出	△40,386	C/F (P147)へ転記
			前渡金増加	0	予算比較貸借対照表(P143)より
計	8,473		計	8,473	

手順4 手順1 手順5 手順6 手順7 手順2 手順3

月次資金計画書(通期累計)(P59・133)	金 額
仕入代金支払支出	40,386

手順8

■NO.3-16「直接法:予算キャッシュ・フロー計算書」(P147)<抜粋> (単位:千円)

予算科目	予算額	予算作成基礎資料
Ⅰ.営業活動によるキャッシュ・フロー		
…略…	…略…	…略…
商品仕入支出	△40,386	
…略…	…略…	…略…

手順9

第3章 売上原価関係の予算編成

STEP 15・16 ▶ 「間接法：予算キャッシュ・フロー計算書」の作成

■ 目的

「予算比較貸借対照表（商品増加・買掛金増加）」より、「間接法：予算キャッシュ・フロー計算書組替仕訳」（予算C/F組替仕訳）を作成し、「間接法：予算キャッシュ・フロー計算書（営業活動によるキャッシュ・フロー）」の「たな卸資産の増減額」及び「仕入債務の増減額」へ記入します。

■ 作成手順

手順1 ▶ 借方合計はゼロなので、借方合計欄に「0」を記入する。

手順2 ▶ 貸借合計は一致するので、貸方合計欄にも「0」を記入する。

手順3 ▶ 「予算比較貸借対照表」の商品増加額を、予算C/F組替仕訳の貸方の同科目欄へ記入する。

手順4 ▶ 予算C/F組替仕訳の貸方の合計が一致するように、たな卸資産の増減額欄の金額を逆算・記入する。

手順5 ▶ 予算C/F組替仕訳のたな卸資産の増減額を、「間接法：予算キャッシュ・フロー計算書」の同科目欄へ記入する。

手順6 ▶ 「予算比較貸借対照表」の買掛金増加の金額を、予算C/F組替仕訳の借方の同科目欄へ記入する。

手順7 ▶ 借方合計金額を借方合計欄に記入する。

手順8 ▶ 貸借合計は一致するので、貸方合計欄にも借方合計の値を記入する。

手順9 ▶ 予算C/F組替仕訳の貸方の合計が一致するように、仕入債務の増減額欄の金額を逆算して記入する。

手順10 ▶ 予算C/F組替仕訳の仕入債務の増減額を、「間接法：予算キャッシュ・フロー計算書」の同科目欄へ記入する。

■ チェックポイント

○予算キャッシュ・フロー計算書組替仕訳の意味を正しく理解します（以下参照）。

○科目数値が変化した場合には、貸借合計が一致するように予算キャッシュ・フロー計算書科目金額を調整します。

○予算編成方針の過剰在庫の圧縮により、営業活動によるキャッシュ・フローの改善がなされていることを確認します。

＜考察＞「なぜ、たな卸資産の増減額を資金減少表示（△）するのか？」（P64参照）

62　第Ⅰ部　基礎編

■NO.3-17-A「間接法：予算キャッシュ・フロー計算書組替仕訳」
注：キャッシュ・フロー計算書科目は、「＋－の符号」の関係上、貸方科目に固定している。
（単位：千円）

借　方			貸　方		
科　目	金　額	基礎資料	科　目	金　額	基礎資料・転記先
			商品増加（P143）	△10,913	予算比較貸借対照表より
			たな卸資産の増減額	10,913	C/Fへ転記
借方合計	0		貸方合計	0	

手順3　手順4　手順1　手順2

■NO.3-17-B「間接法：予算キャッシュ・フロー計算書組替仕訳」
注：キャッシュ・フロー計算書科目は、「＋－の符号」の関係上、貸方科目に固定している。
（単位：千円）

借　方			貸　方		
科　目	金　額	基礎資料	科　目	金　額	基礎資料・転記先
買掛金増加	8,473	予算比較貸借対照表より			
			仕入債務の増減額	8,473	C/Fへ転記
借方合計	8,473		貸方合計	8,473	

手順6　手順9　手順7　手順8

■NO.3-18「予算キャッシュ・フロー計算書」（P149）＜抜粋＞
（単位：千円）

予算科目	予算額	予算作成基礎資料
Ⅰ．営業活動によるキャッシュ・フロー		
税引前当期純利益	29,923	予算損益計算書（P139）より
…略…	…略…	…略…
たな卸資産の増減額	10,913	
仕入債務の増減額	8,473	
…略…	…略…	…略…

手順5　手順10

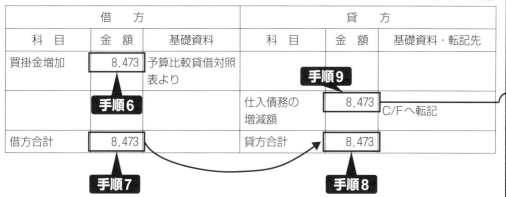

第3章　売上原価関係の予算編成

＜考察＞「なぜ、たな卸資産の増減額を資産減少表示（△）するのか？」

　「間接法：予算キャッシュ・フロー計算書」は、「予算損益計算書」の税引前当期純利益からスタートします。

　これは、「税引前当期純利益は営業収入の純額である」という前提を示しています。

　すなわち、売上高はすべて営業収入であり、「①売上原価はすべて営業支出である」という前提からスタートするのです。

　　　①売上原価　＝②期首商品たな卸高＋③商品仕入高－④期末商品たな卸高

　　　　　　　　　＝③商品仕入高－（④期末商品たな卸高－②期首商品たな卸高）

　　∴③商品仕入高＝①売上原価＋（④期末商品たな卸高－②期首商品たな卸高）

　「もし、③商品仕入高がすべて現金決済されたと仮定すると、④－②：商品増加金額は、商品仕入支出を構成する」ことになります。従って、「支出調整として表示（△）」となります。設例では商品増加がマイナスの値になっていますので、「たな卸資産の増減額」はプラス（資金増加）表示になっています。

64　第Ⅰ部　基礎編

第4章

設備投資等及び減価償却費関係の予算編成

設備投資等及び減価償却費関係の予算編成プロセス

■ 目的

設備投資・処分等及び減価償却費関係の予算損益計算書、月次資金計画書、予算（比較）貸借対照表、直接法・間接法：予算キャッシュ・フロー計算書の作成ステップの全体像を理解します。

■ 作成手順

STEP 1 ▶ 各部門に「①設備投資・処分等申告書」を記入・提出するように指導する。

STEP 2 ▶ ①より、「②固定資産兼減価償却費計画書」を作成する。

STEP 3 ▶ ②より、「③予算損益計算書」を作成する。

STEP 4 ▶ ②より、「④予算貸借対照表」を作成する。

STEP 5 ▶ ①より、「⑤消費税等計画書」を作成する。

STEP 6 ▶ ④より、「⑥予算比較貸借対照表」を作成する。

STEP 7 ▶ ①・⑤より、「⑦月次資金計画書」を作成する。

STEP 8 ▶ ③・⑤・⑥より、「⑧直接法：予算C/F組替仕訳」を作成する。

STEP 9 ▶ ⑧より、「⑨直接法：予算キャッシュ・フロー計算書」を作成する。

STEP 10 ▶ ③・⑤・⑥より、「⑩間接法：予算C/F組替仕訳」を作成する。

STEP 11 ▶ ⑩より、「⑪間接法：予算キャッシュ・フロー計算書」を作成する。

■ チェックポイント

○予算スケジュールを事前に作成し、進捗管理を行います。

　なお、スケジュール上のリスクを事前に洗い出し、リカバリー対応策を検討します。

○上記の各予算資料については、日付、起票印、承認印の欄を設けます。

○上記の各予算資料については、「予算編成方針」に従って作成します。

○上記の各予算資料については、作成の具体的な根拠を明示します。

第Ⅰ部　基礎編

■作業フローチャート【設備投資等及び減価償却費関係】

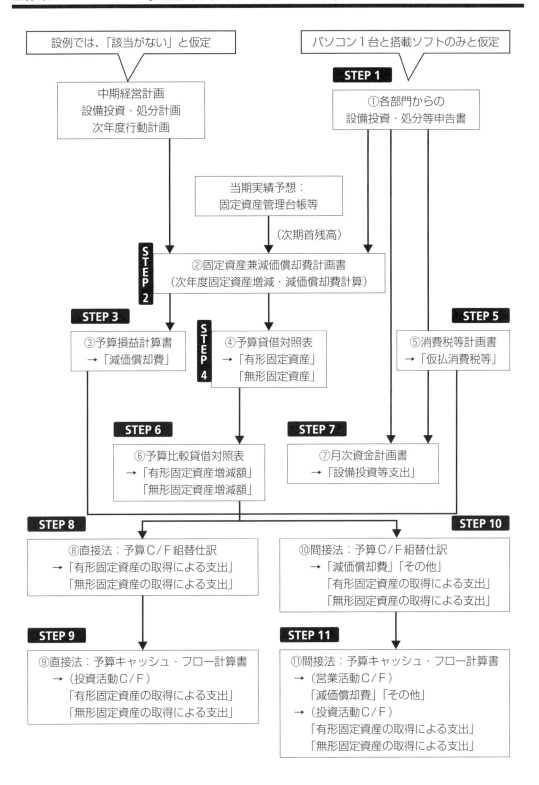

第4章　設備投資等及び減価償却費関係の予算編成

STEP 1 ▶「設備投資・処分等申請書」の作成

■ 目的

　次年度における固定資産の増減内容を明らかにし、予算損益計算書の減価償却費や予算貸借対照表の固定資産の金額を計算する為に、各部署が固定資産増減内容を申請する書式が「設備投資・処分等申請書」です。

　申請目的は大きく2つに分かれます。

1. 中期経営計画に基づく固定資産の増減
2. 耐用年数の経過や陳腐化による固定資産の更新

■ 作成手順

手順1▶ 次期取得予定の固定資産について、物件ごとにその対象物件名・取得目的を記入する。

手順2▶ 次期取得予定の固定資産について、取得予定額（税抜）・取得予定額（税込）・購入先・納入予定時期（使用開始月）を記入する。

手順3▶ 支払予定時期（支払条件等）を記載する。

手順4▶ 耐用年数・減価償却の方法を記入する。

手順5▶ 設備投資回収計画・予算明細・備考欄に、この設備投資に係る詳細を記入する。

手順6▶ 固定資産の売却や除却や減損の予定について、詳細を「設備投資・処分等申請書」に記入する（設例では、次期売却、除却及び減損予定の資産はない）。

手順7▶ 「設備投資・処分等申請書」の内容を「固定資産兼減価償却費計画書」へ記入する。

■ チェックポイント

○ 中期経営計画の設備投資・処分計画との整合性が図られているかを検証します。

○ 老朽化等による設備等更新については、必要性等について厳格なチェックを行います。

○ 設備投資金額の妥当性、投資回収の合理性等を十分にチェックします。

○ 設備投資の有効性が脅かされるリスクを明示し、事前にリカバリー対応策を検討します。

○ 取得日、支払日、売却日、除却日、減損処理日等を明示します。

68　第Ⅰ部　基礎編

■NO.4−1−① 「設備投資・処分等申告書NO.1」

手順1

	取得対象物件名	パソコン一式
固定資産の取得予定	取得目的	仕入先・得意先・財務管理
	取得予定価額 同上（消費税等込）	1,000千円⇒「固定資産兼減価償却費計画書」（P71）へ転記 税込1,080千円⇒「月次資金計画書」（P73・133）へ転記
	購入先	㈱AAA社
	納入予定時期（使用開始）	X1年6月1日→減価償却開始月＝6月
	支払予定時期	X1年6月1日（現金払い）
	耐用年数・減価償却費の方法	5年・定率法
	設備投資回収計画	…略…
	予算明細	…略…
	備考	
固定資産の売却・除却予定	対象物件名	該当なし
	固定資産管理NO.	該当なし
	当期末簿価	該当なし
	売却・除却・減損の区別	該当なし
	売却・除却・減損の理由	該当なし
	売却相手先	該当なし
	売却・徐却・減損の時期	該当なし
	売却予定価額／入金時期	該当なし
	売却・除却損益・減損予定額	該当なし
	備考	該当なし

手順2 **手順3** **手順4** **手順5** **手順6** **手順7**

「固定資産兼減価償却費計画書」（P71）へ転記

■NO.4−1−② 「設備投資・処分等申告書NO.2」

	取得対象物件名	ソフト一式
固定資産の取得予定	取得目的	仕入先・得意先・財務管理
	取得予定価額 取得予定価額（消費税等込）	1,000千円⇒「固定資産兼減価償却費計画書」（P71）へ転記 税込1,080千円⇒「月次資金計画書」（P73・133）へ転記
	購入先	㈱BBB社
	納入予定時期（使用開始）	X1年6月1日→減価償却開始月＝6月
	支払予定時期	X1年6月1日（現金払い）
	耐用年数・減価償却費の方法	5年・定額法
	設備投資回収計画	…略…
	予算明細	別紙参照
	備考	
固定資産の売却・除却予定	対象物件名	該当なし
	固定資産管理NO.	該当なし
	当期末簿価	該当なし
	売却・除却・減損の区別	該当なし
	売却・除却・減損の理由	該当なし
	売却相手先	該当なし
	売却・徐却・減損の時期	該当なし
	売却予定価額／入金時期	該当なし
	売却・除却損益・減損予定額	該当なし
	備考	該当なし

「固定資産兼減価償却費計画書」（P71）へ転記

第4章 設備投資等及び減価償却費関係の予算編成

STEP 2 ▶ 「固定資産兼減価償却費計画書」の作成

■ 目的

「固定資産兼減価償却費計画書」は、当期末現在の実績予想の固定資産明細に「設備投資・処分等申請書」に基づく次年度の固定資産の増減額を加減算し、次年度の減価償却費及び次年度末現在の固定資産の金額を計算するために作成します。同資料より、予算損益計算書の減価償却費及び予算貸借対照表の固定資産へ記入します。

■ 作成手順

手順1▶ 当期末以前に取得した有形固定資産・無形固定資産・投資その他の資産について、物件ごとに固定資産・減価償却管理台帳の当期末残高の内容を記入する。

手順2▶ 各部門から提出された「設備投資・処分等申請書」を参考に、次期取得予定又は処分予定の有形固定資産・無形固定資産・投資その他の資産の内容を記入する。

手順3▶ 次年度の償却月数を記入し、償却方法に従って減価償却費を計算・記入する。

手順4▶ 次期の減価償却費を集計し、予算財務諸表科目一覧の減価償却費欄に記入する。

手順5▶ 取得原価・減価償却累計額・帳簿残高の次期末残高欄を記入する。減価償却累計額は、「期首の減価償却累計額（マイナス表示）－次期減価償却費」で計算する。

手順6▶ 次期末残高欄に記載された取得原価・減価償却累計額・帳簿残高について、科目ごとに集計して、予算財務諸表科目一覧に記入する。なお、無形固定資産・投資その他の資産については、帳簿残高のみの表示となる。

手順7▶ 物件ごとに固定資産の取得による支出の金額を計算する。

「取得価額（税抜）×（1＋消費税率）」

手順8▶ 「手順7」で計算した、物件ごとの固定資産の取得による支出を月次集計し、次期の設備投資等支出額（月次）を把握する。

■ チェックポイント

○ 固定資産管理台帳単位の当期末の固定資産明細ごとの次期期首残高、次期増減額を基礎として、次期減価償却費を計算し、次期末残高を計算します。

○ 取得日、処分月を明確化し、設備投資支出及び設備処分等収入を合理的に計算します。

○ 売却による処分の場合、次期の処分時の時価は不明の為、当期末の時価等を基礎として売却損益を試算します。

■NO.4-2「固定資産兼減価償却費計画書」

当期末固定資産・減価償却管理台帳及び「設備投資・処分等申請書」(P69)より　　　　　　　　　　　　　（単位：千円）

項目 科目 内容		有形固定資産 車両 車種ZZZ	有形固定資産 器具備品 応接家具	有形固定資産 器具備品 パソコン	無形固定資産 特許権 ビジネスモデル	無形固定資産 ソフトウェア 管理ソフト	投資その他資産 保証金 建物賃借
	所在地	本店	本店	本店	本店	本店	本店
	延べ面積	―	―	―			
	取得年月日	…略…	…略…	次年度X1.6.1	…略…	次年度X1.6.1	…略…
	取得価額	3,000	2,000	1,000	140	1,000	3,000
	耐用年数	6年	5年	5年		5年	
	償却方法	定率法	定率法	定率法		定額法	
	償却率	0.319	0.369	0.369			
当期末残高	取得価額（P15）	3,000	2,000		140		3,000
	減価償却累計額①（P15）	△957	△738				
	帳簿残高	2,043	1,262		140		3,000
次期増加	申請書NO.			NO.1		NO.2	
	取得年月日			X1.6.1		X1.6.1	
	取得価額			1,000		1,000	
次期減少	申請書NO.						
	処分年月日						
	帳簿価額						
減価償却	償却月数	12カ月	12カ月	(36) 10カ月	―	10カ月	
	減価償却費②	651 端数切捨	465 端数切捨	307 端数切捨		166 端数切捨	
次期末残高	取得価額	3,000	2,000	1,000	140	1,000	3,000
	減価償却累計額 ①－②＝③	△1,608	△1,203	△307		△166	
	帳簿残高	1,392	797	693	140	834	3,000

〈予算財務諸表科目残高一覧〉

科目	金額（千円）	科目	金額（千円）
B/S車両運搬具	3,000 △1,608 1,392	B/S器具備品	3,000 △1,510 1,490
B/S特許権	140	B/Sソフトウェア	834
P/L減価償却費	1,589	B/S保証金	3,000
C/F有形固定資産の取得による支出	1,000×1.08 ＝1,080	C/F無形固定資産の取得による支出	1,000×1.08 ＝1,080

「月次資金計画書」(P73)（絶対値表示）
設備投資等支出＝2,160

第4章　設備投資等及び減価償却費関係の予算編成　　71

STEP 3~7 ▶ 「予算損益計算書」「予算（比較）貸借対照表」「消費税等計画書」「月次資金計画書」の作成

■ 目的

「設備投資・処分等申請書」「固定資産兼減価償却費計画書」より、「予算損益計算書」「予算（比較）貸借対照表」「消費税等計画書」及び「月次資金計算書」の設備投資等・減価償却費関係の予算データを記入するプロセスを理解します。

■ 作成手順

手順1▶ 「固定資産兼減価償却費計画書」（P71）より、次期の減価償却費の合計額を「予算損益計算書」に記入する。

手順2▶ 「固定資産兼減価償却費計画書」より、有形固定資産・無形固定資産・投資その他の資産の勘定科目別期末残高を「予算貸借対照表」に記入し、さらに「予算比較貸借対照表」の次期列に記入する。

手順3▶ 「当期実績予想：比較貸借対照表」（P15）の有形固定資産・無形固定資産・投資その他の資産を「予算比較貸借対照表」の当期欄へ記載する。さらに、「増減差額」を計算して、増減差額欄に記入する。

手順4▶ 「消費税等計画書」に、次期の固定資産の取得に係る仮払消費税の発生額を計算・記入する。

手順5▶ 「固定資産兼減価償却費計画書」より設備投資等支出の月次発生額を集計し（設例では6月のみの支出となっている）、「月次資金計画書」へ記入する。

手順6▶ 「月次資金計画書」の横計を計算して、上期累計・通期累計の欄を記入する。

■ チェックポイント

○ 設備投資・処分等が消費税の課税対象になるか否かを適切に判断します。

○ 設備投資金額が大きい場合には、設備投資の支出月に資金不足にならないように、別途資金調達（例：新規借入など）を検討します。

○ 設備投資・処分の内容に修正が入る場合には、上記の各予算財務諸表の数値の修正が必要になりますので、十分に整合性等のチェックを行う必要があります。

○ 製造業の場合は、減価償却費が売上原価（製造原価）に含まれるので留意を要します。

■NO.4-3「予算損益計算書」（P139）＜抜粋＞

（自Ｘ１年４月１日至Ｘ２年３月31日）　　　　　　　　　　　　　　　　　　　　　　（単位：千円）

予算科目	変動固定	消費税等	予算額	予算作成基礎資料
…略…	…略…	…略…	…略…	**手順1** …略…
【販売費及び一般管理費】				
…略…	…略…	…略…	…略…	…略…
減価償却費	固定		1,589	固定資産兼減価償却費計画書より
…略…	…略…	…略…	…略…	…略…

■NO.4-4「予算貸借対照表」（P141）＜抜粋＞

（単位：千円）

予算科目	予算額（X2.3.31）	予算作成基礎資料
【固定資産】	…略…	縦計
【有形固定資産】	2,882	縦計
車　　両	3,000	固定資産兼減価償却費計画書より
器具備品	3,000	固定資産兼減価償却費計画書より
減価償却累計額	△3,118	固定資産兼減価償却費計画書より
【無形固定資産】	974	縦計
特許権	140	固定資産兼減価償却費計画書より
ソフトウェア	834	固定資産兼減価償却費計画書より
【投資その他の資産】	…略…	縦計
保証金	3,000	固定資産兼減価償却費計画書より

手順2-①

■NO.4-5「予算比較貸借対照表」（P143）＜抜粋＞

手順3-①　　**手順2-②**　　**手順3-②**

（単位：千円）

予算科目	当期（X1.3.31）	次期（X2.3.31）	増減差額	予算作成基礎資料
【固定資産】	…略…	…略…	…略…	…略…
【有形固定資産】	(P15) 3,305	2,882	△423	縦計
車　　両	(P15) 3,000	3,000	0	予算貸借対照表より
器具備品	(P15) 2,000	3,000	1,000	同上
減価償却累計額	(P15) △1,695	△3,118	△1,423	同上
【無形固定資産】	(P15) 140	974	834	縦計
特許権	(P15) 140	140	0	予算貸借対照表より
ソフトウェア	—	834	834	同上
【投資その他の資産】	…略…	…略…	…略…	…略…
保証金	(P15) 3,000	3,000	0	予算貸借対照表より

■NO.4-6「消費税等計画書」（P95）＜抜粋＞

（単位：千円）

項　目	金　額	項　目	金　額
…略…	…略…	…略…	…略…
固定資産の取得2,000千円（P71）×8％	160 **手順4**	…略…	…略…
…略…	…略…	…略…	…略…

■NO.4-7「月次資金計画書」（P133）＜抜粋＞

（単位：千円）

区分			上 期 資 金 計 画 書						
	発生月		4月	5月	6月	7月	8月	9月	上期累計
…略…	資金収入計…①	…略…	…略…	…略…	…略…	…略…	…略…	…略…	…略…
資金	…略…	…略…	…略…	…略…	…略…	…略…	…略…	…略…	…略…
支出	設備投資等支出			**手順5**	(P71)2,160		**手順6-①**		2,160
…略…	…略…	…略…	…略…	…略…	…略…	…略…	…略…	…略…	…略…

区分			下 期 資 金 計 画 書						
	発生月	上期累計	10月	11月	12月	1月	2月	3月	通期累計
…略…	資金収入計…①	…略…	…略…	…略…	…略…	…略…	…略…	…略…	…略…
資金	…略…	…略…	…略…	…略…	…略…	…略…	…略…	…略…	…略…
支出	設備投資等支出	2,160	…略…	…略…	…略…	…略…	**手順6-②**		2,160
…略…	…略…	…略…	…略…	…略…	…略…	…略…	…略…	…略…	…略…

第４章　設備投資等及び減価償却費関係の予算編成　　**73**

STEP 8・9 ▶ 「直接法：予算キャッシュ・フロー計算書」の作成

■ 目的

「予算損益計算書（減価償却費）」「消費税等計画書（固定資産取得に関する仮払消費税等）」及び「予算比較貸借対照表（固定資産増加）」より、「直接法：予算キャッシュ・フロー計算書組替仕訳」（予算C/F組替仕訳）を作成し、「直接法：予算キャッシュ・フロー計算書（投資活動によるキャッシュ・フロー）」の「有形固定資産の取得による支出」「無形固定資産の取得による支出」欄へ記入します（固定資産等の売却収入は当設例ではないと仮定する）。

■ 作成手順

手順1 ▶ 「予算損益計算書」の固定資産売却益の金額をC/F組替仕訳の借方の固定資産売却益欄へ記入する（設例ではゼロ）。

手順2 ▶ 借方合計はゼロなので、借方合計欄に「0」を記入する。

手順3 ▶ 貸借合計は一致するので、貸方合計欄にも「0」を記入する。

手順4 ▶ 「予算比較貸借対照表」より、有形固定資産・無形固定資産・投資その他の資産・減価償却累計額の増減額を、予算C/F組替仕訳の貸方に記入する。

手順5 ▶ 「予算損益計算書」より、減価償却費の金額を貸方に記入する。

手順6 ▶ 「消費税等計画書」より、固定資産の取得に伴い発生する仮払消費税の金額を貸方記入する（P100参照）。

手順7 ▶ 「予算損益計算書」より、固定資産売却損及び減損損失の金額を貸方に記入する。

手順8 ▶ 貸借差額により、有形固定資産の売却による収入・有形固定資産の取得による支出・無形固定資産の取得による支出の合計額を計算し、「固定資産兼減価償却計画書」（P71）を参考にしてそれぞれの金額を記入する。

手順9 ▶ 「月次資金計画書（通期累計）」との整合性を検証する。

手順10 ▶ 予算C/F組替仕訳の有形固定資産の売却による収入・有形固定資産の取得による支出・無形固定資産の取得による支出を「予算キャッシュ・フロー計算書」に記入する。

■ チェックポイント

○予算キャッシュ・フロー計算書組替仕訳の意味を正しく理解します。

○科目数値が変化した場合には、貸借合計が一致するように予算キャッシュ・フロー計算書科目金額を調整します。

74　第Ⅰ部　基礎編

■NO.4−8「直接法：予算キャッシュ・フロー計算書組替仕訳」

注：キャッシュ・フロー計算書科目は、「＋−の符号」の関係上、貸方科目に固定している。

(単位：千円)

借　　方			貸　　方			
科　目	金　額	基礎資料	科　　目	金　　額		基礎資料・転記先
		手順8	有形固定資産の売却による収入		(P69) 0	投資活動C/Fへ転記
			有形固定資産の取得による支出	マイナス表示→	(P69)△1,080	同上
			無形固定資産の取得による支出	マイナス表示→	(P69)△1,080	同上
固定資産売却益	(P139) 0	予算P/Lより				
手順1		**手順7**	固定資産売却損		(P139) 0	予算P/Lより
			減損損失		(P139) 0	同上
			車両増加		(P143) 0	予算比較B/Sより
		手順4	器具備品増加		(P143) 1,000	同上
			特許権増加		(P143) 0	同上
			ソフトウェア増加		(P143) 834	同上
			減価償却累計額増加		(P143)△1,423	同上
		手順5	減価償却費		(P139) 1,589	予算P/Lより
手順2		**手順6**	その他（固定資産の取得関係）		(P69) 160	消/計より
計	0		計		0	**手順3**

月次資金計画書（通期累計）（P73）	金額（千円）
設備投資等売却収入　**手順9**	0
設備投資等支出	△2,160

■NO.4−9「直接法：予算キャッシュ・フロー計算書」（P147）＜抜粋＞

（自X1年4月1日至X2年3月31日）

(単位：千円)

予算科目	予算額	予算作成基礎資料
Ⅰ．営業活動によるキャッシュ・フロー		
…略…	…略…	…略…
Ⅱ．投資活動によるキャッシュ・フロー		
…略…	…略…	…略…
有形固定資産の売却による収入	—	**手順10**
有形固定資産の取得による支出	△1,080	
無形固定資産の取得による支出	△1,080	
…略…	…略…	…略…

注：最終表示の財務諸表において、円単位の数値がゼロとなる場合には、「−」表示する。

第4章　設備投資等及び減価償却費関係の予算編成　　**75**

STEP 9·10 ▶ 「間接法：予算キャッシュ・フロー 計算書」の作成

■ 目的

「予算損益計算書（減価償却費）」「消費税等計画書（固定資産取得に関する仮払消費税等）」及び「予算比較貸借対照表（固定資産増加）」より、「間接法：予算キャッシュ・フロー計算書組替仕訳」（予算C/F組替仕訳）を作成し、「間接法：予算キャッシュ・フロー計算書」の営業活動によるキャッシュ・フローの「減価償却費」と投資活動によるキャッシュ・フローの「有形固定資産の取得による支出」「無形固定資産の取得による支出」へ記入します（設例では、固定資産等の売却収入はないと仮定する）。

■ 作成手順

手順1▶ 「予算損益計算書」の固定資産売却益の金額を、C/F組替仕訳の借方の固定資産売却益欄へ記載する（設例ではゼロ）。

手順2▶ 借方合計はゼロなので、借方合計欄に「0」を記入する。

手順3▶ 貸借合計は一致するので、貸方合計欄にも「0」を記入する。

手順4▶ 「予算比較貸借対照表」より、有形固定資産・無形固定資産・投資その他の資産・減価償却累計額の増減額を予算C/F組替仕訳の貸方に記入する。

手順5▶ 「固定資産兼減価償却費計画書」（P71）の減価償却費の金額を貸方に記入し、「予算キャッシュ・フロー計算書」にも記入する。

手順6▶ 「消費税等計算書」「固定資産兼減価償却費計画書」より固定資産の取得に伴い発生する仮払消費税等の金額を貸方記入し、「予算キャッシュ・フロー計算書」にも記入する。

手順7▶ 「予算損益計算書」より、固定資産売却損や減損損失の金額を貸方に記入する。

手順8▶ 貸借差額により、有形固定資産の売却による収入・有形固定資産の取得による支出・無形固定資産の取得による支出の合計額を計算し、「固定資産兼減価償却計画書」（P71）を参考にしてそれぞれの金額を記入する。

手順9▶ 「月次資金計画書（通期累計）」との整合性を検証する。

手順10▶ 予算C/F組替仕訳の有形固定資産の売却による収入・有形固定資産の取得による支出・無形固定資産の取得による支出を「予算キャッシュ・フロー計算書」に記入する。

■ チェックポイント

○予算キャッシュ・フロー計算書組替仕訳の意味を正しく理解します。

○科目数値が変化した場合には、貸借合計が一致するように予算キャッシュ・フロー科目金額を調整します。

76 　第Ⅰ部　基礎編

■NO.4−10「間接法：予算キャッシュ・フロー計算書組替仕訳」

注：キャッシュ・フロー計算書科目は、「＋−の符号」の関係上、貸方科目に固定している。　　　　　（単位：千円）

借　　方			貸　　方		
科　目	金　額	基礎資料	科　目	金　額	基礎資料・転記先
			有形固定資産の売却による収入	（P69）0	投資活動C/Fへ転記
			有形固定資産の取得による支出	マイナス表示↓ （P69）△1,080	同上
			無形固定資産の取得による支出	マイナス表示↓ （P69）△1,080	同上
固定資産 売却益	（P139）0	予算P/L より	固定資産売却損	（P139）0	予算P/Lより
			減損損失	（P139）0	同上
			車両増加	（P143）0	予算比較B/Sより
			器具備品増加	（P143）1,000	同上
			特許権増加	（P143）0	同上
			ソフトウェア増加	（P143）834	同上
			減価償却累計額増加	（P143）△1,423	同上
			減価償却費	（P71）1,589	営業活動C/Fへ転記
			（固定資産の取得関係消費税等） その他	（P71）160	営業活動C/Fへ転記
計	0		計	0	

手順8 / 手順1 / 手順7 / 手順4 / 手順5 / 手順2 / 手順6 / 手順3

月次資金計画書（通期累計）（P73）	金　額（千円）
設備投資等売却収入	0
設備投資等支出	△2,160

手順9

■NO.4−11「間接法：予算キャッシュ・フロー計算書」（P149）＜抜粋＞

（自X1年4月1日至X2年3月31日）　　　　　　　　　　　　　　　　　　　　（単位：千円）

予算科目	予算額	予算作成基礎資料
Ⅰ．営業活動によるキャッシュ・フロー		
…略…	…略…	…略…
減価償却費	1,589	
その他	160	（P100＜考察＞参照）
…略…	…略…	…略…
Ⅱ．投資活動によるキャッシュ・フロー		
…略…	…略…	…略…
有形固定資産の売却による収入	―	手順10
有形固定資産の取得による支出	△1,080	
無形固定資産の取得による支出	△1,080	
…略…	…略…	…略…

第4章　設備投資等及び減価償却費関係の予算編成　　77

第5章

人件費・販管費関係の予算編成

人件費・販管費関係の予算編成プロセス

■ 目的

　人件費及び販管費関係の予算損益計算書、月次資金計画書、予算（比較）貸借対照表、直接法・間接法：予算キャッシュ・フロー計算書の作成ステップの全体像を理解します。

■ 作成手順

STEP 1・2 ▶ 「①人件費計画書」を作成し、「②予算損益計算書」へ記入する。

STEP 3・4 ▶ ①より、「③人件費支払計画書」を作成し、「④月次資金計画書」へ記入する。

STEP 5・6 ▶ 「⑤営業費計画書」を作成し、「⑥予算損益計算書」へ記入する。

STEP 7 ▶ ⑥より、「⑦消費税等計画書」へ記入する。

STEP 8・9 ▶ ⑤より、「⑧営業費支払計画書」を作成し、「⑨月次資金計画書」へ記入する。

STEP 10・11 ▶ ⑧より、「⑩・⑪予算（比較）貸借対照表」の未払金欄へ記入する。

STEP 12・13 ▶ 「⑫管理費計画書」を作成し、「⑬予算損益計算書」へ記入する。

STEP 14 ▶ ⑬より、「⑭消費税等計画書」を作成する。

STEP 15・16 ▶ ⑭より、「⑮・⑯予算（比較）貸借対照表」の未払消費税等欄へ記入する。

STEP 17・18 ▶ ⑫より、「⑰管理費支払計画書」を作成し、「⑱月次資金計画書」へ記入する。

STEP 19 ▶ ⑬・⑭・⑯より、「⑲直接法：予算C/F組替仕訳」を作成する。

STEP 20 ▶ ⑲より、「⑳直接法：予算キャッシュ・フロー計算書」を作成する。

STEP 21 ▶ ⑭・⑯より、「㉑間接法：予算C/F組替仕訳」を作成する。

STEP 22 ▶ ㉑より、「㉒間接法：予算キャッシュ・フロー計算書」を作成する。

■ チェックポイント

○予算スケジュールを事前に作成し、進捗管理を行います。

　なお、スケジュール上のリスクを事前に洗い出し、リカバリー対応策を検討します。

○上記の各予算資料については、日付、起票印、承認印の欄を設けます。

○上記の各予算資料については、「予算編成方針」に従って作成します。

○上記の各予算資料については、作成の具体的な根拠を明示します。

■作業フローチャート【人件費・販管費関係】

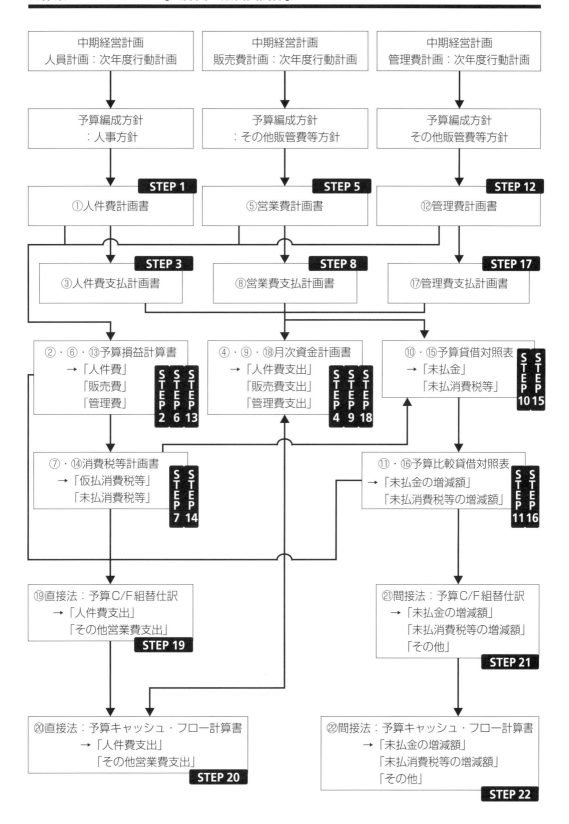

第5章 人件費・販管費関係の予算編成

STEP 1・2 ▶ 「人件費計画書」「予算損益計算書（人件費）」の作成

■ 目的

次年度における役員・従業員の増減内容を予測して作成される「人件費計画書」は、次年度の人件費予算額を示しています。同表より「予算損益計算書」の人件費へ記入します。

役員・従業員の増減理由は、大きく次の2つに分かれます。

1. 中期経営計画に基づく人員の増減
2. 毎年度発生する採用や退職等による経常的な人員の増減

■ 作成手順

手順1▶ 「予算編成方針」（P23）より、役員報酬の予算額を記入する。

手順2▶ 「予算編成方針」（P23）より、役員賞与の予算額を記入する。

手順3▶ 次年度の人員計画に基づき、給与の次期予算額を記入する。

手順4▶ 次期の予想人事評価と賞与支給規程に基づき賞与の予算額を計算・記入する。

手順5▶ 役員及び従業員の次期予想通勤費を見積って記入する。

手順6▶ 「（給与（役員報酬を含む）＋賞与＋通勤費）×各法定福利費の会社負担料率」を計算し、法定福利費の会社負担額を計算・記入する。なお、雇用保険は役員については対象外となる。

手順7▶ 各人の法定福利費の会社負担額を集計（縦計）し、その金額を集計（横計）して、次期の法定福利費予算額を記入する。

手順8▶ 次期の定年退職予定者と自己都合の退職予定者の退職金を退職金規程に基づいて合理的に計算し、退職金欄に記入する。

手順9▶ 役員・従業員の各人別に次期人件費を集計し（縦計）、さらにその総額を集計（横計）して記入する。

手順10▶ 役員報酬・従業員給与・賞与・法定福利費・旅費交通費（通勤費）という予算損益計算書科目別の金額を計算・記入する。

手順11▶ 「手順10」で求めた損益計算書科目別の金額を「予算損益計算書」に記入する。なお、通勤費は営業費計画書（P87）に記入する。

■ チェックポイント

○役員・従業員の次年度の増減・異動を合理的に予測します。

○個人別の人件費を計算し、集計して次期人件費を計算します。

○特に、法定福利費の計算には留意します。

○人件費がブレるリスクを洗い出し、リカバリー対応策を事前に検討します。

第Ⅰ部　基礎編

■NO.5−1「人件費計画書」

(単位：千円)

区　分		役　員	従業員		計
氏　　　名		田辺雄一	鈴木一也	石川京子（新入社員）	
職　　　種		代表取締役（営業・管理担当）	営業	管理	
年　　　齢		43歳	29歳	22歳	
在　職　年　数		1年	1年	―	
人事評価ランク		―	C：賞与＝4カ月	D：賞与＝3カ月	
給与	当期実績	(P11) 12,000	※ 2,700	―	14,700
	昇給率	(P23) △60%	300増加：11.1%	―	
	次期予想額…Ⅰ	役員報酬 4,800…①	給与 3,000…④	給与 1,800…⑦	9,600
	次期月額支給額	12等分 400	12等分 250	12等分 150	800
賞与	当期実績	―	※ 900	―	900
	昇給率		100増加：11.1%	450支給予想	
	次期予想額…Ⅱ	(P23) ―…②	1,000…⑤	450…⑧	1,450
通勤費	次期予想通勤費…Ⅲ	240…③	240…⑥	240…⑨	720
	次期月額通勤費	20	20	20	60
法定福利費	厚生年金（四捨五入）	(①+②+③)×A＝ 440	(④+⑤+⑥)×A＝ 370	(⑦+⑧+⑨)×A＝ 218	1,028
	健康保険（四捨五入）	(①+②+③)×(B+C) ＝291	(④+⑤+⑥)×B ＝211	(⑦+⑧+⑨)×B ＝124	626
	雇用保険（四捨五入）	役員は対象外　―	(④+⑤+⑥)×D＝36	(⑦+⑧+⑨)×D＝21	57
	計…Ⅳ	731	617	363	1,711
退職金…Ⅴ		0	0	0	0
次期人件費（Ⅰ～Ⅴ計）		5,771	4,857	2,853	13,481

※　2,700＋900＝3,600（P11）

注：便宜上、退職給付引当金、役員退職慰労引当金を省略している。

<予想人事評価>

人事考課	A	B	C	D	E	F
賞与支給月数	6カ月	5カ月	4カ月	3カ月	2カ月	1カ月

<予想法定福利費負担率>（仮定）

種類	条件	区分	料率	会社負担率
厚生年金		給与・賞与	17.474%	8.737%…A
健康保険		給与・賞与	9.97 %	4.985%…B
介護保険料	40歳以上65歳未満	給与・賞与	1.58 %	0.790%…C
雇用保険		給与・賞与	1.35 %	0.85 %…D

注：児童拠出手当対象者はいないものとする。労働保険料は対象外としている。

P/L科目	金額（千円）	P/L科目	金額（千円）
役員報酬	4,800	法定福利費	1,711
従業員給与・賞与	6,250	旅費交通費（通勤費）	営業費計画書（P87）へ←720

■NO.5−2「予算損益計算書」（P139）<抜粋>

（自X1年4月1日至X2年3月31日）

(単位：千円)

予算科目	変動固定	消費税等	予算額	予算作成基礎資料
…略…	…略…	…略…	…略…	…略…
【販売費及び一般管理費】			…略…	
役員報酬	固定	―	4,800	人件費計画書より
従業員給与・賞与	固定	―	6,250	人件費計画書より
法定福利費	固定	―	1,711	人件費計画書より
…略…	…略…	…略…	…略…	…略…

第5章　人件費・販管費関係の予算編成　83

STEP 3・4 ▶ 「人件費支払計画書」「月次資金計画書 (人件費支出)」の作成

■ 目的

「人件費支払計画書」は、「人件費計画書」(P83) の各人件費科目を月次発生ベースに展開し、支払条件に合わせて、月次人件費支払額を示します。同表の月次人件費支払額を「月次資金計画書」の「人件費支出」へ記入します。

■ 作成手順

当設例上は、便宜上賞与以外の人件費科目金額は平均的に発生し、「発生費用額＝支払額 (預かり源泉税等含む)」と仮定している。

手順1▶ 「人件費計画書」(P83) より、次期役員報酬の予算額を記入する。次に、消費税等課税対象か否かを○×で表示します。消費税課税対象 (○) の場合には、「人件費発生額×1.08」の計算結果を税込額の欄に記載する。役員報酬は消費税等課税対象外 (×) なので、発生額をそのまま税込額の欄に記入する。最後に「税込額÷12カ月」を計算して月次平均額を記入する。

手順2▶ 決済条件欄に給与 (役員報酬) 等の支払基準を記入する。

手順3▶ 当期末未払人件費の金額を記入する。設例では給料の支払条件は当月分当月末支払の為、当期末未払人件費の金額はゼロとなる。

手順4▶ 月次の人件費支払額を、それぞれの月欄に記入する。

手順5▶ 次期末未払人件費の金額を記入する。設例では給料の支払条件 (「手順3」参照) よりゼロとなる。

手順6▶ 月次人件費支払額の横計を計算し、人件費支払額 (横集計) 欄に記入する。次に縦計を計算し、月次累計の欄に記入する。

手順7▶ 月次人件費支払額を「月次資金計画書」に記入する。

■ チェックポイント

○当期の人件費支出の月次発生額を基礎として作成します。

○賞与支払月に資金不足にならないように留意します。必要に応じて資金調達を検討します。

○役員の退職金や従業員の定年退職金が次年度発生する場合には、資金手当を事前に検討する必要があります。

○「人件費支払計画書」の各月の予想支払額がブレるリスク (例：残業手当や自己都合退職金など) を事前に洗い出し、リカバリー対応策を事前に検討します。

○社会保険料の合理的な計算は重要ですので、十分に留意します。

84 第Ⅰ部 基礎編

■NO.5－3「人件費支払計画書」

「人件費計画書」（P83）より　　　　　　　　　　　　　　　　　　　　（単位：千円）

科　　目	役員報酬 手順1	従業員給与	従業員賞与	通勤費（通勤手当）	法定福利費	役員退職金	従業員退職金	人件費支払額（横集計）
次期人件費発生額	4,800	4,800	1,450	720	1,711	－	－	13,481
消費税等課税対象	×	×	×	○ 58	×	×	×	
税込額	4,800	4,800	1,450	778	1,711			13,539
月平均額	400	400		64.8	142.6			
決済条件 手順3	当月分当月支払と仮定	当月分当月支払と仮定 手順2	夏期7月＝40％、冬期12月＝60％	当月分当月支払と仮定	当月分当月支払と仮定	－	－	
当期末 未払人件費	未払人件費	同左	同左	同左	同左	同左	同左	未払人件費合計
未払人件費	0	0	0	0	0	0	0	0
4月	400	400		切上65	切上143			1,008
5月	400	400		切上65	切捨142			1,007
6月 手順4	400	400		切上65	切上143			1,008
7月	400	400	580	切上65	切捨142			1,587 手順6
8月	400	400		切上65	切上143			1,008
9月	400	400		切捨64	切捨142			1,006
10月	400	400		切上65	切上143			1,008
11月	400	400		切上65	切捨142			1,007
12月	400	400	870	切上65	切上143			1,878
1月	400	400		切上65	切捨142			1,007
2月 手順5	400	400		切上65	切上143			1,008
3月	400	400		切捨64	切上143			1,007
月次累計	4,800	4,800	1,450	778	1,711	－	－	13,539
次期末 未払人件費	未払人件費	同左	同左	同左	同左	同左	同左	同左合計
未払人件費	0	0	0	0	0	0	0	0

注：源泉所得税・社会保険料も当月支払と仮定する。

■NO.5－4「月次資金計画書」（P133）＜抜粋＞

手順7　　　　　　　　　　　　　　　　　　　　　　　　（単位：千円）

区分		上 期 資 金 計 画 書						
発生月		4月	5月	6月	7月	8月	9月	上期累計
資金支出	…略…	…略…	…略…	…略…	…略…	…略…	…略…	…略…
人件費支出		1,008	1,007	1,008	1,587	1,008	1,006	横計6,624
	…略…	…略…	…略…	…略…	…略…	…略…	…略…	…略…

区分		下 期 資 金 計 画 書						
発生月	上期累計	10月	11月	12月	1月	2月	3月	通期累計
資金支出	…略…	…略…	…略…	…略…	…略…	…略…	…略…	…略…
人件費支出	6,624	1,008	1,007	1,878	1,007	1,008	1,007	横計13,539
	…略…	…略…	…略…	…略…	…略…	…略…	…略…	…略…

手順7

第5章　人件費・販管費関係の予算編成　　**85**

STEP 5~7 ▶ 「営業費予算書」「予算損益計算書（営業費）」「消費税等計画書」の作成

■ 目的

　「当期実績予想：損益計算書」の営業費用科目金額の内訳を分析し、次期の営業戦略上の有効な費用のみをリストアップし、積上方式で集計して作成する「営業費計画書」は、次年度の営業費予算を示しています。同表より、「予算損益計算書」の営業費科目欄へ記入し、営業費関係の仮払消費税等を計算して、「消費税等計画書」へ記入します。

■ 作成手順

手順1▶ 「変動固定」欄には、営業費の詳細内容を科目別区分に分類して記入し、変動費か固定費かの区分を記載する（変動費とは売上高の増減に伴い、ほぼ比例的に増減する費用をいう。変動費以外の費用は固定費とする）。

手順2▶ 「①当期実績」欄には、「当期実績予想：損益計算書」（P11）の値を記入し、科目内訳の当期実績も記入する。

手順3▶ 「目標削減比率：科目内訳」欄には、費用科目別の細目別の当期実績の内容を分析し、廃止・削減等の次期目標削減額を記入する。

手順4▶ 「次期行動目標」欄には、「手順3」で記入した費用の細目別の削減目標を達成するために必要な具体的な次期行動目標を明記する。

手順5▶ 「②次期予算額」欄には、費用内訳細目別の「当期実績－次期削減額＝次期予算額」を計算し、内訳予算額を集計して次期営業費予算額を記入する。

手順6▶ 「③目標削減比率：科目合計」欄には、「（②次期予算額－①当期実績）÷①当期実績×100%」を計算・記入する（削減率）。

手順7▶ 当期実績列及び次期予算列を縦集計して、営業費合計欄に記入する。
　　　　「③目標削減比率：営業費合計」を計算・記入する。「予算編成方針」（P23）の営業費削減目標をクリアーしているかを検証する。

手順8▶ 「②次期予算額」欄の勘定科目別の内訳集計額を「予算損益計算書」の営業費科目欄へ記入する。

手順9▶ 「予算損益計算書」に記入した営業費科目別の予算額に消費税率を乗じた計算結果を「消費税等計画書」の仮払消費税欄へ記入する。

■ チェックポイント

○「当期実績予想：損益計算書」の営業費用科目の金額の内訳内容を詳細に分析し、次期の売上高に必要な費用のみを積上方式で集計して、次期予算額を決めます。

○「予算編成方針（P23）の営業費削減目標がクリアーされているか」を検証します。

86　第Ⅰ部　基礎編

■NO.5−5：「営業費計画書」

手順1 **手順2** **手順3** **手順6** **手順5** **手順4**　（単位：千円）

科　目	変動固定／細目	当期実績① （P11）	目標削減比率 （②−①）÷①×100%＝③（小数点未満四捨五入）	次期予算額②	次期行動目標
	詳細内容	当期実績	決済条件	詳細次期予算額	詳細行動目標
販売手数料	変動／細目計	@１千円/kg （P11）1,000	26%増	@１千円×1,260kg 1,260	関東地域代理店網30店拡大
	販売代理店 手数料	20店	当月締翌月末払	30店	代理店拡大の為の営業回り
広告宣伝費	固定／細目計（P11）	1,200	32%減	内訳集計　820	予算P/Lへ転記（P139）
	商品パンフレット印刷費	600	４月発注 ⇒５月払・300削減	300	印刷業者を選別し、一括発注で半額にする。
	業界雑誌掲載料	200	→80千円削減→ 毎月均等払と仮定	120	効果の少ない掲載雑誌A誌掲載中止
	会社案内作成料	400	→200千円削減→５月発注⇒６月払	200	印刷業者を選別し、一括発注で半額にする。
	ホームページ作成・維持費	―	→200千円増加→６月発注⇒７月払	200	次期会計方針より 営業用ホームページ開設
旅費交通費 （通勤手当含む）	固定／細目計	（P11）1,600	3%減	内訳集計　1,560	予算P/Lへ転記（P139）
	通勤手当	480	毎月均等払と仮定	720	人件費計画表(P83)より
	営業旅費等	1,120	→280千円削減→ 毎月均等払と仮定	840	タクシー代の削減・出張費合理化
交際費	固定／細目計	（P11）5,200	71%減	内訳集計　1,500	予算P/Lへ転記（P139）
	接待飲食	3,200	2,000千円削減→毎月均等払と仮定	1,200	月額10万円に削減
	贈答品	1,000	７月100千円 12月200千円	300	厳選相手先のお歳暮・お中元に限定
	接待ゴルフ	1,000	廃止	―	**手順7**
営業費合計		9,000	43%削減	5,140	予算編成方針（P23）

⇒「営業費支払計画書」（P89）へ転記する。

■NO.5−6：「予算損益計算書」（P139）＜抜粋＞

（自X1年４月１日至X2年３月31日）　　　　　　　　　　　　（単位：千円）

予算科目	変動固定	消費税等	予算額	予算作成基礎資料
【販売費及び一般管理費】			…略…	
…略…	…略…	…略…	…略…	…略…　**手順8**
販売手数料	変動	○	1,260	営業費予算表より
広告宣伝費	固定	○	820	同上
旅費交通費	固定	○	1,560	同上
…略…	…略…	…略…	…略…	…略…
交際費	固定	○	1,500	営業費予算表より
…略…	…略…	…略…	…略…	…略…

■NO.5−7「消費税等計画書」（P95）＜抜粋＞

（単位：千円）

項　目	金　額	項　目	金　額
販売手数料　1,260×8%	101　**手順9**		
広告宣伝費　820×8%	66		
旅費交通費　1,560×8%	125		
…略…	…略…		
交際費　1,500×8%	120		
…略…	…略…		

第5章　人件費・販管費関係の予算編成　　**87**

STEP 8 ▶ 「営業費支払計画書（営業費支出）」の作成

■ 目的

　「営業費支払計画書」は、「営業費計画書」（P87）の各営業費科目を月次発生ベースに展開し、支払条件に合わせて、次年度の月次営業費支払額を示しています。同表の月次営業費支払額を「月次資金計画書」の営業費支出欄へ記入します。

■ 作成手順

手順1 ▶ 「営業費計画書」（P87）より、科目ごとの予算の細目を記入する。税込額も記入し、年間を通じて、平均的に発生するものについては月平均額を記入する。

手順2 ▶ 決済条件を記入する。例えば、販売手数料の場合には、販売代理店契約書の決済条件「当月末締翌月末支払」と記載する。

手順3 ▶ 「当期実績予想：比較貸借対照表」（P15）の未払金の内訳科目一覧より、当期末未払営業費の残高を記入する。例えば、販売手数料の場合には、「当期のX1年3月発生の販売手数料×（1＋消費税率0.08）＝297千円」を記入する。

手順4 ▶ 月次の費用発生額（税抜）より、税込金額を計算し、決済条件を考慮して、月次支払額を記入する。

　　　　　例えば、X1年4月の販売手数料の未払金は、|4月の販売手数料：①50kg×販売手数料単価@1千円/kg＝50千円|×（1＋消費税率8％）＝54千円(四捨五入) …②

　　　　　X1年4月：（P/L：販売手数料）　50千円／（B/S：未払営業費）②54千円
　　　　　　　　　　　（B/S：仮払消費税等）　4千円

　　　　　X1年5月：（B/S：未払営業費）②54千円／（B/S：現金及び預金）54千円
　　　　　5月支払金額欄に54千円を記入する。

手順5 ▶ 3月末の未払額を次期末未払営業費残高欄に記入する。

　　　　　販売手数料の場合には、X2年3月の未払営業費発生額③162千円が記入される。

手順6 ▶ 営業費の月次支払額を横集計して、月次の営業費支払額欄に記入する。

手順7 ▶ 「手順6」の月次の営業費支払額を月次資金計画書へ記入する。

手順8 ▶ 細目ごとの次期末未払営業費残高の横計を計算記入し、未払営業費残高合計値を「予算貸借対照表」の未払金へ記入する。

■ チェックポイント

○ 当期の営業費支出の月次発生額を基礎として作成します。

○「営業費支払計画書」の各月の予想支払額がブレるリスクを事前に洗い出し、リカバリー対応策を事前に検討します。

■NO.5−8「営業費支払計画書」

「営業費予算書」（P87）より　　　　　　　　　　　　　　　　（単位：千円）

手順1

P/L金額	販売手数料＝1,260（P87）			広告宣伝費＝820（P87）				小計①2,080
細目	販売数量	販売手数料@1千円/kg	支払金額	商品パンフレット印刷費	業界雑誌掲載料	会社案内作成料	ホームページ作成・維持費	
細目発生額	1,260	1,260	1,361	300	120	200	200	営業費支払額（小計①）
消費税等対象	○			○	○	○	○	
税込額			1,361	324	130	216	216	
月平均額					10.8			

手順2

決済条件	当月末締翌月支払		5月払	毎月均等	6月払	7月払	未払営業費
		未払営業費	未払営業費	同左	同左	同左	

手順3

当期末残高

月	費用	未払額	未払営業費	商品パンフ	業界雑誌	会社案内	ホームページ	未払営業費
			297	0	0	0	0	(P15) 297
4月	①150	①×1.08=②54	297		切上11			308
5月	60	65	②54	324	切上11			389
6月	70	76	65		切上11	216		292
7月	100	108	76		切上11		216	303
8月	110	119	108		切上11			119
9月	110	119	119		切捨10			129
10月	110	119	119		切上11			130
11月	110	(切捨)118	119		切上11			130
12月	140	151	118		切上11			129
1月	150	162	151		切上11			162
2月	100	108	162		切上11			173
3月	150	③162	108		切捨10			118
支払累計	1,260	—	1,496	324	130	216	216	2,382
次期末残高	未払営業費	③162						162

手順4　**手順5**

P/L金額	旅費交通費＝840(P87)	交際費＝1,500（P87）		小計②＝2,340	小計①②→合計＝4,420
細目	営業交通費・出張費	接待飲食	贈答品		
細目発生額	—	1,200	300	営業費支払額（小計②）	営業費支払額（合計）
消費税等課税対象	○	○	○		
税込額	907	1,296	324		
月平均額	75.6	108	—		

決済条件	毎月均等支払	毎月均等支払	7月108・12月216		
当期末残高	未払営業費	未払営業費	未払営業費	未払営業費	未払営業費
	0	0	0	0	(P15)297
4月	切上 76	108		184	492
5月	切捨 75	108		183	572
6月	切上 76	108		184	476
7月	切捨 75	108	108	291	594
8月	切上 76	108		184	303
9月	切捨 75	108		183	312
10月	切上 76	108		184	314
11月	切捨 75	108		183	313
12月	切上 76	108	216	400	529
1月	切捨 75	108		183	345
2月	切上 76	108		184	357
3月	切上 76	108		184	302
支払累計	907	1,296	324	2,527	4,909
次期末未払営業費残高	0	0	0	0	未払営業費 162

手順6　**手順7**　**手順8**

月次資金計画書（P91）へ転記

「予算貸借対照表」（P141）：未払金へ転記

第5章　人件費・販管費関係の予算編成　89

STEP 9~11 ▶ 「月次資金計画書（営業費支出）」 「予算（比較）貸借対照表（未払金）」の作成

■ 目的

「営業費支払計画書」の月次営業費支出が「月次資金計画書」へ記入され、次期末未払営業費が「予算（比較）貸借対照表」の未払金に記入される流れを理解します。

■ 作成手順

手順1 ▶ 「営業費支払計画書」（P89）の月次支払合計の金額を「月次資金計画書」の「営業費支出」へ記入する。

X1年4月から9月までの横集計の額を「上期累計」欄に記入する。

上期累計額とX1年10月からX2年3月までの横集計の額の合計額を「通期累計」欄へ記入する。

手順2 ▶ 「営業費支払計画書」の次期末残高未払営業費の横計を「予算貸借対照表」の「未払金」に記入し、「予算比較貸借対照表」の次期列に記入する。

手順3 ▶ 「予算比較貸借対照表」の未払金の増減差額を計算・記入する。

＜考察＞「未払金増減額はキャッシュ・イン（資金収入又は資金支出のマイナス）なのか、キャッシュ・アウト（資金支出）なのか」

迷った時は、形式的には相手勘定を現金として仕訳を示すとわかりやすいと考えられる。

未払金は負債で貸方科目なので、未払金増減額も貸方に記入する。

（B/S現金）　±××円／（±B/S未払金増減額）　　　±××円

プラスの場合　　：現金増加なので資金増加（キャッシュ・イン）となる。

マイナスの場合：現金減少なので資金減少（キャッシュ・アウト）となる。

設例の場合、

（B/S現金）　△135千円／（±B/S未払金増減額）　①△135千円

なので、135千円資金減少（キャッシュ・アウト）になる。

当期末の未払金②297千円は、次期の営業費支出を構成する。次期の③営業費は、原則として次期の営業費支出を構成する。しかし、③を構成する次期末の未払金④162千円は資金支出から除かなければならない。未払金の減少が生じるのは、「②資金支出＞④マイナスの資金支出」の時なので、未払金の減少は資金支出となる。

■ チェックポイント

○当期の営業費支出の月次発生額を基礎として作成します。

○多額のプロモーションの営業費が支出される月がある場合、資金不足にならない様に留意します。必要に応じて資金調達を検討します。

○「営業費支払計画書」の各月の予想支払額がブレるリスクを事前に洗い出し、リカバリー対応策を事前に検討します。

90　第Ⅰ部　基礎編

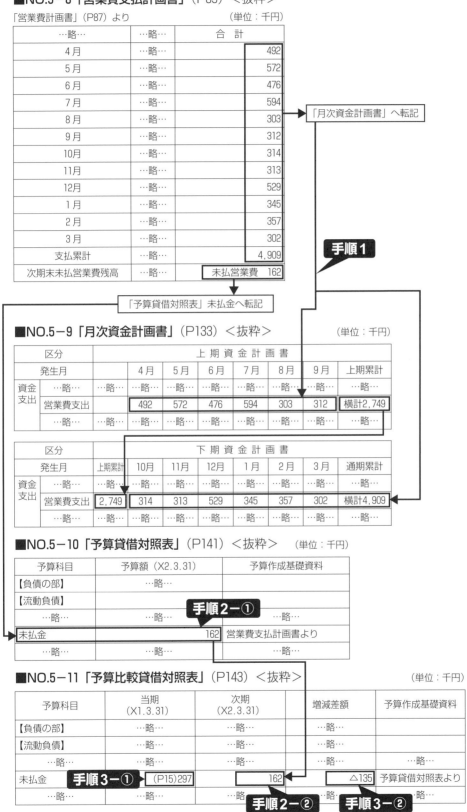

STEP 12・13 ▶ 「管理費計画書」「予算損益計算書 (管理費)」の作成

■ 目的

「当期実績予想：損益計算書」(P11) の管理費用科目金額の内訳を分析し、予算編成方針の削減目標の観点より本当に必要な管理費用のみをリストアップし、積上方式で集計して作成した「管理費計画書」は、次年度の管理費予算を示しています。同表より、「予算損益計算書」の管理費科目へ記入します。

■ 作成手順

手順1 ▶ 「変動固定」欄には、管理費の詳細内容を科目別区分に分類して記入し、変動費か固定費かの区分を記載する (管理費は通常、固定費と考える)。

手順2 ▶ 「①当期実績」欄には、「当期実績予想：損益計算書」(P11) の値を記入し、科目内訳の当期実績も記入する。

手順3 ▶ 「③目標削減比率：科目内訳」欄には、費用科目別・細目別の当期実績内容を分析し、廃止・削減等の「次期目標削減額」を記入します。

手順4 ▶ 「次期行動目標」欄には、「手順3」で記入した費用の細目別の削減目標を達成するために必要な具体的な次期行動目標を明記する。

手順5 ▶ 「②次期予算額」欄には、費用内訳細目別の「当期実績－次期削減額＝次期予算額」を計算し、内訳予算額を集計して次期管理費予算額を記入する。

手順6 ▶ 「③目標削減比率：科目合計」欄には、「(②次期予算額－①当期実績)÷①当期実績×100%」を計算・記入する。

手順7 ▶ 当期実績列及び次期予算列を縦集計して、「管理費合計」に記入する。
「③目標削減比率：営業費合計」を計算・記入する。「予算編成方針」(P23) の管理費削減目標をクリアーしているかを検証する。

手順8 ▶ 「②次期予算額」欄の勘定科目別の内訳集計額を「予算損益計算書」へ記入する。

手順9 ▶ 「予算損益計算書」の販売費及び一般管理費区分の科目金額を縦集計した合計値を「販売費及び一般管理費」へ記入する。

手順10 ▶ 「予算損益計算書」の「売上総利益－販売費及び一般管理費＝営業利益」の計算結果を「営業利益」へ記入する。また、「営業利益÷売上高×100%＝営業利益率」の計算結果を同科目欄に記入する。

■ チェックポイント

○ 「当期実績予想：損益計算書」の管理費用科目の金額の内訳内容を詳細に分析し、必要な費用のみを積上方式で集計して、次期予算額を決めます。

○ 「予算編成方針 (P23) の管理費削減目標がクリアーされているか？」を検証します。

92 第Ⅰ部 基礎編

■NO.5−12「管理費計画書」

	手順1	手順2	手順3 / 手順6	手順5	手順4
科　目	変動固定／細目	当期実績①	目標削減比率 (②−①)÷①×100%=③ (小数点未満四捨五入)	次期予算額②	次期行動目標
	詳細内容	当期P/L	決済条件	詳細次期予算額	詳細行動目標
水道光熱費	固定費／細目計	(P11) 960	21%減	内訳集計　760	
	電気料	720	→120削減→毎月均等払	600	残業時間縮小
	水道料	120	→40削減→同上	80	同上
	ガス料	120	→40削減→同上	80	同上
通信費	固定費／細目計	(P11) 840	29%増	内訳集計1,080	
	電話料金	500	→同水準と予想→毎月均等払	500	活動量増加で相殺
	郵送料	340	→同水準と予想→同上	340	同上
	インターネット通信費	—	→240増加→同上	240	ホームページ開設等
消耗品費	固定費／細目計	(P11)1,200	50%減	内訳集計　600	
	コピー用紙・名刺等	400	→280削減→毎月均等払	120	再用紙使用・裏面利用等
	文具等雑貨代	200	→80削減→同上	120	購入先の選別
	備品代	600	→240削減→同上	360	中古品利用等
賃借料	固定費／細目計	(P11)4,800	30%減	内訳集計3,379	
	建物賃借料	4,320	→1,421削減→毎月均等払	2,899	面積縮小・賃料値引交渉
	リース料	480	→同水準と予想→同上	480	契約固定の為節減は困難
租税公課	固定費・変動費／細目計	(P11)1,200	4%増	内訳集計1,250	
	印紙税・変動費	1,000	→50増加→毎月均等払	1,050	営業契約の増加
	自動車税他固定費	200	→同水準と予想→同上	200	法定税額等の為固定
雑費	固定費／細目計	(P11) 340	47%減	内訳集計　180	
	清掃費	240	→120削減→毎月均等払	120	一部自社で行う
	振込手数料	100	→40削減→同上	60	口座選択等合理化
手順7 管理費合計		9,340	22%削減	7,249	予算編成方針（P23）

⇒「管理費支払計画書」（P97）へ転記する。

■NO.5−13「予算損益計算書」（P139）＜抜粋＞

（自X1年4月1日至X2年3月31日）　　　　　　　　　　　　　　　　　　　（単位：千円）

予算科目	変動固定	消費税等	予算額	予算作成基礎資料
…略…	…略…	…略…	…略…	…略…
売上高		○	③　113,400	…略…
…略…	…略…	…略…	…略…	…略…
売上総利益			⑨　57,247	
（売上総利益率）			⑩　50%	**手順9**
【販売費及び一般管理費】			⑪　26,739	縦計
役員報酬	固定		4,800	人件費計画表より
従業員給与・賞与	固定		6,250	人件費計画表より
法定福利費	固定		1,711	人件費計画表より
販売手数料	変動	○	⑫　1,260	営業費予算表より
広告宣伝費	固定	○	820	営業費予算表より
旅費交通費	固定	○	1,560	営業費予算表より
水道光熱費	固定	○	760	管理費予算表より
通信費	固定	○	1,080	管理費予算表より
消耗品費	固定	○	600	管理費予算表より
賃借料	固定	○	3,379	管理費予算表より
交際費	固定	○	1,500	営業費予算表より
租税公課	固定・変動		1,250	管理費予算表より
減価償却費	固定		1,589	固定資産兼減価償却費計画表より
雑費	固定	○	180	管理費予算表より
営業利益			⑬　30,508	⑨−⑪=⑬
（営業利益率）			⑭　（27%）	⑬÷③×100%小数点未満四捨五入
…略…	…略…	…略…	…略…	…略…

手順8 / 手順10

第5章　人件費・販管費関係の予算編成　　93

STEP 14〜16 ▶ 「消費税等計画書」「予算(比較)貸借対照表(未払消費税等)」の作成

■ 目的

「消費税等計画書」を作成し、次期の消費税等及び次期未払消費税等の金額がどのように計算されるかを明らかにします。次期末の未払消費税等が「予算貸借対照表」及び「予算比較貸借対照表」へ記入され、同科目の増減差額を計算するプロセスを明示します。

■ 作成手順

手順1▶ 「①当期未払消費税等」には、「当期実績予想:貸借対照表」(P15) より、当期末未払消費税等の額を記入する。…①

手順2▶ 「当期未払消費税等支払」には、「税金等支払計画書」(P131) より、納付予定額（未払消費税等の額）を記入する。…②

手順3▶ 「中間納付消費税等」には、「税金等支払計画書」(P131) より、次期の消費税中間納付予定額を記入する。…③

手順4▶ 「管理費予算表」(P93) より「(課税対象) 管理費×消費税率＝次期仮払消費税等の発生予想額」を計算・記入する。

　　　　［例］P/L水道光熱費760千円×消費税率8%＝61千円

手順5▶ 「仮払消費税等計」には、仮払消費税等の発生予想額を縦集計し、記入する。…⑤

手順6▶ 「消費税等計画書:仮払消費税等内訳表」の金額との整合性を検証する。

手順7▶ 「次期未払消費税等」には、「①－②－③＋④仮受消費税等計－⑤仮払消費税等計」の計算結果を記入する。…⑥

手順8▶ 「⑥次期未払消費税等」の金額を「予算貸借対照表」へ記入する。

手順9▶ 「予算貸借対照表」より「予算比較貸借対照表」の次期欄、「当期実績予想:貸借対照表」(P15) より当期欄の未払消費税等にそれぞれ記入し、増減差額を計算・記入する。

■ チェックポイント

○ 収益や費用等の課税・非課税を明確に区分する必要があります。例えば、不動産売上は、課税対象の建物部分と非課税対象の土地部分を明確に分ける必要があります。

○ 設備投資・処分に伴って発生する消費税等に留意します。

　　［例］建物の取得・売却:課税対象、土地の取得・売却:非課税対象

○「予算損益計算書」の課税対象の値が変わった場合には影響を受けます。

○ 次年度における消費税率等の変更等に留意します。

■NO.5－14「消費税等計画書」

（単位：千円）

【手順2】

項　目	金　額	項　目	金　額
当期未払消費税等支払　X1.5納付…②	（P131）229	当期未払消費税等(当期B/S)…①	（P13・15）229
中間納付消費税等…③ 57×3回＝171（端数四捨五入）	（P131）171		
＜仮払消費税等＞		＜仮受消費税等＞	
商品仕入高　　45,240×8％	（P51）3,619	売上高113,400×8％…④	（P31）　9,072
販売手数料　　1,260×8％	（P87）　101		
広告宣伝費　　　820×8％	（P87）　66		
旅費交通費　　1,560×8％	（P87）　125		
水道光熱費　　　760×8％	（P93）　61		
通信費　　　　1,080×8％	（P93）　86		
消耗品費　　　　600×8％	（P93）　48		
賃借料　　　　3,379×8％	（P93）　270		
交際費　　　　1,500×8％	（P87）　120		
雑費　　　　　　180×8％	（P93）　14		
固定資産の取得　2,000×8％	（P73）　160		
仮払消費税等計…⑤	4,670		
次期未払消費税等:①-②-③+④-⑤=⑥	4,231		

【手順3】【手順1】【手順4】【手順5】【手順7】

└「税金等支払計画書」（P131）より転記

■NO.5－14－A「消費税等計画書：仮払消費税等内訳計画書」

（単位：千円）

	仮払消費税等	a：仕入	b：人件費	c：販管費	d：設備
商品仕入高　　45,240×8％	3,619	3,619			
販売手数料　　1,260×8％	101			101	
広告宣伝費　　　820×8％	66			66	
旅費交通費　　1,560×8％	125		※　58	67	
水道光熱費　　　760×8％	61			61	
通信費　　　　1,080×8％	86			86	
消耗品費　　　　600×8％	48			48	
賃借料　　　　3,379×8％	270			270	
交際費　　　　1,500×8％	120			120	
雑費　　　　　　180×8％	14			14	
固定資産の取得2,000×8％	160				160
仮払消費税等計…②	4,670	3,619	58	833	160

【手順6】

※　通勤手当720×0.08＝58（P83・87）

■NO.5－15「予算貸借対照表」（P141）＜抜粋＞

（単位：千円）

予算科目	予算額(X2.3.31)	予算作成基礎資料
【負債の部】	…略…	
【流動負債】		
…略…	…略…	…略…
未払消費税等	4,231	消費税等予算表より
…略…	…略…	…略…

【手順8】

■NO.5－115「予算比較貸借対照表」（P143）＜抜粋＞

（単位：千円）

予算科目	当期 （X1.3.31）	次期 （X2.3.31）	増減差額	予算作成基礎資料
【負債の部】	…略…	…略…	…略…	
【流動負債】	…略…	…略…	…略…	
…略…	…略…	…略…	…略…	…略…
未払消費税等	（P15）229	4,231	4,002	予算貸借対照表より
…略…	…略…	…略…	…略…	…略…

【手順9－②】【手順9－①】【手順9－③】

第5章　人件費・販管費関係の予算編成　　95

STEP 17・18 ▶ 「管理費支払計画書」「月次資金計画書（管理費支出）」の作成

■ 目的

「管理費支払計画書」は、「管理費計画書」の各管理費科目を月次発生ベースに展開し、支払条件に合わせて、次年度の月次の管理費支払額を示しています。同表の月次管理費支払額を「月次資金計画書」の「管理費支出」へ記入します。

■ 作成手順

手順1 「管理費計画書」より、科目ごとの予算の細目を記入する。税込額も記入し、年間を通じて、平均的に発生するものについては月平均額を記入する。

手順2 決済条件を記入する。設例では便宜上「月次で平均的発生し、同時に支払われる」と仮定する。例えば、租税公課の償却資産税や固定資産税等の支払時期には注意を要する。

手順3 「当期実績予想：比較貸借対照表」（P15）の未払金の内訳科目一覧より、当期末未払管理費の残高を記入する。設問では未払管理費が発生していないと仮定している。

手順4 月次の管理費発生額（税抜）より、未払管理費を計算し、決済条件を考慮して、月次支払額を記入する。設例では平均的に発生し、発生と同時に支払われると仮定している。

手順5 3月末の未払額を「次期末未払管理費残高」に記入する。
設例では未払管理費が発生していないと仮定している。

手順6 管理費の月次支払額を横集計して、「合計」欄に月次の管理費支払額を記入する。さらに、月次の管理費支払額を「月次資金計画書」の「管理費支出」へ記入する。
「月次資金計画書」の上期累計・通期累計も計算・記入する。

■ チェックポイント

○ 当期の管理費支出の月次発生額を基礎として作成します。

○「管理費支払計画書」の各月の予想支払額がブレるリスクを事前に洗い出し、リカバリー対応策を事前に検討します。

96　第Ⅰ部　基礎編

■NO.5-17「管理費支払計画書」

手順1

「管理費計画書」(P93) より　　　　　　　　　　　　　　　　　　　　　　（単位：千円）

科　目	水道光熱費	通信費	消耗品費	賃借料	租税公課	雑　費	合　計
管理費予算表(P93)より	760	1,080	600	3,379	1,250	180	7,249
消費税等対象	○	○	○	○	×	○	
税込管理費	821	1,166	648	3,649	1,250	194	7,728
月平均額	68.4	97.2	54	304.1	104.2	16.2	
決済条件	毎月末均等	同左	同左	同左	同左	同左	同左
	支払と仮定						
手順2	未払管理費	同左	同左	同左	同左	同左	未払管理費
当期末残高	0	0	0	0	0	0	0
4月	切捨68	切捨97	54	切捨304	切捨104	切捨16	643
5月	切捨68	切捨97	54	切捨304	切捨104	切捨16	643
6月	切上69	切捨97	54	切捨304	切捨104	切捨16	644
7月	切捨68	切捨97	54	切捨304	切捨104	切捨16	643
8月	切捨68	切捨97	54	切捨304	切捨104	切捨16	643
9月	切上69	切上98	54	切捨304	切上105	切上17	647
10月	切捨68	切捨97	54	切捨304	切捨104	切捨16	643
11月	切捨68	切捨97	54	切捨304	切捨104	切捨16	643
12月	切上69	切捨97	54	切捨304	切捨104	切捨16	644
1月	切捨68	切捨97	54	切捨304	切捨104	切捨16	643
2月	切上69	切捨97	54	切捨304	切捨104	切捨16	644
3月	切上69	切上98	54	切上305	切上105	切上17	648
支払累計	821	1,166	648	3,649	1,250	194	7,728
次期末	未払管理費	同左	同左	同左	同左	同左	未払管理費
残　高	0	0	0	0	0	0	0

手順3　手順4　手順5　手順6-①

■NO.5-18「月次資金計画書」(P133)＜抜粋＞

手順6-②

（単位：千円）

区分			上 期 資 金 計 画 書						
発生月			4月	5月	6月	7月	8月	9月	上期累計
	…略…	…略…	…略…	…略…	…略…	…略…	…略…	…略…	…略…
資金支出	人件費支出		1,008	1,007	1,008	1,587	1,008	1,006	6,624
	営業費支出		492	572	476	594	303	312	2,749
	管理費支出		643	643	644	643	643	647	横計3,863
	…略…	…略…	…略…	…略…	…略…	…略…	…略…	…略…	…略…

区分			下 期 資 金 計 画 書						
発生月		上期累計	10月	11月	12月	1月	2月	3月	通期累計
	…略…	…略…	…略…	…略…	…略…	…略…	…略…	…略…	…略…
資金支出	人件費支出	6,624	1,008	1,007	1,878	1,007	1,008	1,007	13,539
	営業費支出	2,749	314	313	529	345	357	302	4,909
	管理費支出	3,863	643	643	644	643	644	648	横計7,728
	…略…	…略…	…略…	…略…	…略…	…略…	…略…	…略…	…略…

手順6-③

第5章　人件費・販管費関係の予算編成　　**97**

STEP 19・20 ▶ 「直接法：予算キャッシュ・フロー計算書」の作成

■ 目的

「予算損益計算書（販売費及び一般管理費）」「消費税等計画書（販管費関係）」及び「予算比較貸借対照表（未払金）」より、「直接法：予算キャッシュ・フロー計算書組替仕訳」（予算C/F組替仕訳）を作成し、「直接法：予算キャッシュ・フロー計算書」の「人件費支出」「その他営業費支出」へ記入します。

■ 作成手順

手順1・2▶ 「予算比較貸借対照表」（P143）の未払人件費増加・賞与引当金増加・退職給与引当金増加・役員退職慰労引当金増加の金額を予算C/F組替仕訳の借方へ記入し、借方合計を計算・記入する（設例ではゼロ）。

手順3▶ 予算C/F組替仕訳の合計の貸借は一致するので、貸方合計欄に借方合計額を記入する。

手順4・5▶ 「予算損益計算書」（P139）より人件費の合計額を、「消費税等計画書」（P95）より人件費関係消費税等の金額を、それぞれ予算C/F組替仕訳の貸方へ記入する。

手順6▶ 「予算編成方針」（P23）より、役員賞与の金額を貸方記入する（設例ではゼロ）。

手順7〜9▶ C/F組替仕訳の貸方の合計が一致するように、人件費支出欄の金額を逆算・記入し、予算キャッシュ・フロー計算書へ記入する。「月次資金計画書（通期累計）」（P133）の人件費支出の金額との整合性を検証する。

手順10▶ 「予算比較貸借対照表」（P143）の未払金増加の金額を予算C/F組替仕訳の借方へ記入する。

手順11・12▶ 「予算損益計算書」より、人件費合計額・減価償却費を予算C/F組替仕訳の借方へ記入する。

手順13・14▶ C/F組替仕訳の借方合計を計算・記入し、同額を貸方合計欄に記入する。

手順15▶ 「予算損益計算書」（P139）より、販売費及び一般管理費合計額を予算C/F組替仕訳の貸方へ記入する。

手順16▶ 「消費税等計画書」（P95）より、その他販管費関係消費税等・当期未払消費税等支払・次期中間納付の金額を貸方記入する。

手順17・18▶ C/F組替仕訳の貸方の合計が一致するように、その他の営業費支出欄の金額を逆算・記入し、予算キャッシュ・フロー計算書に記入する。なお、「月次資金計画書（通期累計）」（P133）のその他営業費支出の金額との整合性を検証する。

■ チェックポイント

○予算キャッシュ・フロー計算書組替仕訳の意味を正しく理解します。

○科目数値が変化した場合には、貸借合計が一致するようにC/F科目金額を調整します。

98 　第Ⅰ部　基礎編

■NO.5-19「直接法：予算キャッシュ・フロー計算書組替仕訳」

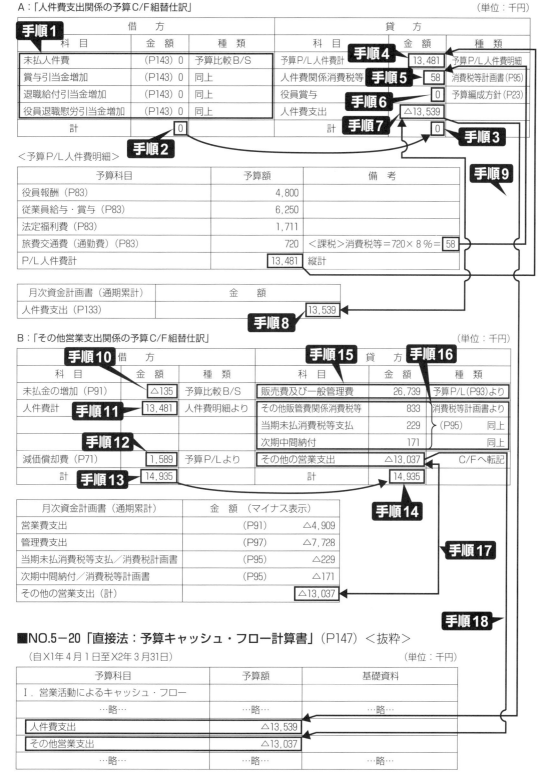

■NO.5-20「直接法：予算キャッシュ・フロー計算書」(P147) ＜抜粋＞

STEP 21・22 ▶ 「間接法：予算キャッシュ・フロー計算書」の作成

■ 目的

「消費税等計画書（設備投資に対する消費税）」（P95）及び「予算比較貸借対照表（未払金・未払消費税等）」（P143）より、「間接法：予算キャッシュ・フロー計算書組替仕訳」（予算C/F組替仕訳）を作成し、「間接法：予算キャッシュ・フロー計算書」の「未払金の増減額」「未払消費税等の増減額」「その他」へ記入します。

■ 作成手順

手順1▶ 「予算比較貸借対照表」（P143）の未払人件費増加・賞与引当金増加・退職給付引当金増加・役員退職慰労引当金増加の金額を、予算C/F組替仕訳の借方へ記入する。

手順2▶ 「予算比較貸借対照表」の未払金増加を、予算C/F組替仕訳の借方へ記入する。

手順3▶ 「予算比較貸借対照表」の未払消費税等増加を、予算C/F組替仕訳の借方へ記入する。

手順4▶ 「消費税等計画書」（P95）より、固定資産取得に係る仮払消費税等の金額を予算C/F組替仕訳の借方へ記入する。

＜考察＞

設例においては、「投資活動によるキャッシュ・フロー」の「有形・無形固定資産の取得による支出合計△2,160千円」には、「仮払消費税等160千円」を含めている。

間接法の予算キャッシュ・フロー計算書で「未払消費税等の増減額4,002千円」で表示すると、仮払消費税等160千円を二重計上することになるので、「その他」で調整している。

実務上は、「有形・無形固定資産の取得による支出合計 （税抜）△2,000千円」を表示すれば、上記調整は不要となる。ただし、直接法の「営業活動によるキャッシュ・フロー」と「投資活動によるキャッシュ・フロー」と間接法の間に160千円だけ差異が生じることになる。

手順5・6▶ 予算C/F組替仕訳の借方合計を計算・記入し、同額を貸方合計欄に記入する。

手順7▶ 未払金の増減額を貸方記入し、予算キャッシュ・フロー計算書に記入する。

手順8▶ 未払消費税等の増減額を貸方記入し、予算キャッシュ・フロー計算書に記入する。

手順9▶ 予算C/F組替仕訳の貸方の合計が一致するように、その他欄の金額を逆算・記入し、予算キャッシュ・フロー計算書に記入する。

■ チェックポイント

○予算キャッシュ・フロー計算書組替仕訳の意味を正しく理解します。

○科目数値が変化した場合には、貸借合計が一致するように予算キャッシュ・フロー計算書科目金額を調整します。

100　第Ⅰ部　基礎編

■NO.5－21「間接法：予算キャッシュ・フロー計算書組替仕訳」

注：キャッシュ・フロー計算書科目は、「＋－の符号」の関係上、貸方科目に固定している。

「人件費、販管費関係の予算C/F組替仕訳」

(単位：千円)

借　　方			貸　　方		
科　　目	金　額	基礎資料	科　　目	金　額	基礎資料・転記先
未払人件費増加	(P143)0	予算比較B/S	手順1		
賞与引当金増加	(P143)0	同上			
退職給付引当金増加	(P143)0	同上			
役員退職慰労引当金増加	(P143)0	同上	手順2		
未払金増加（P91）	△135	同上	手順7		
手順3			未払金の増減額	△135	C/Fへ転記
未払消費税等増加（P95）	4,002	予算比較B/S	未払消費税等の増減額	4,002	C/Fへ転記
			手順8		
固定資産取得に係る仮払消費税等（P95）	消／計　160		その他	160	C/Fへ転記
			手順9		
手順4 計　手順5	4,027		計　手順6	4,027	

■NO.5－22「間接法：予算キャッシュ・フロー計算書」（P149）＜抜粋＞

（自X1年4月1日至X2年3月31日） (単位：千円)

予算科目	予算額	予算作成基礎資料
Ⅰ．営業活動によるキャッシュ・フロー		
…略…	…略…	…略…
未払金の増減額	△135	
未払消費税等の増減額	4,002	
…略…	…略…	…略…
その他	160	
…略…	…略…	…略…

第5章　人件費・販管費関係の予算編成　**101**

第6章 資金運用・調達関係の予算編成

資金運用・調達関係の予算編成プロセス
＜資金運用関係＞＜資金調達関係＞

目的

　資金運用・調達関係の予算損益計算書、月次資金計画書、予算（比較）貸借対照表、直接法・間接法：予算キャッシュ・フロー計算書の作成ステップの全体像を理解します。

作成手順

STEP 1・2 ▶ 「①資金運用計画書」を作成し、「②予算損益計算書」記入する。

STEP 3・4 ▶ ①より、「③予算貸借対照表」「④予算比較貸借対照表」へ記入する。

STEP 5・6 ▶ ①より、「⑤資金運用収支計画書」を作成し、「⑥月次資金計画書」へ記入する。

STEP 7・8 ▶ ②・④より、「⑦直接法：予算C/F組替仕訳」を作成し、「⑧直接法：予算キャッシュ・フロー計算書」へ記入する。

STEP 9・10 ▶ ②・④より、「⑨間接法：予算C/F組替仕訳」を作成し、「⑩間接法：予算キャッシュ・フロー計算書」を記入する。

STEP 11・12 ▶ 「⑪借入金計画書」を作成し、「⑫予算損益計算書」へ記入する。

STEP 13・14 ▶ ⑪より、「⑬予算貸借対照表」「⑭予算比較貸借対照表」へ記入する。

STEP 15・16 ▶ ⑪より、「⑮借入金収支計画書」「⑯借入金利息支出計画書」を作成する。

STEP 17 ▶ ⑮・⑯より、「⑰月次資金計画書」へ記入する。

STEP 18・19 ▶ ⑫・⑭より、「⑱直接法：予算C/F組替仕訳」を作成し、「⑲直接法：予算キャッシュ・フロー計算書」へ記入する。

STEP 20・21 ▶ ⑫・⑭より、「⑳間接法：予算C/F組替仕訳」を作成し、「㉑間接法：予算キャッシュ・フロー計算書」へ記入する。

チェックポイント

○予算スケジュールを事前に策定し、進捗管理を行います。

　なお、スケジュール上のリスクを事前に洗い出し、リカバリー対応策を検討します。

○上記の各予算資料については、日付、起票印、承認印の欄を設けます。

○上記の各予算資料については、「予算編成方針」に従って作成します。

○上記の各予算資料については、作成の具体的な根拠を明示します。

■作業フローチャート【資金運用・調達関係】

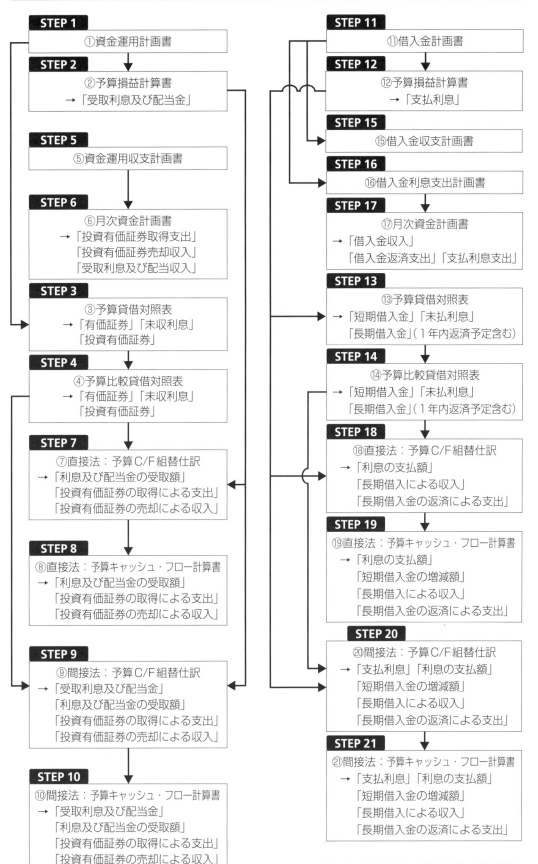

STEP 1~4 ▶ 「予算損益計算書」「予算（比較）貸借対照表」の作成

■ 目的

　当期の金融商品管理台帳と予算編成方針に基づく次年度の金融商品の増減内容を基礎として作成する「資金運用計画書」は、次年度の金融資産の運用収益及び次期末の金融資産金額を示しています。同資料より、「予算損益計算書」の「受取利息及び配当金」へ記入します。さらに、「予算（比較）貸借対照表」の「投資有価証券」へ記入します。

■ 作成手順

手順1 ▶ 次年度に運用する運用資産の内容を記入する。

手順2 ▶ 当期末未収利息等の残高を「次期首未収利息等」に記入する。

手順3 ▶ 運用資産の数量・帳簿価額の当期末残高を、「次期首残」欄に記入する。

手順4 ▶ 「次期取得」欄に、運用資産の取得年月・取得数量・次期増加額を記入する。

手順5 ▶ 「次期減少」欄に、運用資産の減少年月・除却・売却数量・次期減少額を記入する。

手順6 ▶ 次期首の数量及び帳簿残高に次期取得と次期減少を加減した計算結果を、「次期末残」欄に記入する。予算貸借対照表の表示区分（科目）についても明記する。

手順7 ▶ 「受取利息及び配当金」に、運用資産別に次期の受取利息及び配当金の発生予定額を計算・記入する。横の集計をして、計列に記入する。

手順8 ▶ 「運用収入」に運用収入を発生年月別に記載し、次期収入額を集計する。

手順9 ▶ 「次期末未収利息等」に、運用資産別の未収利息の金額を計算・記入する。

手順10 ▶ 「手順7」で求めた受取利息及び配当金の金額を、「予算損益計算書」へ記入する。

手順11 ▶ 「資金運用計画書」の有価証券、投資有価証券の次期末残の帳簿残高を表示区分ごとに集計し、「予算貸借対照表」「予算比較貸借対照表」の「次期」欄へ記入する。

手順12 ▶ 当期実績予想：比較貸借対照表（P15）より、投資有価証券の残高を「予算比較貸借対照表」の「当期」欄に記入し、増減差額を計算・記入する。

■ チェックポイント

○ 次年度の「予算編成方針（資金調達・運用方針）」（P23）に基づいて作成します。

○ 月次資金計画書の作成過程で資金不足が発生する場合には、金融資産の処分をして資金化する必要がある場合があるので、留意します。

106　第Ⅰ部　基礎編

■NO.6-1「資金運用計画書」

（単位：千円）

科目		投資有価証券		計
種類		社債	株式	
相手先（銘柄）		A社額面1千円／口	CCC銘柄	**手順1**
決算月			3月	**手順2**
利率／配当（中間配当）		0.3%…①	10円（5円）／1株…③	
利払日／配当金収入日		9月末・3月末（各6カ月分）	6月末・12月初（各6カ月分）	
次期首未収利息等		0	0	0 **手順3**
次期首残	数量	2千口		
	帳簿残高	**手順4** 2,000		2,000
次期取得	取得年月	年 月	X1年8月	
	取得数量		10千株	**手順5**
	次期増加額		1,000	1,000
次期減少	減少年月	年 月	年 月	
	除却・売却数量			
	次期減少額			
次期末残	数量	2千口	10千株	**手順6**
	表示区分	投資有価証券	投資有価証券	投資有価証券
	帳簿残高	② 2,000	④ 1,000	②＋④＝⑤＝3,000
受取利息及び配当金		②×①×12カ月÷12カ月＝A	③×④÷2＝B	A＋B＝C
		6	50	56 **手順7**
運用収入		X1年9月：a＝3	X1年12月b＝50	a＋b＋c＝d 56
		X2年3月c＝3		**手順8**
次期末未収利息等		0	0	0 **手順9**

■NO.6-2「予算損益計算書」（P139）＜抜粋＞

（自X1年4月1日至X2年3月31日）　　　　　　　　　　　　　　　　　（単位：千円）

予算科目	変動固定	消費税等	予算額	予算作成基礎資料
…略…	…略…	…略…	…略…	…略…
【営業外収益】			…略…	**手順10**
受取利息及び配当金	固定		56	資金運用計画書より
…略…	…略…	…略…	…略…	…略…

■NO.6-3「予算貸借対照表」（P141）＜抜粋＞

（単位：千円）

予算科目	予算額（X2.3.31）	予算作成基礎資料
…略…	…略…	…略…
【固定資産】	**手順11**	
…略…	…略…	…略…
投資有価証券	3,000	資金運用計画書より
…略…	…略…	…略…

■NO.6-4「予算比較貸借対照表」（P143）＜抜粋＞

（単位：千円）

予算科目	当期（X1.3.31）	次期（X2.3.31）	増減差額	予算作成基礎資料
…略…	…略…	…略…	…略…	…略…
【固定資産】	**手順12-②**	**手順12-①**	**手順12-③**	
…略…				
投資有価証券	(P15) 2,000	3,000	1,000	予算貸借対照表より
…略…	…略…	…略…	…略…	…略…

第6章　資金運用・調達関係の予算編成　**107**

STEP 5・6 ▶ 「資金運用収支計画書」「月次資金計画書」の作成

■ 目的

　「資金運用収支計画書」は、「資金運用計画書」に基づいて、銘柄ごとの契約条件より、「運用元本収支」と「運用果実収入」に分けて、次年度の収支予想額を月ごとに記入したもので、次年度の金融資産の収支内容を表しています。同表より、月次の「投資有価証券取得支出」「受取利息及び配当金収入」を「月次資金計画書」へ記入します。

■ 作成手順

手順1 ▶ 「資金運用計画書」より、「運用元本収支」と「運用果実収入」の区分に分け、運用元本収支及び運用果実収入の契約等の内容を記入する。

手順2 ▶ 「当期末残高」には、「当期実績予想：貸借対照表」（P15）の「投資有価証券」「未収利息」の銘柄別の内訳金額を記入する。

手順3 ▶ 「運用元本収支」欄に、次年度の銘柄別の取得や処分による収支内容を記入する。銘柄別の投資有価証券取得支出や投資有価証券処分収入（売却損益）を記入する。

手順4 ▶ 「運用果実収入」欄に、次年度の銘柄別の運用果実収入内容を記入する。銘柄ごとの利息の収入額・配当金の収入額をその受取予定月に記入する。

手順5 ▶ 運用果実収入を縦計し、次期の累計を「資金運用収入」に記入する。次に横集計して、受取利息及び配当金収入の合計額を記入する。

手順6 ▶ 「資金運用支出」について、運用元本の新規取得による増加額を集計して記入する。

手順7 ▶ 「次期末残高」には、予算貸借対照表に表示される金融商品運用残高の金額、すなわち、投資有価証券については次期末の簿価を、運用果実収入については未収利息等の経過勘定の金額を記入する。

手順8 ▶ 「資金運用収支計画書」の資金収入・資金支出をそれぞれ月次で横集計し、「受取利息及び配当金収入」と「投資有価証券取得支出」を「月次資金計画書」に記入する。

■ チェックポイント

○ 次年度の投資有価証券の取得支出がどの月に発生するかは、十分な資金がある場合には任意ですが、十分にない場合には、「月次資金計画書」の各月の資金残高が影響を受けるので留意を要します。

○ 利率が変動型の場合には、合理的に利率を推測します。

○ 外貨建て資産で運用する場合には、為替リスクに十分留意します。

108　第Ⅰ部　基礎編

■NO.6-5「資金運用収支計画書」

「資金運用計画書」（P107）より　　　　　　　　　　　　　　　　（単位：千円）

区　分	運用元本収支		運用果実収入	
NO.	①	②	①	②
科目	投資有価証券	投資有価証券	受取利息及び配当金	受取利息及び配当金
種類	社債	株式	社債	株式
相手先（銘柄）	A証券	CCC銘柄	A証券	CCC銘柄
当期増減		次期取得 X1年8月		
決算月				3月
利率／配当			0.3%…①	10円／1株…③
利払日／配当金収入日			9月末（6カ月分）3月末（6カ月分）	6月末（6カ月分）12月初（6カ月分）
当期末残高	投資有価証券 2,000		未収利息 0	
4月				
5月				
6月				
7月				
8月		1,000		
9月			3	
10月				
11月				
12月				50
1月				
2月				
3月			3	
資金運用収入			6	50
			受取利息及び配当金収入＝56	
資金運用支出		投資有価証券の取得による支出 1,000		
次期末残高	投資有価証券 2,000	投資有価証券 1,000	未収利息 0	未収配当金 0

■NO.6-6「月次資金計画書」（P133）＜抜粋＞

（単位：千円）

区　分	上 期 資 金 計 画 書						
発生月	4月	5月	6月	7月	8月	9月	上期累計
資金収入　…略…	…略…	…略…	…略…	…略…	…略…	…略…	…略…
受取利息及び配当金収入						3	横計3
…略…	…略…	…略…	…略…	…略…	…略…	…略…	…略…
資金支出　投資有価証券取得支出					1,000		横計 1,000

区分	下 期 資 金 計 画 書						
発生月	上期累計	10月	11月	12月	1月	2月	3月	通期累計
資金収入　…略…	…略…	…略…	…略…	…略…	…略…	…略…	…略…	…略…
受取利息及び配当金収入	3			50			3	横計56
…略…	…略…	…略…	…略…	…略…	…略…	…略…	…略…	…略…
資金支出　投資有価証券取得支出	1,000							横計 1,000

第6章　資金運用・調達関係の予算編成

STEP 7・8 ▶ 「直接法：予算キャッシュ・フロー計算書」の作成

■ 目的

「予算損益計算書（受取利息及び配当金）」及び「予算比較貸借対照表（有価証券・投資有価証券・未収収益・前受収益）」より、直接法による予算キャッシュ・フロー計算書組替仕訳（予算C/F組替仕訳）を作成し、直接法による予算キャッシュ・フロー計算書の「投資有価証券の売却による収入」「投資有価証券の取得による支出」「受取利息及び配当金」及び「利息及び配当金の受取額」へ記入します。

■ 作成手順

手順1▶ 「投資有価証券売却益」には、「予算損益計算書」（P139）の同科目金額を記入する。

手順2・3▶ C/F組替仕訳の借方合計を計算・記入し、同額を貸方合計欄に記入する。

手順4▶ 「予算損益計算書」より、投資有価証券売却損・評価損の金額を貸方へ記入する。

手順5▶ 「予算比較貸借対照表」（P143）の投資有価証券の増減額を、予算C/F組替仕訳の貸方に記入する。

手順6〜8▶ 貸借差額を分解し、「投資有価証券の売却による収入」及び「投資有価証券の取得による支出」を計算・記入する。

「月次資金計画書（通期累計）」（P133）の同科目金額との整合性を検証し、「直接法：予算キャッシュ・フロー計算書」に記入する。

手順9▶ 「予算損益計算書」より、受取利息及び配当金を借方に記入する。

手順10▶ 「予算比較貸借対照表」より、前受利息増加額を借方に記入する。

手順11・12▶ 借方の縦計を計算し記入し、同額を貸方合計欄に記入する。

手順13▶ 「予算比較貸借対照表」より、未収利息増加を貸方へ記入する。

手順14・15▶ 貸借差額で、貸方の「利息及び配当金の受取額」を計算・記入し、「月次資金計画書（通期累計）」の同科目金額との整合性を検証する。

手順16▶ 利息及び配当金の受取額を「直接法：予算キャッシュ・フロー計算書」に記入する。

■ チェックポイント

○ 予算キャッシュ・フロー計算書組替仕訳の意味を正しく理解します。

○ 科目数値が変化した場合には、貸借合計が一致するように予算キャッシュ・フロー計算書科目金額を調整します。

110　第Ⅰ部　基礎編

■NO.6−7「直接法：予算キャッシュ・フロー計算書組替仕訳」

注：キャッシュ・フロー計算書科目は、「＋－の符号」の関係上、貸方科目に固定している。

「資産運用関係の予算C/F組替仕訳」

(単位：千円)

借　方			貸　方		
科　目	金　額	基礎資料	科　目	金　額	基礎資料・転記先
		手順6	投資有価証券の売却による収入	0	C/Fへ転記
			投資有価証券の取得による支出	△1,000	C/Fへ転記
		手順1 **手順5**	投資有価証券増加	1,000	予算比較B/S
投資有価証券売却益	0	予算P/L	投資有価証券売却損	0	予算P/L
			投資有価証券評価損	0	予算P/L
手順2 計	0	**手順4**	計	0	**手順3**

月次資金計画書（通期累計）	金　額	
投資有価証券取得支出	(P133) 1,000	**手順7**

「利息及び配当金関係の予算C/F組替仕訳」

(単位：千円)

借　方		**手順9**	**手順14** 貸　方		
科　目	金　額	基礎資料	科　目	金　額	基礎資料・転記先
受取利息及び配当金	(P139) 56	予算P/L	利息及び配当金の受取額	56	C/Fへ転記
前受利息増加	0	予算比較B/S	未収利息増加	0	予算比較B/S
手順10 **手順11** 計	56		**手順13** 計	56	**手順12**

月次資金計画書（通期累計）	金　額
受取利息及び配当金収入	(P133) 56

手順15

■NO.6−8「直接法：予算キャッシュ・フロー計算書」(P147)＜抜粋＞

(自X1年4月1日至X2年3月31日)

(単位：千円)

予算科目	予算額	予算作成基礎資料
Ⅰ.営業活動によるキャッシュ・フロー		
…略…	…略…	…略…
小計 **手順16**	…略…	予算損益計算書の「営業利益」に対応するキャッシュ・フローを示す。
…略…	…略…	…略…
利息及び配当金の受取額	56	
…略…	…略…	…略…
Ⅱ.投資活動によるキャッシュ・フロー		
…略…	…略…	…略…
投資有価証券の売却による収入	－	
投資有価証券の取得による支出	△1,000	
…略…	…略…	…略…

手順8

第6章　資金運用・調達関係の予算編成　　**111**

STEP 9・10 「間接法：予算キャッシュ・フロー計算書」の作成

目的

　「予算損益計算書（受取利息及び配当金）」及び「予算比較貸借対照表（有価証券・投資有価証券・未収収益・前受収益）」より、「間接法：予算キャッシュ・フロー計算書組替仕訳」（予算C/F組替仕訳）を作成し、「間接法：予算キャッシュ・フロー計算書」の「投資有価証券の売却による収入」「投資有価証券の取得による支出」「受取利息及び配当金」及び「利息及び配当金の受取額」へ記入します。

作成手順

　資産運用関係（運用元本収支）の予算C/F組替仕訳は、直接法の説明と同様である。

手順1 「予算比較貸借対照表」（P143）より、前受利息増加を組替仕訳の借方に記入する。

手順2・3 予算C/F組替仕訳の借方合計を計算・記入し、同額を貸方合計欄に記入する。

手順4 「予算比較貸借対照表」より、未収利息増加を貸方に記入する。

手順5 「予算損益計算書」（P139）の受取利息及び配当金の金額を受取利息及び配当金（小計前）の欄にプラス・マイナスの符号を逆に替えて貸方記入し、「間接法：予算キャッシュ・フロー計算書」の小計の前の同科目欄へ記入する。

手順6・7 貸借が一致するよう、差額で利息及び配当金の受取額の金額を計算・記入し、「予算キャッシュ・フロー計算書」の小計の後に記入する。

　「月次資金計画書（通期累計）」（P133）の数値との整合性を検証する。

チェックポイント

○ 「間接法：予算キャッシュ・フロー計算書」の小計欄は、予算損益計算書の営業利益に対応するキャッシュ・フローを示しています。しかし、税引前当期純利益からスタートしているので、小計の前で「受取利息及び配当金」を逆に「マイナス表示」する必要があります。

　「営業活動によるキャッシュ・フロー」は、予算損益計算書の当期純利益に対応するキャッシュ・フローを示しています。従って、営業利益に対応する小計欄の下で実際の収入額である「利息及び配当金の受取額」を加える処理となります。

　設例では、経過・未経過勘定（未収利息・前受利息）がゼロであるため、小計前の受取利息及び配当金の発生額と小計後の受取利息及び配当金の受取額は一致しています。

112　第Ⅰ部　基礎編

■NO.6−9：間接法：予算キャッシュ・フロー計算書組替仕訳

注：キャッシュ・フロー計算書科目は、「＋−の符号」の関係上、貸方科目に固定している。

「資産運用関係の予算C/F組替仕訳」

「直接法」のキャッシュ・フロー計算書科目組替仕訳と同様。

「利息及び配当金関係の予算C/F組替仕訳」

（単位：千円）

借　方			貸　方		
科　目	金　額	基礎資料	科　目	金　額	基礎資料・転記先
		手順6	利息及び配当金の受取額	56	小計欄の下段
	手順1	**手順5**	受取利息及び配当金 （小計前）	△56 （P139）	小計欄の上段 予算P/Lの数値 の符号をマイナス
前受利息増加	0	予算比較B/S	未収利息増加	0	予算比較B/S
	手順2				**手順4**
計	0		計	0	**手順3**

月次資金計画書（通期累計）	金　額	**手順7−①**
受取利息及び配当金収入	（P133）　56	

■NO.6−10「間接法：予算キャッシュ・フロー計算書」（P149）＜抜粋＞

（自X1年4月1日至X2年3月31日）　　　　　　　　　　　　　　　　（単位：千円）

予算科目	予算額	予算作成基礎資料
Ⅰ．営業活動によるキャッシュ・フロー		
税引前当期純利益	…略…	…略…
…略… **手順5**	…略…	…略…
受取利息及び配当金	△56	「符号：マイナス表示」
…略…	…略…	…略…
小計	…略…	予算損益計算書（P139）の営業利益に 対応するキャッシュ・フローを示す。
…略… **手順7−②**	…略…	…略…
利息及び配当金の受取額	56	
…略…	…略…	…略…
Ⅱ．投資活動によるキャッシュ・フロー		
…略…	…略…	…略…
投資有価証券の売却による収入	―	直接法と同様（P111）
投資有価証券の取得による支出	△1,000	直接法と同様（P111）
…略…	…略…	…略…

第6章　資金運用・調達関係の予算編成　　**113**

STEP 11~14 ▶ 「借入金計画書」「予算損益計算書」「予算（比較）貸借対照表」の作成

■ 目的

「借入金計画書」は、当期実績予想：借入金計画書と予算編成方針に基づく次年度の借入金の増減内容を基礎として、次年度の借入金の支払利息及び次期末の借入金の金額を作成することを目的とします。同資料より、「予算損益計算書」の支払利息へ記入します。さらに、「予算（比較）貸借対照表」の借入金へ記入します。

■ 作成手順

手順1 ▶ 「借入金計画書」に、借入金の明細を約定別に短期と長期の区分に分けて記入する。

手順2 ▶ 当期末未払利息の金額を次期首未払利息欄に計算・記入する。

手順3 ▶ 当期末実績予想：帳簿残高を次期首帳簿残高の欄に記入する。

手順4 ▶ 次期増加欄に、次期の新規借入予定額を記入する。

手順5 ▶ 次期減少欄に、借入金の元本返済予定額を記入する。

手順6 ▶ 次期末帳簿残高欄に「次期首帳簿残高＋次期増加－次期減少＝次期末帳簿残高」の計算結果を記入し、さらに科目（短期借入金・長期借入金・1年内返済予定長期借入金）別に集計・記入する。

手順7 ▶ 次期支払利息欄に、次期支払利息の発生予算額を計算・記入する。

手順8 ▶ 次期末未払利息欄に、次期末未払利息予定額を計算・記入する。

手順9 ▶ 次期支払利息発生額の合計額を「予算損益計算書」（P139）に記入する。

手順10 ▶ 「手順6」で集計した短期借入金・長期借入金・1年内返済予定長期借入金の金額を「予算貸借対照表」（P141）へ記入する。

手順11 ▶ 「予算貸借対照表」より、短期借入金・長期借入金・1年内返済予定長期借入金の金額を「予算比較貸借対照表」（P143）の次期列に記入し、さらに「当期実績予想：比較貸借対照表」（P15）より、同科目金額を当期列に記入し、増減差額を計算・記入する。

■ チェックポイント

○次年度の「予算編成方針（資金調達・運用方針)」（P23）に基づいて作成します。

○月次資金計画書の作成過程で資金不足が発生する場合には、資金調達として新規借入が必要になる場合があるので、留意します。

○利率が変動の場合には、次年度の利率を合理的に予測します。

STEP 15·16 ▶ 「借入金収支計画書」「月次資金計画書」の作成

■ 目的

「借入金収支計画書」は、「借入金計画書」に基づいて、金銭消費貸借等契約ごとの元本の条件（返済条件）より、次年度の「借入金返済予定額」及び「新規借入予定額」を月ごとに記入し、次年度の借入金の収支内容を表します。同表より、月次の「借入金収入」「借入金返済支出」を「月次資金計画書」へ記入します。

設例では、「予算編成方針」（P23）の資金調達方針として「借入金を増加させない」ということが明示されているので、借入金収入は発生していません。

■ 作成手順

手順1 ▶ 「借入金計画書」（P115）より、約定別に借入金の返済・利払等の内容を記入する。

手順2 ▶ 「当期末残高」には、短期借入金・長期借入金の区分に分け、借入契約別の当期末残高の金額を記入する。「当期実績予想：比較貸借対照表」（P15）の借入金と一致する。

手順3 ▶ 次年度の借入金の「元本返済予定額」を月別に記入する。

手順4 ▶ 借入契約別に次期末残高を計算・記入する。

手順5 ▶ 月次収支の横計を集計し、「月次借入金収支合計」欄に記入する。

手順6 ▶ 「月次資金計画書」の月次の「借入金返済支出」に記入する。

「上期累計」「通期累計」欄も計算・記入する。

■ チェックポイント

○ 当期の借入金の月次収支の会社特有の資金トレンドを把握します。

○ 金銭消費貸借契約書の契約条件を確認して記入します。

○ 資金繰りが悪化している場合には、予算作成段階で金融機関と事前交渉し、元本返済条件の変更等を交渉しておく。

○ 「予算編成方針（資金調達・運用方針）」（P23）に準拠します。

○ 月次資金計画書の作成段階で月次の資金残がマイナスになる場合には、臨時の新規借入が発生する場合があるので留意を要します（例えば、賞与月の資金不足のつなぎ借入を行う場合など）。

○ 当期末残高の合計額が「当期実績予想：比較貸借対照表」（P15）の借入金金額と一致していることを照合します。

第Ⅰ部　基礎編

■NO.6-15「借入金収支計画書」

「借入金計画書」（P115）より　　　　　　　　　　　　　　　　　　　　（単位：千円）

借入先	AA銀行（本店）	BB銀行（本店）	CC銀行（本店）	月次借入金収支合計
借入額	4,000	2,000	20,000	**手順1**
借入月	X1年3月	X0年10月	X0年4月	
返済月	X2年3月	X1年9月	X6年3月	
返済方法	一括返済	一括返済	1年据置後 毎月333.3千円返済	**手順2**
当期末残高（P15）	短期借入金		長期借入金	**手順5**
	4,000	2,000	20,000	
4月			切捨　△333	△333
5月			切捨　△333	△333
6月			切上　△334	△334
7月	**手順3**		切捨　△333	△333
8月			切捨　△333	△333
9月		△2,000	切上　△334	△2,334
10月			切捨　△333	△333
11月			切捨　△333	△333
12月			切上　△334	△334
1月			切捨　△333	△333
2月			切捨　△333	△333
3月	△4,000		切上　△334	△　4,334
年間累計	△4,000	△2,000	△4,000	△10,000
	C/F：△6,000		C/F：△4,000	C/F：△10,000
次期末残高	短期借入金		長期借入金	
	0	0	16,000	**手順4**
			内1年内返済長期借入金	
			4,000	
			1年超返済長期借入金	
			12,000	

⇒「絶対値表示」して、「月次資金計画書」へ転記する。

手順6

■NO.6-16「月次資金計画書」（P133）＜抜粋＞

（単位：千円）

区分		上　期　資　金　計　画　書						
発生月		4月	5月	6月	7月	8月	9月	上期累計
資金支出	…略…	…略…	…略…	…略…	…略…	…略…	…略…	…略…
	…略…	…略…	…略…	…略…	…略…	…略…	…略…	…略…
	借入金返済支出（絶対値表示）		333	333	334	333	333	2,334	横計4,000
	…略…	…略…	…略…	…略…	…略…	…略…	…略…	…略…

（単位：千円）

区分		下　期　資　金　計　画　書						
発生月	上期累計	10月	11月	12月	1月	2月	3月	通期累計
資金支出	…略…	…略…	…略…	…略…	…略…	…略…	…略…	…略…
	…略…	…略…	…略…	…略…	…略…	…略…	…略…	…略…
	借入金返済支出（絶対値表示）	4,000	333	333	334	333	333	4,334	横計10,000
	…略…	…略…	…略…	…略…	…略…	…略…	…略…	…略…

第6章　資金運用・調達関係の予算編成

STEP 17・18 ▶ 「借入金利息支出計画書」「月次資金計画書」の作成

■ 目的

「借入金利息支出計画書」は、「借入金計画書」（P115）に基づいて、金銭消費貸借契約ごとの利息の支払条件より、次年度の利息支払額を月ごとに記入し、次年度の支払利息支出の内容を示しています。同表より、月次の支払利息支出額を「月次資金計画書」の「借入金利息支出」へ記入します。

■ 作成手順

手順1 ▶ 「借入金計画書」（P115）より、金銭消費貸借契約別の借入金利息の内容を記入する。

手順2 ▶ 「当期末残高」には、「当期実績予想：比較貸借対照表」（P15）の未払費用（未払利息）の当期末残高の内訳金額を記入する。設例では、ゼロと仮定している。

　　　　X1.3.31　（P/L支払利息）XX千円　／　（B/S未払利息＜未払費用＞）XX千円

手順3 ▶ 金銭消費貸借契約別の借入金利息の支払条件に従って、利息の支払予定額を支払月別に記入する。

　　　　例えば、BB銀行からX0年10月に新規借入した2,000千円は、X1年9月30日一括返済で、金利3.33％で、3月と9月（返済時）利息支払の契約内容である為、利息支払処理は以下のとおりになる（便宜上、月割計算している）。

　　　　借入金利息額＝2,000千円×3.33％÷12カ月×6カ月（X1年4〜9月＜返済時＞）
　　　　　　　　　　＝33千円…借入金利息支出も一致する。

　　　　X1.9.30（返済日）　（P/L支払利息）33千円　／　（B/S現金及び預金）33千円

手順4 ▶ 「次期末残高」には、未払利息の次期末残高を計算・記入する。

手順5・6 ▶ 月次の借入金利息支払額の横計を集計し、「月次借入利息支出」欄へ記入し、「月次資金計画書」（P133）の「借入金利息支出」に記入する。

■ チェックポイント

○ 当期の借入金利息支出の会社特有のトレンドを把握します。

○ 金銭消費貸借契約書の利息条件の確認をして記入します。

○ 資金繰りが悪化している場合には、予算作成段階で金融機関と事前交渉し、利息返済額の減額等の変更等を交渉しておきます。

○ 「月次資金計画書」の作成段階で月次の資金残がマイナスになる場合には、臨時の新規借入が発生する場合があるので留意を要します。

○ 当期末残高の合計額が「当期実績予想：比較貸借対照表」（P15）の未払利息金額と一致していることを確認します。

118　第Ⅰ部　基礎編

■NO.6−17「借入金利息支出計画書」

「借入金計画書」（P115）より （単位：千円）

借 入 先	AA銀行（本店）	BB銀行（本店）	CC銀行（本店）	月次借入利息支出
借 入 額	4,000	2,000	20,000	**手順1**
借 入 月	X1年3月	X0年10月	X0年4月	
返 済 月	X2年3月	X1年9月	X6年3月	
返済方法				
設定方法	固定	固定	固定	
予定利率	1.7%…①	3.33%…③	3%	**手順2**
支払方法	一括返済時	一括返済時	毎月45千円…⑤	
当期末残高	未払利息	未払利息	未払利息	**手順5**
	0	0	0	
4月			45	45
5月			45	45
6月		**手順3**	45	45
7月			45	45
8月			45	45
9月		33	45	78
10月			45	45
11月			45	45
12月			45	45
1月			45	45
2月			45	45
3月	68		45	113
年間累計	68	33	540	641
次期末残高	未払利息	未払利息	未払利息	**手順4**
	0	0	0	

⇒「月次資金計画書」へ転記する。

■NO.6−18「月次資金計画書」（P133）＜抜粋＞

手順6 （単位：千円）

区分			上 期 資 金 計 画 書						
発生月			4月	5月	6月	7月	8月	9月	上期累計
	…略…	…略…	…略…	…略…	…略…	…略…	…略…	…略…	…略…
資金支出	借入金利息支出		45	45	45	45	45	78	横計303
	…略…	…略…	…略…	…略…	…略…	…略…	…略…	…略…	…略…
	…略…	…略…	…略…	…略…	…略…	…略…	…略…	…略…	…略…

手順6 （単位：千円）

区分		下 期 資 金 計 画 書							
発生月		上期累計	10月	11月	12月	1月	2月	3月	通期累計
	…略…	…略…	…略…	…略…	…略…	…略…	…略…	…略…	…略…
資金支出	借入金利息支出	303	45	45	45	45	45	113	横計 641
	…略…	…略…	…略…	…略…	…略…	…略…	…略…	…略…	…略…
	…略…	…略…	…略…	…略…	…略…	…略…	…略…	…略…	…略…

第6章　資金運用・調達関係の予算編成　　**119**

STEP 19・20 ▶ 「直接法：予算キャッシュ・フロー計算書」の作成

目的

「予算損益計算書（支払利息）」及び「予算比較貸借対照表（借入金、未払費用、前払費用）」より、「直接法：予算キャッシュ・フロー計算書組替仕訳」（予算C/F組替仕訳）を作成し、「直接法：予算キャッシュ・フロー計算書」の「短期借入金の増減額」「長期借入による収入」「長期借入金の返済による支出」及び「利息の支払額」へ記入します。

作成手順

手順1▶ 「予算比較貸借対照表」（P143）より、短期借入金増加額を借方記入する。

手順2・3▶ 予算C/F組替仕訳の借方合計を計算・記入し、同額を貸方合計欄に記入する。

手順4▶ 貸借差額で短期借入金の増減額を記入し、「直接法：予算キャッシュ・フロー計算書」へ記入する。

手順5・6▶ 「予算比較貸借対照表」の長期借入金増加額と一年内長期借入金増加額を、予算C/F組替仕訳の借方に記入する。

手順7・8▶ 予算C/F組替仕訳の借方合計を計算・記入し、同額を貸方合計欄に記入する。

手順9~11▶ 貸借差額を長期借入による収入と長期借入金の返済による支出に分けて貸方記入し、「直接法：予算キャッシュ・フロー計算書」へ記入する。「月次資金計算書（通期累計)」との整合性を検証する。

手順12▶ 「予算比較貸借対照表」より、未払利息増加額を借方に記入する。

手順13・14▶ 借方の縦計を計算・記入し、同額を貸方合計欄に記入する。

手順15▶ 「予算比較貸借対照表」より、前払利息増加額を貸方へ記入する。

手順16▶ 「予算損益計算書」（P139）より、支払利息の次期発生予定額を貸方へ記入する。

手順17~19▶ 貸借差額で利息の支払額を貸方へ計算・記入して、「直接法：予算キャッシュ・フロー計算書」へ記入する。「月次資金計算書（通期累計)」（P133）との整合性を検証する。

チェックポイント

○予算キャッシュ・フロー計算書組替仕訳の意味を正しく理解します。

○科目数値が変化した場合には、貸借合計が一致するように予算キャッシュ・フロー計算書科目金額を調整します。

第6章 資金運用・調達関係の予算編成

STEP 21・22 ▶ 「間接法：予算キャッシュ・フロー計算書」の作成

■ 目的

「予算損益計算書（支払利息）」及び「予算比較貸借対照表（借入金・未払費用・前払費用）」より、「間接法：予算キャッシュ・フロー計算書組替仕訳」（予算C/F組替仕訳）を作成し、「間接法：予算キャッシュ・フロー計算書」の「短期借入金の増減額」「長期借入による収入」「長期借入金の返済による支出」及び「支払利息」並びに「利息の支払額」欄へ記入します。

■ 作成手順

「資金調達関係：短期借入金の増減額」関係予算C/F組替仕訳は、直接法と同様である。

「資金調達関係：長期借入による収入」・「長期借入金の返済による支出」関係予算C/F組替仕訳も直接法と同様である。

手順1▶ 「予算比較貸借対照表」（P143）より、未払利息増加額を予算C/F組替仕訳の借方に記入する。

手順2・3▶ 予算C/F組替仕訳の借方合計を計算・記入し、同額を貸方合計欄に記入する。

手順4▶ 「予算比較貸借対照表」より、前払利息増加額を貸方に記入する。

手順5▶ 「予算損益計算書」の支払利息の金額を支払利息（小計前）欄にプラス表示して貸方記入し、「間接法：予算キャッシュ・フロー計算書」に記入する。

手順6▶ 貸借が一致するよう、差額で利息の支払額（△表示）の金額を計算・記入し、「間接法：予算キャッシュ・フロー計算書」小計後の同科目欄へ記入する。

手順7▶ 「月次資金計画書（通期累計）」（P133）の数値との整合性を検証する。

■ チェックポイント

○ 「間接法：予算キャッシュ・フロー計算書」の小計欄は、予算損益計算書の営業利益に対応するキャッシュ・フローを示しています。ただし、税引前当期純利益からスタートしているので、小計の前で支払利息を逆に「プラス表示」する必要があります。

「営業活動によるキャッシュ・フロー」は、予算損益計算書の当期純利益に対応するキャッシュ・フローを示しています。従って、営業利益に対応する小計欄の下で実際の支出額である利息の支払額を減額（マイナス表示）処理します。

設例では未経過経過勘定（前払利息・未払利息）がゼロであるため、小計前の支払利息の発生額と小計後の利息の支払額は一致しています。

○ 科目数値が変化した場合には、貸借合計が一致するように予算キャッシュ・フロー計算書科目金額を調整します。

122　第Ⅰ部　基礎編

■NO.6-21「間接法：予算キャッシュ・フロー計算書組替仕訳」
注：キャッシュ・フロー計算書科目は、「＋－の符号」の関係上、貸方科目に固定している。

「資金調達関係：短期借入金の増減額」関係予算C/F組替仕訳
　「直接法」と同様。

「資金調達関係：長期借入による収入」「長期借入金の返済による支出」関係予算C/F組替仕訳
　「直接法」と同様。

「資金調達関係：（小計前）支払利息・（小計後）利息の支払額」関係予算C/F組替仕訳

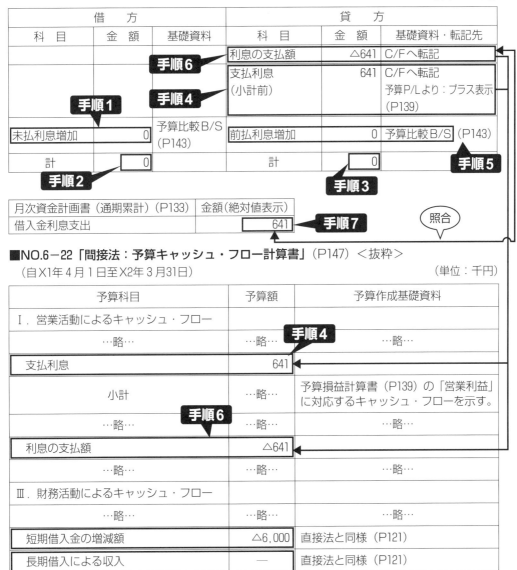

第7章

税金等・総合予算関係の予算編成

税金等・総合予算関係の予算編成プロセス

■ 目的

税金等・総合予算関係の予算損益計算書、月次資金計画書、予算（比較）貸借対照表、直接法・間接法：予算キャッシュ・フロー計算書の作成ステップの全体像を理解します。

■ 作成手順

STEP 1·2 ▶ 「①剰余金等支払計画書」を作成し、「②月次資金計画書」へ記入する。

STEP 3·4 ▶ 「③税金等支払計画書」を作成し、「④月次資金計画書」へ記入する。

STEP 5〜7 ▶ 「⑤月次資金計画書」の次期末資金残高を計算し、完成させて、「⑥予算貸借対照表」「⑦予算比較貸借対照表」の現金及び預金へ記入する。

STEP 8·9 ▶ ⑦より、「⑧予算C/F組替仕訳（現金及び現金同等物関係)」を作成し、⑨「【共通】予算キャッシュ・フロー計算書」へ記入する。

STEP 10·11 ▶ 「⑩税金等計画書」を作成し、「⑪予算損益計算書（法人税、住民税及び事業税）（法人税等調整額)」へ記入し、完成させる。

STEP 12 ▶ ①・⑪より、「⑫予算株主資本等変動計算書」を完成させる。

STEP 13 ▶ ⑩・⑫より、「⑬予算貸借対照表」を完成させる。

STEP 14 ▶ ⑬より、「⑭予算比較貸借対照表」を完成させる。

STEP 15·16 ▶ 「⑮予算C/F組替仕訳（法人税等の支払額・配当金の支払額)」を作成し、「⑯【共通】予算キャッシュ・フロー計算書」へ記入する。

STEP 17 ▶ 「⑰直接法：予算キャッシュ・フロー計算書」を完成させる。

STEP 18 ▶ 「⑱間接法：予算キャッシュ・フロー計算書」を完成させる。

■ チェックポイント

○「予算編成方針（次期予算目標）（P23）の営業活動によるキャッシュ・フローがクリアーされているかを検証します。

○予算スケジュールを事前に策定し、進捗管理を行います。

　なお、スケジュール上のリスクを事前に洗い出し、リカバリー対応策を検討します。

○上記の各予算資料については、日付、起票印、承認印の欄を設けます。

○上記の各予算資料については、作成の具体的な根拠を明示します。

○予算財務諸表間の数値の整合性を検証します。

■作業フローチャート【税金等・総合予算関係】

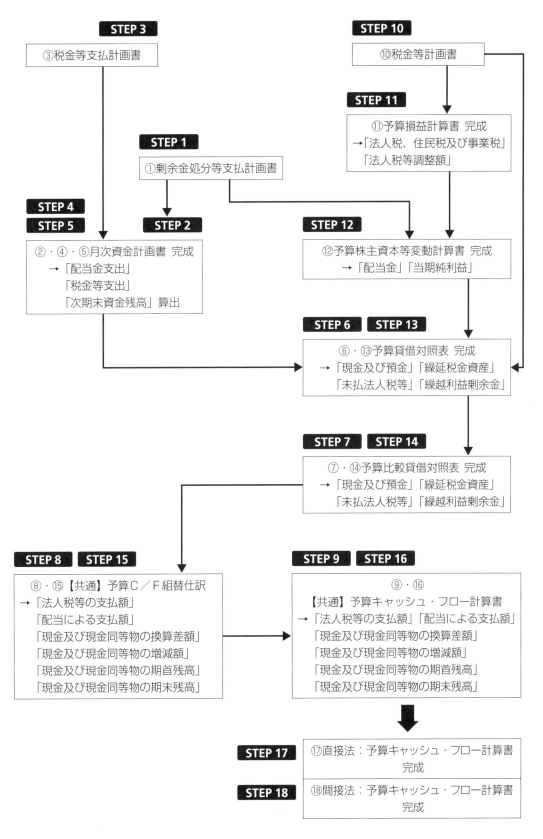

STEP 1·2 ▶ 「剰余金処分等支払計画書」「月次資金 計画書（配当金等支出）」の作成

■ 目的

「剰余金処分等支払計画書」は、社外への支払を伴う剰余金の処分について、その支払のタイミング（月）を明瞭にすることを目的として作成します。

■ 作成手順

手順1 ▶ 「当期末残高」には、「当期実績予想：比較貸借対照表」（P15）の未払配当金が残っている場合には、当該金額を記入する。

設例では未払配当金の残高はないと仮定している。

手順2 ▶ 「剰余金処分方針」（P23）より、配当金・中間配当金の金額を「剰余金処分等支払計画書」の支払該当月に記入する（設例では中間配当金はないため、ブランクとなっている）。

手順3 ▶ 「剰余金処分等支払計画書」の配当金・中間配当金の月次支払額を「月次資金計画書」（P133）へ記入する。上期累計・通期累計も集計する。

X1.6.27　定時株主総会：剰余金処分「配当金＝400千円の承認決議」

X1.6.28　(B/S　繰越利益剰余金)　400千円　／　(B/S　未払配当金)　400千円

↑

予算株主資本等変動計算書「剰余金の配当」

X1.7.1　(B/S　未払配当金)　　　400千円　／　(B/S　現金及び預金)400千円

↓

7月「配当金支出　400千円」

手順4 ▶ 繰越利益剰余金が400千円減少するので、「予算株主資本等変動計算書」（P141）の「剰余金の配当」に記入する。

手順5 ▶ 「月次資金計画書」の配当金等支出額（通期累計）は、直接法及び間接法の「予算キャッシュ・フロー計算書」（P147）の配当金の支払額と照合する。

手順6 ▶ 「次期末残高」には、「予算貸借対照表」（P141）の未払配当金が残っている場合には、当該金額を記入する。設例では、未払配当金の残高はないと仮定している。

■ チェックポイント

○ 当期の剰余金処分による配当金支出及び次期の中間配当支出の状況を予測します。

○ 「予算編成方針」（P23）の剰余金処分方針に従って記入します。

128　第Ⅰ部　基礎編

■NO.7-1「剰余金処分等支払計画書」　**手順2-①**

「当期の剰余金処分方針」（P23）より　　　　　　　　　　　　（単位：千円）

科　目	配当金	中間配当金
金　　額	400	—
基礎資料	「当期の剰余金処分方針」より	「予算編成方針」より
決済条件	定時株主総会終了後、7月支払	中間決算（第2四半期）終了後、12月支払
当期末残高	未払金	未払金
	—	—
4月		
5月		
6月		
7月	**手順2-②** 400	
8月		
9月		
10月		
11月		
12月		—
1月		
2月		
3月		
資金支払累計	400	—
	月次資金計画書へ転記↑	月次資金計画書へ転記↑
次期末残高	未払金	未払金

手順1

手順4

「予算株主資本等変動計算書」（P141）の繰越利益剰余金の当期変動額の「剰余金の配当：400千円」と一致する

■NO.7-2「月次資金計画書」（P133）＜抜粋＞　**手順6**　　　　　　（単位：千円）

区分		上 期 資 金 計 画 書							
発生月			4月	5月	6月	7月	8月	9月	上期累計
	…略…	…略…	…略…	…略…	…略…	…略…	…略…	…略…	…略…
資金支出	配当金等支出					**手順3** 400			横計 400
	…略…	…略…	…略…	…略…	…略…	…略…	…略…	…略…	…略…

区分		下 期 資 金 計 画 書							
発生月		上期累計	10月	11月	12月	1月	2月	3月	通期累計
	…略…	…略…	…略…	…略…	…略…	…略…	…略…	…略…	…略…
資金支出	配当金等支出	400							横計 400 **手順5**
	…略…	…略…	…略…	…略…	…略…	…略…	…略…	…略…	…略…

直接法・間接法予算C/F（財務活動C/F）「配当金の支払額」（P147）と照合

第7章　税金等・総合予算関係の予算編成　　**129**

STEP 3・4 ▶ 「税金等支払計画書」「月次資金計画書（税金等支出）」の作成

■ 目的

「税金等支払計画書」は、次年度の月次の税金支出の全体像を示している。同表より、「月次資金計画書」の「税金等支出」へ記入します。

■ 作成手順

手順1 ▶ 「当期実績予想：損益計算書」（P11）より法人税、住民税及び事業税等の金額①を、「当期実績予想：消費税等計画書」（P13）より消費税等の金額④を、当期発生額の欄に記入する（設例では、当期の消費税の中間納付額がゼロとなっている）。決済条件欄に納付予定月を記載する。

手順2 ▶ 「当期実績予想：比較貸借対照表」（P15）より、②未払法人税等と⑤未払消費税等の当期末残高を記入する。

手順3 ▶ 「当期末残高」の未払法人税等の金額を支払予定の月次欄に記入する。

X1.5.31 （B/S 未払法人税等） ②830千円／（B/S 現金及び預金）②830千円

手順4 ▶ 次期法人税、住民税及び事業税等の中間納付予定額③を納付月に記入する。

X1.11.30 （B/S 仮払法人税等） ③708千円／（B/S 現金及び預金）③708千円

手順5 ▶ 「当期末残高」の未払消費税等を支払予定の月次欄に記入する。

X1.5.31 （B/S 未払消費税等） ⑤229千円／（B/S 現金及び預金）⑤229千円

手順6 ▶ 次期消費税中間納付予定額を納付月に記入する。

X1.8.31 （B/S 仮払消費税等） ⑥ 57千円／（B/S 現金及び預金）⑥ 57千円

X1.11.30 （B/S 仮払消費税等） ⑥ 57千円／（B/S 現金及び預金）⑥ 57千円

X2.2.28 （B/S 仮払消費税等） ⑥ 57千円／（B/S 現金及び預金）⑥ 57千円

手順7 ▶ 次期の税金等支払累計（縦計）を計算・記入する。

手順8・9 ▶ 月次の横計を「税金等支出合計」欄に記入し、「月次資金計画書」の月次の「税金等支出」に記入する。

■ チェックポイント

○ 税金支出月の月次資金計画書の資金残高がショートしないように留意します。

○ 税金の納付時期、中間納付が発生するか否か等に留意します。

○ 税務調査等で追徴税額が発生する可能性が高い場合には合理的に予測します。

130　第Ⅰ部　基礎編

■NO.7−3「税金等支払計画書」

「当期実績予想：損益計算書 (P11)」「当期実績予想：比較貸借対照表 (P15)」より　　　（単位：千円）

科　目	法人税、住民税及び事業税等支出	消費税等支出	税金等支出合計
当期発生金額	①1,415　「当期実績予想：損益計算書(P11)」より	④　229　「当期実績予想：消費税等計画書(P13)」より	
決済条件	当期未払分⇒　(P15)②830を5月納付予定　中間納付⇒　①÷2＝③708（仮定）　11月納付予定	当期未払分⇒　(P15)⑤229を5月納付予定　中間納付⇒　④÷4＝⑥57（仮定）　8月・11月・翌2月均等納付予定	◀手順1
当期末残高	未払法人税等　「当期実績予想：比較貸借対照表(P15)」より　②　830	未払消費税等　「当期実績予想：比較貸借対照表(P15)」より　⑤　229	◀手順2 ―
4月	手順3	手順5	
5月	②　830	⑤　229	横計⑨1,059
6月			
7月			
8月		⑥　57	横計⑩　57
9月		手順8	
10月	手順4		
11月	③　708	⑥　57	横計⑪　765
12月	手順6		
1月			
2月	手順7	⑥　57	横計⑫　57
3月			
資金支払累計	⑦1,538	⑧　400	手順9 縦計⑬1,938

■NO.7−4「月次資金計画書」(P133)＜抜粋＞

（単位：千円）

区分			上 期 資 金 計 画 書						
発生月			4月	5月	6月	7月	8月	9月	上期累計
	…略…	…略…	…略…	…略…	…略…	…略…	…略…	…略…	…略…
資金支出	税金等支出			⑨1,059			⑩57		横計 1,116
	…略…	…略…	…略…	…略…	…略…	…略…	…略…	…略…	…略…

区分			下 期 資 金 計 画 書						
発生月		上期累計	10月	11月	12月	1月	2月	3月	通期累計
	…略…	…略…	…略…	…略…	…略…	…略…	…略…	…略…	…略…
資金支出	税金等支出	1,116		⑪765			⑫57		横計 ⑬1,938
	…略…	…略…	…略…	…略…	…略…	…略…	…略…	…略…	…略…

第7章　税金等・総合予算関係の予算編成

STEP 5~7 ▶ 「月次資金計画書」の完成及び「予算（比較）貸借対照表 （現金及び預金）」の作成

■ 目的

「月次資金計画書」を完成させて、次期末資金残高を計算し、「予算（比較）貸借対照表」の「現金及び預金」へ記入します。

■ 作成手順

手順1 ▶ 「月次資金計画書」の各発生月列の資金収入計を計算・記入する。…①

手順2 ▶ 各発生月列の資金支出計を計算・記入する。…②

「①資金収入計−②資金支出計」の計算結果を、「③月次収支」に記入する。

「当期実績予想：比較貸借対照表」（P15）の現金及び預金の金額を、4月の月初資金の欄に記入する。…④

「③月次収支＋④月初現金預金＝⑤月末現金預金」を求め、同科目欄に記入する。

5月の月初資金の欄には、4月の月末資金の金額を記入する。

5月以降も同様に記入する。

手順3 ▶ ⑤月末資金の「通期累計」の金額を、「予算貸借対照表」の「現金及び預金」に記入する。

「月次資金計画書」の「通期累計」は、④月初資金と⑤月末資金以外の資金収入・資金支出科目の横計となる。

「通期累計」の月初資金は4月の月初資金（期首）の金額を記入し、月末資金の欄には、3月末資金（期末）の金額を記入する。

手順4 ▶ ④4月の月初現金預金の金額を「予算比較貸借対照表」の当期列の「現金及び預金」に記入する。

手順5 ▶ 「予算貸借対照表」の現金及び預金の金額を「予算比較貸借対照表」の次期列に記入する。

手順6 ▶ 当期列と次期列の差額を計算し、増減差額の列を記入する。

手順7 ▶ 予算承認の取締役会へ提出する。

■ チェックポイント

○ 4月の月初資金は、「当期実績予想：比較貸借対照表」（P15）の現金及び預金の金額と一致していることを確認します。

○ 各月末の現金預金残高がマイナスになっていないこと、最低要資金残高を確保していることを確認します。

○ 予算貸借対照表の「資産合計＝負債及び純資産合計」が成立していることを確認します。

手順7

P209①へ

■NO.7-5「月次資金計画書」(次期:X1年4月1日～X2年3月31日)　(単位:千円)

区分 / 発生月		4月	5月	6月	7月	8月	9月	上期累計
				上 期 資 金 計 画 書				
資金収入　売上代金回収収入	P37	5,076	8,013	5,832	6,804	9,720	10,692	46,137
受取利息及び配当金収入	P109						3	3
借入金収入(P23:予算編成方針)	P117							0
資金収入計…①		5,076	8,013	5,832	6,804	9,720	10,695	46,140
資金支出　仕入代金支払支出	P59	2,057	—	—	—	3,369	4,213	9,639
人件費支出	P85	1,008	1,007	1,008	1,587	1,008	1,006	6,624
営業費支出	P91	492	572	476	594	303	312	2,749
管理費支出	P97	643	643	644	643	643	647	3,863
借入金利息支出	P119	45	45	45	45	45	78	303
税金等支出	P131		1,059			57		1,116
配当金等支出	P129				400			400
設備投資等支出	P69·73			2,160				2,160
借入金返済支出	P117	333	333	334	333	333	2,334	4,000
投資有価証券取得支出	P109					1,000		1,000
資金支出計…②		4,578	3,659	4,667	3,602	6,758	8,590	31,854
月次収支　①-②=③		498	4,354	1,165	3,202	2,962	2,105	14,286
月初資金…④		※3,355	3,853	8,207	9,372	12,574	15,536	3,355
月末資金　③+④=⑤		3,853	8,207	9,372	12,574	15,536	17,641	17,641

手順1-①　**手順2-①**

※　「当期実績予想:比較貸借対照表」(P15)の「現金及び預金」の金額を転記する。各月の「月末資金」の金額が1カ所でもマイナスになる場合には、借入金等による資金補填、各予算書の修正等により、再修正を行わなければならない。

区分 / 発生月	上期累計	10月	11月	12月	1月	2月	3月	通期累計
			下 期 資 金 計 画 書					
資金収入　売上代金回収収入	46,137	10,692	10,692	10,692	13,608	14,580	9,720	116,121
受取利息・配当金収入	3		50				3	56
借入金収入	0							0
資金収入計…①	46,140	10,692	10,692	10,742	13,608	14,580	9,723	116,177
資金支出　仕入代金支払支出	9,639	4,211	4,634	4,633	4,633	6,318	6,318	40,386
人件費支出	6,624	1,008	1,007	1,878	1,007	1,008	1,007	13,539
営業費支出	2,749	314	313	529	345	357	302	4,909
管理費支出	3,863	643	643	644	643	644	648	7,728
借入金利息支出	303	45	45	45	45	45	113	641
税金等支出	1,116		765			57		1,938
配当金等支出	400							400
設備投資等支出	2,160							2,160
借入金返済支出	4,000	333	333	334	333	333	4,334	10,000
投資有価証券取得支出	1,000							1,000
資金支出計…②	31,854	6,554	7,740	8,063	7,006	8,762	12,722	82,701
月次収支　①-②=③	14,286	4,138	2,952	2,679	6,602	5,818	△2,999	33,476
月初資金…④	3,355	17,641	21,779	24,737	27,410	34,012	39,830	3,355
月末資金　③+④=⑤	17,641	21,779	24,731	27,410	34,012	39,830	36,831	36,831

手順1-②　**手順2-②**

■NO.7-6「予算貸借対照表」(P141)<抜粋>　(単位:千円)

予算科目	予算額(X2.3.31)	予算作成基礎資料
【資産の部】		
【流動資産】	…略…	
現金及び預金	36,831	月次資金計画書より
…略…	…略…	…略…

手順3

■NO.7-7「予算比較貸借対照表」(P143)<抜粋>　(単位:千円)

科目	当期(X1.3.31)	次期(X2.3.31)	増減差額	予算作成基礎資料
【資産の部】				
【流動資産】	…略…	…略…	…略…	
現金及び預金	(P15)3,355	36,831	33,476	予算貸借対照表より
…略…	…略…	…略…	…略…	…略…

手順5　**手順6**　**手順4**

第7章　税金等・総合予算関係の予算編成　133

STEP 8・9 ▶ 「予算キャッシュ・フロー計算書 (現金及び現金同等物関係)」 の作成

■ 目的

「予算比較貸借対照表 (現金及び預金)」より、「現金及び現金同等物関係の予算キャッシュ・フロー計算書組替仕訳」(予算C/F組替仕訳)を作成し、「【共通】予算キャッシュ・フロー計算書」の「現金及び現金同等物に係る換算差額」「現金及び現金同等物の増減額」「現金及び現金同等物の期首残高」及び「現金及び現金同等物の期末残高」へ記入します。

■ 作成手順

手順1▶ 「予算比較貸借対照表」の現金及び預金の次期首残高を予算C/F組替仕訳の貸方に記入し、借方に⑥現金及び現金同等物の期首残高を記入して、「【共通】予算キャッシュ・フロー計算書」の⑥現金及び現金同等物の期首残高欄に記入する。

手順2▶ 「予算比較貸借対照表」の現金及び預金の次期末残高を予算C/F組替仕訳の借方に記入し、貸方に⑦現金及び現金同等物期末残高を記入して、「【共通】予算キャッシュ・フロー計算書」の現金及び現金同等物の期末残高欄に記入する。

手順3▶ 「予算比較貸借対照表」より、現金及び預金の増加の金額を予算C/F組替仕訳の貸方に記入し、借方に⑤現金及び現金同等物の増減額を記入して、「【共通】予算キャッシュ・フロー計算書」に記入する。

手順4▶ 外貨建の現金及び預金がある場合は、期末日為替レートで換算換えした際に生じる、為替換算差損益額を予算C/F組替仕訳の借方に記入し、貸方側に④現金及び現金同等物の換算差額を記入して、「【共通】予算キャッシュ・フロー計算書」に記入する。

手順5▶ 予算C/F組替仕訳の貸借合計を計算し、一致していることを確かめる。

手順6▶ 「①営業活動によるキャッシュ・フロー+②投資活動によるキャッシュ・フロー+③財務活動によるキャッシュ・フロー+④現金及び現金同等物の換算差額=⑤現金及び現金同等物の増減額」の関係が成立していることを確認する。

手順7▶ 「⑤現金及び現金同等物の増減額+⑥現金及び現金同等物の期首残高=⑦現金及び現金同等物の期末残高」の関係が成立していることを確認する。

■ チェックポイント

○ 予算キャッシュ・フロー計算書組替仕訳の意味を正しく理解します。

○ 科目数値が変化した場合には、貸借合計が一致するように予算キャッシュ・フロー計算書科目金額を調整します。

○ 現金及び現金同等物に係る換算差額は、為替換算差損益などが該当します。

　[例] (営業C/F為替換算差益) ①円／(C/F現金及び現金同等物に係る換算差額) ②円営業外収益の為替換算差益は収入ではなく換算差額なので、①は営業活動によるキャッシュ・フローから控除し、②をその調整金額として記入します。

134　第Ⅰ部　基礎編

■NO.7-8 「【共通】予算キャッシュ・フロー計算書組替仕訳」＜現金及び現金同等物関係＞

（単位：千円）

借 方			手順1　貸 方		
科　目	金　額	基礎資料	科　目	金　額	基礎資料・転記先
現金及び現金同等物の期首残高	⑥ 3,355	予算C/Fへ転記	現金及び預金の次期期首残高	3,355	（P143）予算比較B/S
手順2 現金及び預金の次期期末残高	36,831	（P143）予算比較B/S	現金及び現金同等物の期末残高	⑦ 36,831	予算C/Fへ転記
現金及び現金同等物の増減額	⑤ 33,476	予算C/Fへ転記	手順3 現金及び預金の増加	33,476	（P143）予算比較B/S
為替換算差損益	0	P/L	現金及び現金同等物に係る換算差額	④ 0	予算C/Fへ転記
計	73,662		計	73,662	

手順5　　手順4

■NO.7-9 「【共通】予算キャッシュ・フロー計算書」（P147）＜抜粋＞

（単位：千円）

予算科目	予算額	予算作成基礎資料
Ⅰ．営業活動によるキャッシュ・フロー		
…略…	…略…	…略…
営業活動によるキャッシュ・フロー	① 47,036	①（縦計）
Ⅱ．投資活動によるキャッシュ・フロー		
…略…	…略…	…略…
投資活動によるキャッシュ・フロー	② △3,160	②（縦計）
Ⅲ．財務活動によるキャッシュ・フロー		
…略…	…略…	…略…
財務活動によるキャッシュ・フロー	③△10,400	③（縦計）
Ⅳ．現金及び現金同等物に係る換算差額	手順4 ④ 0	
Ⅴ．現金及び現金同等物の増減額	手順3 ⑤ 33,476	①+②+③+④=⑤
Ⅵ．現金及び現金同等物の期首残高	手順1 ⑥ 3,355	
Ⅶ．現金及び現金同等物の期末残高	手順2 ⑦ 36,831	

手順6　　手順7

第7章　税金等・総合予算関係の予算編成　135

STEP 10 ▶ 「税金等計画書」の作成

■ 目的

　次期の「法人税、住民税及び事業税」「法人税等調整額」「未払法人税等」「繰延税金資産」等を計算するプロセスをまとめる為に作成します。

■ 作成手順

手順1・2▶ 次期の法人税、住民税及び事業税の税率を記入し、課税所得に対する合計法定税率を計算・記入し、税引前当期純利益に対応する法定実効税率を計算・記入する。

手順3▶ 「予算損益計算書」の①税引前当期純利益の金額を記入し、税務申告書別表4で②社外流出項目となる加算・減算項目を記入し、③調整後税引前当期純利益の金額を計算・記入する。最後に社内留保項目となる⑤加算・⑥減算項目を記入して、⑦次期概算課税所得の金額を計算・記入する。④次期に支払われる事業税は減算項目となる。

手順4▶ ⑦次期概算課税所得の金額に、合計法定税率を乗じて、⑧次期法人税、住民税及び事業税発生額（税法上）を計算・記入する。

手順5▶ ⑦次期概算課税所得の金額に事業税率(超過税率)を乗じて事業税額を計算し、次期概算課税所得の金額に事業税標準税率と地方法人特別税率を乗じて地方法人特別税の金額を計算し、 合計額を⑨次期事業税発生額(税法上)の欄に記入する。⑩次期事業税概算予定納税額の欄に当期の事業税発生額の1/2を記載する。「⑨次期事業税発生額（税法上）－⑩次期事業税概算予定納税額＝⑪次期末未払事業税額」を計算・記入する。

手順6▶ 流動項目の税務上予想概算加算留保(未払事業税含む)から減算留保額を差し引き、法定実効税率を乗じて（オ）法人税等調整額（次期P/L流動項目）欄に記入する。固定項目についても同様に計算・記入する。…（カ）

手順7▶ ⑧次期法人税・住民税及び事業税発生額（税法上）に⑫法人税等調整額計を足して、⑬次期調整後：次期法人税・住民税及び事業税発生額を計算・記入する。次に、③調整後税引前当期純利益に法定実効税率を乗じた金額⑭を記入する。⑬と⑭の数値の差に異常がないか検証する。

手順8▶ 繰延税金資産（流動資産）の当期末残高欄には当期実績予想：比較貸借対照表より同金額を記入する。次期増減額の欄に（オ）法人税等調整額次期P/Lを正負の符号を変えて記入する。「当期末残高＋次期増減額＝次期末残高」の金額を計算・記入する。固定項目についても同様に計算・記入する。

手順9▶ ⑯次期法人税、住民税及び事業税予定納付額欄に税金等支払計画表（P131）より予定納税額を記入する。⑧次期法人税、住民税及び事業税発生額（税法上）から⑯次期法人税、住民税及び事業税予定納税を差引いて⑰未払法人税等（未払法人税・住民税及び事業税）を計算・記入する。

■ チェックポイント

○当期の別表4の加算・減算の内容を基礎とします。

○次期の加算・減算内容を合理的に見積ります。

○次期の税率の変更に留意を要します。

136　第Ⅰ部　基礎編

■NO.7−10「税金等計画書」

1．次期法人税・住民税及び事業税関係

(1)次期予定税率計画表 （P18・19より）

項　　目	次期税率	基礎資料・計算過程
法人税率	23.90%	a＜仮定＞
地方法人税率	4.40%	b＜仮定＞
法人住民税率（標準税率）	12.90%	c＜仮定＞
事業税（標準税率）	1.90%	d＜仮定＞
地方法人特別税率	152.60%	e＜仮定＞
合計法定税率	32.8341%	a＋a×（b＋c）＋d＋d×e（小数点第4位表示）
法定実効税率	31.33%	32.8341%÷（1＋d＋d×e）（小数点第2位未満四捨五入）

手順1 **手順2**

(2)次期法人税・住民税及び事業税

（単位：千円）

手順3

科　　目			次期予算額	基礎資料・計算過程
税引前当期純利益		①	29,923	予算P/Lより（P139）
概算加算流出項目：交際費		②	4,738	税務上の損金不算入額を4,738千円と仮定（P19）
調整後税引前当期純利益		③	34,661	①＋②＝③
次期支払事業税＜損金扱い＞		④	180	当期未払事業税支払額120＋中間事業税支払額（120÷2）⑩60＝180（仮定）
税務上予想概算加算留保額	流動項目（未払事業税除く）	（ア）	200	貯蔵品計上漏れ＜仮定＞
	固定項目	（イ）	300	ソフトウェア設置費用否認＜仮定＞
	合計	⑤	500	（ア）＋（イ）＝⑤
税務上予想概算減算留保額	流動項目	（ウ）	0	当期減算分はないと仮定
	固定項目	（エ）	0	同上
	合計	⑥	0	（ウ）＋（エ）＝⑥
次期概算課税所得		⑦	34,981	③－④＋⑤－⑥＝⑦
次期法人税・住民税及び事業税発生額（税法上）		⑧	11,486	⑦×（合計法定税率32.8341%）＝⑧（単位未満四捨五入）⇒次期P/Lへ転記（P139）
うち次期事業税発生額（税法上）		⑨	1,679	⑦×（法定事業税率・地方法人特別税率＝d＋d×e＝4.7994%）＝⑨（単位未満四捨五入）
次期事業税概算予定納税		⑩	60	当期事業税（仮定60）÷2＜損金＞
次期末未払事業税		⑪	1,619	⑨－⑩＝⑪＜加算留保＞
法人税等調整額次期P/L	流動項目（未払事業税加算含む）	（オ）	△570	（－1）×（（ア）＋⑪－（ウ））×（法定実効税率：31.33%）＝（オ）（単位未満四捨五入）
	固定項目	（カ）	△94	（－1）×（（イ）－（エ））×（法定実効税率31.33%）＝（カ）（単位未満四捨五入）
	計	⑫	△664	（オ）＋（カ）＝⑪⇒「法人税等調整額」次期P/Lへ転記（P139）
調整後：次期法人税・住民税及び事業税発生額		⑬	10,860	⑧＋⑫＋120（当期末未払事業税）×31.33%＝⑬　※
同上（実効税率ベース）		⑭	10,859	③×（法定実効税率31.33%）
差引検証		⑮	△1	⑭－⑬＝⑮（実効税率端数分）
繰延税金資産（流動資産）	当期末残高	（キ）	0	当期B/Sより転記（注1）（P15）
	次期増減額	（ク）	570	（－1）×（オ）＝（ク）
	次期末残高	（ケ）	570	（キ）＋（ク）＝（ケ）⇒次期B/Sへ転記（P141）
繰延税金資産（固定資産）	当期末残高	（コ）	0	当期B/Sより転記（P15）
	次期増減額	（サ）	94	（－1）×（カ）＝（サ）
	次期末残高	（シ）	94	（コ）＋（サ）＝（シ）⇒次期B/Sへ転記（P141）
次期法人税・住民税及び事業税予定納税		⑯	708	税金等支払計画書より（P131）
未払法人税等（未払法人税・住民税及び事業税）		⑰	10,778	⑧－⑯＝⑰次期B/Sへ転記（P141）

手順4 手順5 手順6 手順7 手順8 手順9

※　当期末の未払事業税の税効果は、便宜上考慮していない。従って、差引検証の際は、当期末未払事業税の税効果相当額（120×31.33%＝38）の調整が必要となる。

＜未払法人税・住民税及び事業税の計上＞

（単位：千円）

手順10

借　方		貸　方	
科　　目	金　　額	科　　目	金　　額
法人税・住民税及び事業税	⑧11,486	未払法人税等（B/S）（P141）	⑰　10,778
		仮払税金（予定納税）（P131）	⑯　708
繰延税金資産（流動資産）（B/S）（P141）	（ケ）570	法人税等調整額（P/L）（P139）	絶対値表示⑫　664
繰延税金資産（固定資産）（B/S）（P141）	（シ）94		
計	12,150	計	12,150

注：源泉所得税・住民税・均等割は考慮していない。

第7章　税金等・総合予算関係の予算編成　**137**

STEP 11 ▶ 「予算損益計算書」の完成

■ 目的

「税金等計画書」より、「予算損益計算書」の「法人税、住民税及び事業税」及び「法人税等調整額」に記入し、「当期純利益」を計算・記入して完成させるプロセスを理解します。

■ 作成手順

手順1▶ 「税金等計画書」（P137）の次期法人税、住民税及び事業税発生額（税法上）の金額を法人税、住民税及び事業税の欄に記入する。

次に、法人税等調整額の流動項目と固定項目の合計数値を法人税等調整額の欄に記入する。

手順2▶ 次の算式で、当期純利益の数値を計算・記入する。

①税引前当期純利益 −（②法人税、住民税及び事業税 ＋ ③法人税等調整額）

＝④当期純利益

手順3▶ 売上高について「予算編成方針の目標売上高113,400千円をクリアーしているか？」を検証する。予算編成方針の目標売上高の目標値をクリアーしていない場合は、各予算額の修正を行って再修正を図る必要がある。

手順4▶ 売上原価については、「売上原価単価（P/L売上原価56,153千円÷販売数量1,260kg）が予算編成方針の許容売上原価単価45千円をクリアーしているか？」を検証する。

手順5▶ 「経常利益」について「予算編成方針の目標経常利益29,742千円クリアーしているか？」を検証する。予算編成方針の目標経常利益の目標値をクリアーしていない場合は、各予算額の修正を行って再修正を図る必要がある。

手順6▶ 費用を変動費と固定費に区分・集計し、以下の検証を行う。

・「変動費率が目標許容変動費率51％をクリアーしているか？」

・「固定費が目標許容固定費29,755千円をクリアーしているか？」

手順7▶ 「予算作成基礎資料」欄に算定根拠としての予算資料名を記載する。

手順8▶ 予算承認の取締役会へ提出する。

■ チェックポイント

○ 「予算編成方針」（P23）の目標売上高及び目標経常利益をクリアーしていることを確認します。

○ 各利益の計算を行います。

○ 税引前当期純利益の金額は、「間接法：予算キャッシュ・フロー計算書」（P149）へ記入します。

○ 当期純利益は、「予算株主資本等変動計算書」（P141）の同科目金額へ記入します。

138　第Ⅰ部　基礎編

手順8

■NO.7−11「予算損益計算書」(次期：X1年4月1日〜X2年3月31日)

(単位：千円)

予算科目	変動固定	消費税等	予算額		予算作成基礎資料
平均販売価格			①	90	予算編成方針（P23）より（③÷②＝①）
販売数量			②	1,260	販売計画書（P31）より転記⇒予算編成方針（P23）の目標販売数量1,260kgをクリアーしているか？
売上高		○	③	113,400	販売計画書（P31）より転記⇒予算編成方針（P23）の目標売上高113,400千円をクリアーしているか？
【売上原価】					
期首商品たな卸高			④	20,000	商品仕入兼在庫計画書（P49）より転記
当期商品仕入高		○	⑤	45,240	商品仕入兼在庫計画書（P49）より転記
小　計			⑥	65,240	計算：④＋⑤＝⑥
期末商品たな卸高			⑦	9,087	商品仕入兼在庫計画書（P49）より転記⇒在庫回転期間：予算編成方針（P23）をクリアーしているか？
差　引	変動		⑧	56,153	計算（⑥−⑦＝⑧）⇒売上原価単価（⑧÷②＝45）：予算編成方針（P23）をクリアーしているか？
売上総利益			⑨	57,247	計算：③−⑧＝⑨
（売上総利益率）			⑩	50%	計算：⑨÷③×100%＝⑩（端数四捨五入／以下同じ）
【販売費及び一般管理費】			⑪	26,739	縦計
役員報酬	固定			4,800	人件費計画書（P83）より
従業員給与・賞与	固定			6,250	人件費計画書（P83）より
法定福利費	固定			1,711	人件費計画書（P83）より
販売手数料	変動	○	⑫	1,260	営業費計画書（P87）より
広告宣伝費	固定	○		820	営業費計画書（P87）より
旅費交通費	固定	○		1,560	営業費計画書（P87）より
水道光熱費	固定	○		760	管理費計画書（P93）より
通信費	固定	○		1,080	管理費計画書（P93）より
消耗品費	固定	○		600	管理費計画書（P93）より
賃借料	固定			3,379	管理費計画書（P93）より
交際費	固定	○		1,500	営業費計画書（P87）より
租税公課	固定			1,250	管理費計画書（P93）より
減価償却費	固定			1,589	固定資産兼減価償却費計画書（P71）より
雑費	固定	○		180	管理費計画書（P93）より
営業利益			⑬	30,508	計算：⑨−⑪＝⑬
（営業利益率）			⑭	27%	計算：⑬÷③×100%＝⑭
【営業外収益】			⑮	56	縦計
受取利息及び配当金	固定			56	資金運用計画書（P107）より
【営業外費用】			⑯	641	
支払利息	固定			641	借入金計画書（P115）より
経常利益			⑰	29,923	計算：⑬＋⑮−⑯→予算編成方針（P23）の目標経常利益29,742千円をクリアーしているか？
（経常利益率）			⑱	26%	計算：⑰÷③×100%＝⑱
【特別利益】			⑲	0	縦計
固定資産売却益				0	
【特別損失】			⑳	0	縦計
固定資産売却損				0	
税引前当期純利益			㉑	29,923	計算：⑰＋⑲−⑳＝㉑⇒予算C/F計算書（P149）へ転記
法人税、住民税及び事業税				11,486	㉒税金等計画書（P137）より転記
法人税等調整額				△664	㉓税金等計画書（P137）より転記
当期純利益			㉔	19,101	計算：㉑−（㉒＋㉓）＝㉔⇒予算株主資本等変動計算書（P141）へ転記
変動費			㉕	57,413	計算：⑧＋⑫＝㉕
変動費率			㉖	51%	計算：㉕÷③×100%＝㉖→目標変動費率51%をクリアーしているか？（P21）
固定費			㉗	26,064	計算：固定の科目金額集計→目標固定費29,755千円をクリアーしているか？（P21）

注：予算編成方針の目標売上高、目標経常利益等の目標値をクリアーしていない場合は、各予算額の修正を行って再修正を図らなければならない。

第7章　税金等・総合予算関係の予算編成　**139**

STEP 12・13 ▶ 「予算株主資本等変動計算書」及び 「予算貸借対照表」の完成

■ 目的

「予算損益計算書」の当期純利益金額を「予算株主資本等変動計算書」へ記入し、「当期首残高＋当期変動額合計＝当期末残高」を計算・記入し、同科目残高を「予算貸借対照表」の純資産の部の科目金額欄に記入します。

■ 作成手順

手順1 「当期実績予想：比較貸借対照表」（P15）より、「予算株主資本等変動計算書」の資本金・繰越利益剰余金・純資産合計の当期首残高欄に記入する。

手順2 「剰余金処分支払計画表」（P129）より、配当金の金額を「予算株主資本等変動計算書」の「剰余金の配当」へ記入する。

手順3 「予算損益計算書」（P139）の当期純利益の金額を「予算株主資本等変動計算書」の繰越利益剰余金の当期変動額の当期純利益欄へ記入する。

手順4 次期の当期首残高に当期変動額合計を加算して、当期末残高欄へ記入する。

手順5 次期の資本金・繰越利益剰余金・純資産合計の当期末残高の数値を「予算貸借対照表」の同科目欄に記入する。

手順6 「税金等計画書」（P137）より、「予算貸借対照表」の繰延税金資産（流動資産・固定資産）の金額を記入する。

手順7 「税金等計画書」より、「予算貸借対照表」の未払法人税等の額を記入する。

手順8 「予算貸借対照表」の資産合計と負債及び純資産合計が一致していることを検証する。

手順9 予算承認の取締役会へ提出する。

■ チェックポイント

○「予算株主資本等変動計算書」の当期首残高と、「当期実績予想：比較貸借対照表」（P15）の純資産の部の科目残高が一致していることを検証します。

○「予算株主資本等変動計算書」の当期純利益が「予算損益計算書」（P139）の当期純利益金額と一致していることを検証します。

○「予算株主資本等変動計算書」の当期末残高と「予算貸借対照表」の純資産の部の科目残高が一致していることを検証します。

○「予算貸借対照表」について、「資産合計＝負債及び純資産合計」の等式が成立していることを検討します。

○「予算貸借対照表」の予算作成基礎資料欄には、根拠としての予算資料名を記載します。

手順9

■NO.7-12「予算株主資本等変動計算書」(次期：X1年4月1日〜X2年3月31日)

(単位：千円)

予算科目	資本金	繰越利益剰余金	純資産合計
当期首残高…当期B/S (P15) より	10,000	630	10,630
当期変動額			
剰余金の配当(符号マイナス)…剰余金処分支払計画表(P129)より		△400	△400
当期純利益…次期P/L (P139) より		19,101	19,101
当期変動額合計	―	18,701	18,701
当期末残高	① 10,000	② 19,331	③ 29,331

手順1 **手順2** **手順3** **手順4**

手順9

■NO.7-13「予算貸借対照表」(次期：X2年3月31日現在)

(単位：千円)

予算科目	予算額	予算作成基礎資料
【資産の部】		
【流動資産】	④ 61,268	縦計
現金及び預金	36,831	月次資金計画書 (P133) より
売掛金	14,580	売上代金回収計画書 (P37) より
商品	9,087	商品仕入兼在庫計画書 (P49) より
繰延税金資産	570	税金等計画書 (P137) より
その他流動資産	200	当期と同一と仮定。当期実績予想：貸借対照表 (P15) より
貸倒引当金	△0	貸倒実績なしと仮定
【固定資産】	⑧ 9,950	縦計：⑤+⑥+⑦=⑧
【有形固定資産】	⑤ 2,882	縦計
車両	3,000	固定資産兼減価償却費計画書 (P71) より
器具備品	3,000	固定資産兼減価償却費計画書 (P71) より
減価償却累計額	△3,118	固定資産兼減価償却費計画書 (P71) より
【無形固定資産】	⑥ 974	縦計
特許権	140	固定資産兼減価償却費計画書 (P71) より
ソフトウェア	834	固定資産兼減価償却費計画書 (P71) より
【投資その他の資産】	⑦ 6,094	縦計
保証金	3,000	固定資産兼減価償却費計画書 (P71) より
投資有価証券	3,000	資金運用計画書 (P107) より
繰延税金資産	94	税金等計画書 (P137) より
<資産合計>	⑨ 71,218	縦計：④+⑧=⑨
【負債の部】		
【流動負債】	⑩ 29,887	縦計
買掛金	10,530	仕入代金支払計画書 (P59) より
短期借入金	0	借入金計画書 (P115) より
1年内返済予定長期借入金	4,000	借入金計画書 (P115) より
未払消費税等	4,231	消費税等計画書 (P95) より
未払法人税等	10,778	税金等計画書 (P137) より
未払金	162	営業費支払計画書 (P89) より
その他流動負債	186	当期と同一と仮定。当期実績予想：貸借対照表 (P15) より
【固定負債】	⑪ 12,000	縦計
長期借入金	12,000	借入金計画書 (P115) より
<負債合計>	⑫ 41,887	縦計：⑩+⑪=⑫
【純資産の部】		
資本金	① 10,000	予算株主資本等変動計算書より
繰越利益剰余金	② 19,331	予算株主資本等変動計算書より
<純資産合計>	③ 29,331	予算株主資本等変動計算書より
<負債及び純資産合計>	⑬ 71,218	縦計⑫+③=⑬→貸借一致：⑨=⑬

手順6 **手順7** **手順5** **手順8**

第7章　税金等・総合予算関係の予算編成　　**141**

STEP 14 ▶「予算比較貸借対照表」の作成

■ 目的

「予算貸借対照表」と「当期実績予想：比較貸借対照表」より、貸借対照表科目別の金額及び「次期末残高－当期末残残高＝増減差額」を「予算比較貸借対照表」へ計算・記入します。当該金額は、「予算キャッシュ・フロー計算書科目組替仕訳」の基礎データとなります。

■ 作成手順

手順1▶ 当期実績予想：比較貸借対照表より、当期列の科目金額を記入する。

手順2▶ 「予算貸借対照表」より、次期列の科目金額を記入する。

手順3▶ 貸借対照表科目別の「次期末残高－当期末残残高＝増減差額」を計算・記入する。

手順4▶ 予算承認の取締役会へ提出する。

＜考察＞「予算キャッシュ・フロー計算書科目組替仕訳を起票する意味とは？」

予算比較貸借対照表の増減差額については、「資産合計＝負債合計＋純資産合計」の等式が成立している。借方科目合計と貸方科目合計は一致している。

従って、現金及び預金の増減差額33,476千円は、予算比較貸借対照表の「他の貸借対照表科目」の増減差額によって表現することができる。この表現方式が「予算キャッシュ・フロー計算書組替仕訳」（予算C/F組替仕訳）である。

■ チェックポイント

○ 増減差額について「資産合計＝負債合計＋純資産合計」の等式が成立していることを検証します。

○ 現金及び預金の当期末残高が、原則として「予算キャッシュ・フロー計算書」の現金及び現金同等物の期首残高と一致していることを確認します。

○ 現金及び預金の次期末残高が、原則として「予算キャッシュ・フロー計算書」の現金及び現金同等物の期末残高と一致していることを確認します。

○ 純資産の部の科目の当期金額が、「予算株主資本等変動計算書」の当期首残高の金額と一致することを確認します。

○ 純資産の部の科目の次期金額が、「予算株主資本等変動計算書」の当期末残高の金額と一致することを確認します。

○ 増減差額の意味を深く理解します。借方科目の場合：プラスの増減差額は、「キャッシュ・アウト」で、マイナスの場合は「キャッシュ・イン」となります。貸方科目の場合はその逆です。

142　第Ⅰ部　基礎編

手順4

■NO.7－14「予算比較貸借対照表」（X１年３月31日～X２年３月31日）

手順1 **手順2** **手順3**

（単位：千円）

科　目	当期(X1.3.31)	次期(X2.3.31)	増減差額	転記先
【資産の部】	(P15)	(P141)		
【流動資産】	31,784	61,268	29,484	
現金及び預金	3,355	36,831	33,476	予算C/F組替仕訳(P135)
売掛金	8,229	14,580	6,351	予算C/F組替仕訳(P39・41)
商品	20,000	9,087	△10,913	予算C/F組替仕訳(P61・63)
繰延税金資産	0	570	570	予算C/F組替仕訳(P145)
その他流動資産	200	200	0	該当なし
貸倒引当金	△0	△0	0	該当なし
【固定資産】	8,445	9,950	1,505	
【有形固定資産】	3,305	2,882	△423	
車両	3,000	3,000	0	予算C/F組替仕訳(P75・77)
器具備品	2,000	3,000	1,000	予算C/F組替仕訳(P75・77)
減価償却累計額	△1,695	△3,118	△1,423	予算C/F組替仕訳(P75・77)
【無形固定資産】	140	974	834	
特許権	140	140	0	予算C/F組替仕訳(P75・77)
ソフトウェア		834	834	予算C/F組替仕訳(P75・77)
【投資その他の資産】	5,000	6,094	1,094	
保証金	3,000	3,000	0	予算C/F組替仕訳(P75・77)
投資有価証券	2,000	3,000	1,000	予算C/F組替仕訳(P111)
繰延税金資産	0	94	94	予算C/F組替仕訳(P145)
＜資産合計＞	40,229	71,218	30,989	
【負債の部】				
【流動負債】	13,599	29,887	16,288	
買掛金	2,057	10,530	8,473	予算C/F組替仕訳(P61・63)
短期借入金	6,000	0	△6,000	予算C/F組替仕訳(P121)
１年内返済予定長期借入金	4,000	4,000	0	予算C/F組替仕訳(P121)
未払消費税等	229	4,231	4,002	予算C/F組替仕訳(P101)
未払法人税等	830	10,778	9,948	予算C/F組替仕訳(P145)
未払金	297	162	△135	予算C/F組替仕訳(P101)
その他流動負債	186	186	0	該当なし
【固定負債】	16,000	12,000	△4,000	
長期借入金	16,000	12,000	△4,000	予算C/F組替仕訳(P121)
＜負債合計＞	29,599	41,887	12,288	
【純資産の部】				
資本金	10,000	10,000	0	該当なし
繰越利益剰余金	630	19,331	18,701	予算C/F組替仕訳(P145)
＜純資産合計＞	10,630	29,331	18,701	
＜負債及び純資産合計＞	40,229	71,218	30,989	

第７章　税金等・総合予算関係の予算編成　143

STEP 15·16 ▶ 「【その他共通項目】予算キャッシュ・フロー計算書」の作成

■ 目的

「予算損益計算書（法人税、住民税及び事業税、法人税等調整額)」及び「予算比較貸借対照表（繰延税金資産、未払法人税等)」より、「共通：予算キャッシュ・フロー計算書組替仕訳」（予算C/F組替仕訳）を作成し、「【共通】予算キャッシュ・フロー計算書」の「法人税等の支払額」及び「配当金の支払額」へ記入します。また、間接法の場合には、予算C/F組替仕訳より、「税引前当期純利益」へも記入します。

■ 作成手順

手順1▶ 「予算比較貸借対照表」より、繰越利益剰余金増加の金額を借方に記入する。

手順2▶ 「予算比較貸借対照表」より、未払法人税等増加の金額を借方に記入する。

手順3·4▶ 借方を合計して借方計の欄に記入し、同額を貸方計にも記入する。

手順5▶ 「予算比較貸借対照表」より、繰延税金資産増加（流動資産・固定資産）を記入する。

手順6▶ 「予算株主資本等変動計算書」より、配当による支払額を貸方へ記入する。

手順7▶ 「予算損益計算書」の税引前当期純利益の値を貸方の同科目欄に記入する。

手順8▶ 「税金等支払計画書」（P131）より、法人税等の支払額を貸方の同科目欄へ記入する。貸方合計の計算チェックをする。

手順9▶ 「月次資金計画書（通期累計)」の税金等支出から「消費税等計画書」の当期末未払消費税等と次期中間納付額を差引き、法人税等の支払額を計算して、予算C/F組替仕訳の法人税等の支払額と一致することを確認する。

手順10▶ 予算C/F組替仕訳より、「予算キャッシュ・フロー計算書」の税引前当期純利益欄へ記入する。

手順11▶ 予算C/F組替仕訳より、「予算キャッシュ・フロー計算書」の配当金の支払額欄へ記入する。

手順12▶ 予算C/F組替仕訳より、「予算キャッシュ・フロー計算書」の法人税等の支払額欄へ記入する。

■ チェックポイント

○予算キャッシュ・フロー計算書組替仕訳の意味を正しく理解します。

○科目数値が変化した場合には、貸借合計が一致するように予算キャッシュ・フロー計算書科目金額を調整します。

第Ⅰ部　基礎編

■NO.7−15「共通：予算キャッシュフロー計算書組替仕訳」
<税金等支払額、配当による支払額及び法人税等支払額関係>
（単位：千円）

借　方				貸　方 【手順7】			
科　目 【手順1】	金　額	基礎資料		科　目	金　額	基礎資料・転記先	
	（P143）			税引前当期純利益	（P139）	予算P/Lより	
繰越利益剰余金増加	18,701	予算比較B/S		【間接法】	29,923	C/Fへ転記	
【手順2】		【手順6】		配当による支払額	（P141）	予算株／変より	
					△400	C/Fへ転記	
	（P143）			法人税等の支払額	△1,538	C/Fへ転記	
未払法人税等増加	9,948	予算比較B/S					
	【手順8】			繰延税金資産増加	（P143）	予算比較B/S	
	【手順5】			（流動資産）	570		
				繰延税金資産増加	（P143）	予算比較B/S	
				（固定資産）	94		
計	28,649			計	28,649		

【手順3】　　　　　　　　　　　　　　　　　【手順4】

月次資金計画書（通期累計）（P133）	金　額
税金等支出…①	1,938
<控除>当期末末払消費税等／消費税等計画書…②	229
<控除>次期中間納付／消費税等計画書…③	171
法人税等の支払額…①−（②＋③）	1,538

【手順9】

■NO.7−16「【共通】予算キャッシュ・フロー計算書」（P147・149）
（単位：千円）

予算科目	予算額 【手順10】	予算作成基礎資料
Ⅰ．営業活動によるキャッシュ・フロー		
税引前当期純利益【間接法のみ】	29,923	
…略…	…略…	…略…
小計	…略…	…略…
…略… 【手順12】	…略…	…略…
法人税等の支払額	△1,538	
…略…	…略…	…略…
営業活動によるキャッシュ・フロー	…略…	…略…
Ⅱ．投資活動によるキャッシュ・フロー		
…略…	…略…	…略…
投資活動によるキャッシュ・フロー	…略…	…略…
Ⅲ．財務活動によるキャッシュ・フロー	【手順11】	
…略…	…略…	…略…
配当金の支払額	△400	
…略…	…略…	…略…
財務活動によるキャッシュ・フロー	…略…	…略…
…略…	…略…	…略…

第7章　税金等・総合予算関係の予算編成

STEP 17 「直接法：予算キャッシュ・フロー計算書」の完成

目的

「予算損益計算書（法人税、住民税及び事業税、法人税等調整額）」及び「予算比較貸借対照表（繰延税金資産、未払法人税等及び繰越利益剰余金）」より、「直接法：予算キャッシュ・フロー計算書組替仕訳」（予算C/F組替仕訳）を作成し、「直接法：予算キャッシュ・フロー計算書」の「法人税等の支払額」欄へ記入します。

作成手順

手順1 営業収入から営業費支出を差引き、小計の金額を記入する。

小計の金額は、営業に直接的に関係する収入と支出の純額を表している。

手順2 法人税等の支払額を、予算C/F組替仕訳より記入する。

手順3 小計欄に、利息及び配当金の受取額をプラスし、利息の支払額及び法人税等支払額をマイナスして、「①営業活動によるキャッシュ・フロー」を計算・記入する。

手順4 「②投資活動によるキャッシュ・フロー」を集計して記入する。

手順5 配当金の支払額を予算C/F組替仕訳より記入する。

手順6 「③財務活動によるキャッシュ・フロー」を集計して記入する。

手順7 「①＋②＋③＋④現金及び現金同等物に係る換算差額」の計算結果を「⑤現金及び現金同等物の増減額」へ記入する。

手順8 「⑤＋⑥現金及び現金同等物の期首残高＝⑦現金及び現金同等物の期末残高」の計算式が成立することを確認する。

手順9 予算承認の取締役会へ提出する。

チェックポイント

○営業活動によるキャッシュ・フローが「予算編成方針の目標営業活動によるキャッシュ・フロー47,000千円を満たしているか」を検証します（P23参照）。

○以下の計算式が正しいことを確認します（P147参照）。

　・①＋②＋③＋④＝⑤

　・⑤＋⑥＝⑦

○基礎資料欄には、各キャッシュ・フロー科目の計算根拠となる予算C/F組替仕訳を記載します。

○支出はマイナスで表示します。

手順9

■ **NO.7－17「直接法：予算キャッシュ・フロー計算書」**（次期：X1年4月1日～X2年3月31日）

(単位：千円)

予算科目	予算額	予算作成基礎資料
Ⅰ．営業活動によるキャッシュ・フロー		
営業収入	116,121	予算C/F組替仕訳（P39）より
商品仕入支出	△40,386	予算C/F組替仕訳（P61）より
人件費支出　**手順1**	△13,539	予算C/F組替仕訳（P99）より
その他の営業支出	△13,037	予算C/F組替仕訳（P99）より
小　計	49,159	（縦計）
利息及び配当金の受取額	56	予算C/F組替仕訳（P111）より
利息の支払額　**手順2**	△641	予算C/F組替仕訳（P121）より
法人税等の支払額	△1,538	予算C/F組替仕訳（P145）より
営業活動によるキャッシュ・フロー	① 47,036	①（縦計）
Ⅱ．投資活動によるキャッシュ・フロー　**手順3**		
定期預金の預入による支出	―	該当がない為省略
定期預金の払戻による収入	―	該当がない為省略
有価証券の取得による支出	―	該当がない為省略
有価証券の売却による収入	―	該当がない為省略
有形固定資産の取得による支出	△1,080	予算C/F組替仕訳（P75）より
有形固定資産の売却による収入	―	予算C/F組替仕訳（P75）より
無形固定資産の取得による支出	△1,080	予算C/F組替仕訳（P75）より
投資有価証券の取得による支出	△1,000	予算C/F組替仕訳（P111）より
投資有価証券の売却による収入	―	予算C/F組替仕訳（P111）より
貸付による支出	―	該当がない為省略
貸付金の回収による収入	―	該当がない為省略
投資活動によるキャッシュ・フロー	② △3,160	②（縦計）
Ⅲ．財務活動によるキャッシュ・フロー　**手順4**		
短期借入金の増減額	△6,000	予算C/F組替仕訳（P121）より
長期借入による収入	―	予算C/F組替仕訳（P121）より
長期借入金の返済による支出	△4,000	予算C/F組替仕訳（P121）より
社債の発行による収入	―	該当がない為省略
社債の償還による支出	―	該当がない為省略
自己株式の取得による支出　**手順5**	―	該当がない為省略
自己株式の売却による収入	―	該当がない為省略
配当金の支払額	△400	予算C/F組替仕訳（P145）より
財務活動によるキャッシュ・フロー	③ △10,400	③（縦計）
Ⅳ．現金及び現金同等物に係る換算差額　**手順6**	④ 0	予算C/F組替仕訳（P135）より　④
Ⅴ．現金及び現金同等物の増減額	⑤ 33,476	①+②+③+④=⑤
Ⅵ．現金及び現金同等物の期首残高　**手順7**	⑥ 3,355	予算C/F組替仕訳（P135）より
		当期実績予想：比較貸借対照表（P15）より
Ⅶ．現金及び現金同等物の期末残高		予算C/F組替仕訳（P135）より
	⑦ 36,831	予算貸借対照表（P141）より

注：支出はマイナス表示（△）する。　**手順8**

第7章　税金等・総合予算関係の予算編成　**147**

STEP 18 ▶ 「間接法：予算キャッシュ・フロー計算書」の完成

■ 目的

「予算損益計算書（法人税、住民税及び事業税、法人税等調整額）」及び「予算比較貸借対照表（繰延税金資産、未払法人税等、繰越利益剰余金）」より、「間接法：予算キャッシュ・フロー計算書組替仕訳」（予算C/F組替仕訳）を作成し、「間接法：予算キャッシュ・フロー計算書」の「法人税等の支払額」欄へ記入します。

■ 作成手順

手順1 ▶ 「予算損益計算書」の営業利益に対応するキャッシュ・フローである「小計」欄を集計・記入する。

手順2 ▶ 予算C/F組替仕訳より法人税等支払額を記入する。

手順3 ▶ 小計に、利息及び配当金の受取額をプラスし、利息の支払額及び法人税等の支払額をマイナスして、営業活動によるキャッシュ・フローの額を計算・記入する。予算損益計算書の当期純利益に対応するキャッシュ・フローを示している。

手順4 ▶ 予算承認の取締役会へ提出する。

＜考察＞「外部予算と内部予算の関係：対外公表用の目標利益」

投資家保護の観点から、業績予想発表（決算短信）については「予算達成の確実性」が求められる。一方で、社内的にはできるだけ高い目標にチャレンジする組織風土を醸成したという点が重要である。また、外部予算は内部予算確定から発表までの間に発生する事象（例：為替レートの大幅な変動等）を考慮することも必要である。

当設例では、対外公表用の目標利益は、内部の目標利益を基礎として以下のように修正する（P231参照）。

予算歩留率＝確実に達成できる予算額÷社内予算額×100％＝①86％

・対外公表用：経常利益＝予算P/L：経常利益29,923千円×予算歩留率：①86％
　　　　　　　　＝②25,374千円（単位未満四捨五入）

・対外公表用：当期純利益＝予算P/L：当期純利益19,101千円×予算歩留率：①86％
　　　　　　　　＝③16,427千円（単位未満四捨五入）

予想次期期中平均株式数＝304株と仮定すると、

・1株当たり目標次期純利益＝16,427千円÷304株＝④54,036円18銭

■ チェックポイント

○ 小計欄の前の科目金額は、「予算損益計算書」（P139）の営業利益と営業利益に対応するキャッシュ・フローの差異原因が示されます。

○ 証券取引所に上場している会社は、決算短信の業績予想（第2四半期・通期）が、売上高で10％以上、利益で30％以上ブレる場合には、すみやかに理由を明示して業績予想修正発表をしなければなりません（「適時開示」確保とインサイダー取引の防止の為）。

148　第Ⅰ部　基礎編

手順4

■NO.7−18「間接法：予算キャッシュ・フロー計算書」（次期：X1年4月1日〜X2年3月31日）

（単位：千円）

予算科目	予算額	予算作成基礎資料
Ⅰ．営業活動によるキャッシュ・フロー		
税引前当期純利益	29,923	予算C/F組替仕訳（P145）より
減価償却費	1,589	予算C/F組替仕訳（P77）より
受取利息及び配当金	△56	予算C/F組替仕訳（P113）より
支払利息	641	予算C/F組替仕訳（P123）より
売上債権の増減額	△6,351	予算C/F組替仕訳（P41）より
仕入債務の増減額	8,473	予算C/F組替仕訳（P63）より
たな卸資産の増減額	10,913	予算C/F組替仕訳（P63）より
未払消費税等の増減額	4,002	予算C/F組替仕訳（P101）より
その他（固定資産に関する消費税等）	160	予算C/F組替仕訳より（P77・101）
未払金の増減額	△135	予算C/F組替仕訳（P101）より
小　計	49,159	縦計
利息及び配当金の受取額	56	予算C/F組替仕訳（P113）より
利息の支払額	△641	予算C/F組替仕訳（P123）より
法人税等の支払額	△1,538	予算C/F組替仕訳（P145）より
営業活動によるキャッシュ・フロー	47,036	縦計
…以下はP147「直接法：予算キャッシュ・フロー計算書」と同じ。		

手順1　**手順2**　**手順3**

〈考察〉対外的公表用の目標利益（1つの仮説）（P231参照）

目標営業利益＝30,508千円（P139）×予算歩留率86%（P19）＝<u>26,237千円</u>（単位未満四捨五入）
目標経常利益＝29,923千円（P139）×予算歩留率86%（P19）＝<u>25,734千円</u>（単位未満四捨五入）
目標当期純利益＝19,101千円（P139）×予算歩留率86%（P19）＝<u>16,427千円</u>（単位未満四捨五入）
予想次期期中平均株式数＝304株（P18参照）
目標の1株当たりの当期純利益＝16,427千円÷304株
　　　　　＝<u>54,036円18銭</u>（端数四捨五入）

第7章　税金等・総合予算関係の予算編成　**149**

第 **8** 章

年間予算スケジュールと
月次予算財務諸表の作成

<table>
<tr><td>**CASE 1**</td><td>**上場会社の「年間予算スケジュール表」の作成**</td></tr>
</table>

■ 目的

　次年度の予算についてのP（計画）・D（実行）・C（照合）・A（是正）（以下「PDCA」と略する）を迅速に実行するために、1年間の予算スケジュールを明確化し、関係者に周知徹底を図ります。また、各タイミングに完成すべき成果物も明示します。

■ 作業手順

手順1 ①「当期の年間予算スケジュール」と②「年間実績スケジュール」を比較し、作業の遅れなどの差異原因を以下の区分に分けて記載し、（1）については次年度の年間予算スケジュールに織り込んで是正する。

（1）年間予算スケジュール設定に起因するもの

（2）（1）以外の予算スケジュール作成時には予見できない事象の発生によるもの

手順2 ③「次期の予定組織図」を作成し、各部門別に「PC（プロフィットセンター）」「PCC（プロフィットセンター内コストセンター）」「CC（コストセンター）」の予算区分を設定する。以下は例示である。

　・営業部　第1営業課：PC→　「収益予算－費用予算＝目標利益予算」

　・営業部　営業管理課：PCC→「費用予算」

　・購買部　第1購買課：CC→　「費用予算」

　・管理部　経理課　　　：CC→　「費用予算」

　もし、来期より購買部門は商品出荷時に営業課向けに「社内売上高」を計上する方式に変えた場合は、第1購買課はCCからPCに変わることになる。

手順3 ④「次期の連結グループ組織図」をセグメント別に作成する。

手順4 グループ会社向けには⑤「連結予算編成方針」と⑥「連結用の予算作成スケジュール」と⑦「連結用の予算収集シート」をセットで配布する。

手順5 提出会社は各部門へ⑧「予算編成方針」と⑨「予算作成スケジュール」と⑩「予算収集シート」をセットで配布する。

手順6 次年度予算作成及び月次予実管理のスケジュールの厳守について、⑪業績評価項目に組入れる旨を周知する。

手順7 上記内容が⑫「予算作成・管理規程」等のルールに準拠しているかを検証する。

■ チェックポイント

○「年間予算スケジュール」に支障があるリスクを洗い出し、対応策を事前に検討します。

○「予算作成・管理規程」等のルールに準拠しているかを検証します。

○月次予算管理において業績予想の修正すべき事実が発生した場合には、すみやかに修正発表をしなければならない（インサイダー取引が発生するリスク期間を短くする）点を考慮します。

154　第Ⅱ部　応用編

上場会社の年間予算スケジュール表（例） 手順1～7

（次期：×1年4月1日～×2年3月31日）

区分	No.	日程 年	月	日	予 算 作 業	
当年度	1	×1	1	20	当年度着地予想・予実分析資料の提出（経営企画担当責任者へ）[連結予算の当期着地予想含む]（P4～17）	
	2	×1	1	31	次年度予算編成方針の示達 [連結予算編成方針含む]（P18～23）	
	3	×1	2	1	次年度予算作成開始～（P26～149）	
	4	×1	3	1～4	次年度予算審議会	
	5	×1	3	10	当年度の通期業績予想の修正発表　※	
	6				取締役会の予算承認	
	7				（1）予算損益計算書（P139）　　　　　　　　　　（2）月次予算損益計算書（P157・159） （3）部門別予算損益計算書（P173・175・177・179）	
	8				（4）予算株主資本等変動計算書（P141）	
	9				（5）予算（比較）貸借対照表（P141・143）　　　（6）月次予算比較貸借対照表（P161・163・165） （7）部門別予算比較貸借対照表（P181・183・185）	
	10	×1	3	20	（8）予算キャッシュ・フロー計算書（P147・149） （9）月次予算キャッシュ・フロー計算書（P167・169） （10）部門別予算キャッシュ・フロー計算書（P187・189）	
	11				（11）月次資金計画書（P133）	
	12				（12）予算連結損益計算書（P221）　　　　　　　（13）セグメント別予算連結損益計算書（P221）	
	13				（14）予算連結株主資本等変動計算書（P223）　　（15）予算連結貸借対照表（P225）	
	14				（16）予算連結キャッシュ・フロー計算書（P227） （17）セグメント別予算連結キャッシュ・フロー計算書	
次年度	15	×1	4	1	次期月次予実管理スタート	
	16	×1	4	30	外部公表①決算短信発表：次年度（第2Q・通期）業績予想発表（P149・231）	
	17				同上：当年度年度（通期）業績予想・実績差異報告発表　※	
	18	×1	5	10	月次取締役会　4月月次報告（5月分～翌3月分までも同様）	毎月実施
	19				（18）月次予実管理報告書　　　　　（19）当期着地予想報告書（P/L）〈全社・部門〉（P193・195）	
	20				（20）当期着地予想報告書（資/計）〈全社〉（P197・199）	
	21				（21）月次予実管理報告書　　　　　（22）当期着地予想報告書（C/F）〈全社・部門〉（P201・203）	
	22				（23）月次連結予実管理報告書　（24）当期着地予想報告書（連結P/L・セグメント含む）	
	23				（25）同上（連結C/F）・（セグメント別連結C/F）	
	24	×1	6	20	当年度下期予算達成度に基づく業績評価による夏季賞与の決定	
	25	×1	8	1	（1）～（17）下期予算の修正作業の開始	
	26	×1	9	10	外部公表②第2Q業績予想の修正発表　※	
	27	×1	9	25	（1）～（17）の下期修正予算の取締役会承認	
	28	×1	10	31	外部公表③決算短信発表：第2Q業績予想・実績差異報告　※	
	29	×1	11	10	外部公表④通期業績予想の修正発表　※	
	30	×1	11	25	次年度上期予算達成度に基づく業績評価による冬期賞与の決定（P207・209）	
	31	×2	1	20	次年度着地予想・予実分析資料の提出（経営企画担当責任者へ）	
	32	×2	1	31	次々年度予算編成方針の示達	
	33	×2	2	1	次々年度予算作成開始～	
	34	×2	3	1～4	次々年度予算審議会	
	35	×2	3	10	外部公表⑤次年度の通期業績予想の修正発表　※	
	36	×2	3	20	次々年度予算取締役会承認（1）～（17）	
次々年度	37	×2	4	1	次々期月次予算管理スタート	
	38	×2	4	30	決算短信発表：次々年度（第2Q・通期）業績予想発表	
	39				同上：外部公表⑥次年度（通期）業績予想・実績差異報告　※	

※　修正発表の重要性基準（売上高：10%以上・各利益：30%以上）に抵触しない場合でも公表する方針としている。

第8章　年間予算スケジュールと月次予算財務諸表の作成　**155**

CASE 2 ▶「月次予算損益計算書」の作成

目的

　次年度の損益予算についてのPDCAを月次で進捗管理する為に、次年度の12カ月分の「月次予算損益計算書」を作成します。

作業手順

手順1 ▶ ①販売数量及び②売上高：「販売計画書」（P31）より転記する。4月・5月の①販売数量50kg・60kg、②売上高4,500千円、5,400千円はP193の5月の【予算損益計算書】「月次予実管理報告書」へ転記される。

手順2 ▶ 変動費区分の③売上原価：「商品仕入兼在庫計画書」（P49）の「月次払出単価×月次販売数量」の計算結果を転記する。

　　　　月次売上原価＝月初商品たな卸高＋月次仕入高−月末商品たな卸高

　　　　［例1］4月売上原価　　＝50kg×@60.06千円　＝⑴3,003千円（P157）

　　　　［例2］翌3月売上原価＝150kg×@39.00千円＝⑵5,850千円（P159）

手順3 ▶ 変動費区分の④販売手数料：「営業費支払計画書」（P89）（月次支払額−仮払消費税等＝月次営業費。以下同じ）より、@1千円×月次販売数量＝月次販売手数料を計算・転記する（例：4月販売手数料＝@1千円×50kg＝50千円）。

手順4 ▶ 固定費の⑤の月次人件費や管理費等は便宜上、「年間予算額÷12カ月＝月次費用額（端数調整）」として計算・転記する（例：役員報酬＝4,800千円÷12カ月＝400千円）。

　　　　期中取得・処分の⑨減価償却費については、使用月数に基づいて計算・転記する（P71：パソコン307千円÷10カ月＝31千円、ソフトウェア166千円÷10カ月＝17千円）。

手順5 ▶ 固定費の⑥従業員賞与は、賞与支給時に費用計上する場合は「人件費支払計画書」（P85）より転記する（7月：1,450千円×40%＝580千円、12月：1,450千円×60%＝870千円）。実績が賞与引当金を月割計上する場合は、予算も月割計上する。

手順6 ▶ 固定費の⑦広告宣伝費は、「営業費支払計画書」（P89）より計算・転記する。

手順7 ▶ 固定費の⑧交際費については、「営業費支払計画書」（P89）の決済条件に従って、明細単位の金額を各月欄へ転記する。

手順8 ▶ 固定費のマイナスとして処理する⑩受取利息及び配当金は、「資金運用収支計画書」（P109）より転記する。

手順9 ▶ 固定費の⑪支払利息は、「借入金利息支出計画書」（P119）より転記する。

手順10 ▶ ⑫法人税、住民税及び事業税及び⑬法人税等調整額は、「税金等支払計画書」（P

月次予算損益計算書（その１）

（次期：×１年４月１日～×２年３月31日）

P193：（５月）月次予実管理報告書等

（単位：千円）

P207② → 手順12

期間／科目	変・固		4月	5月	6月	第1Q計	～	上期計	
①販売数量	(kg)		50	60	70	180	～	500	手順1
②売上高			4,500	5,400	6,300	16,200	～	45,000	
③売上原価	変		(1)3,003	3,604	4,204	10,811	～	26,513	手順2
⑭売上総利益			1,497	1,796	2,096	5,389	～	18,487	手順11
⑭売上総利益率			33%	33%	33%	33%	～	41%	
⑭【販売費及び一般管理費】			1,930	2,239	2,198	6,367	～	13,348	手順11
④販売手数料	変	※	50	60	70	180	～	500	手順3
⑤役員報酬	固		400	400	400	1,200	～	2,400	手順4
⑤従業員給与	固		400	400	400	1,200	～	2,400	手順4
⑥従業員賞与（７月40%・12月60%）	固					0	～	（７月分）580	手順5
⑤法定福利費	固		143	142	143	428	～	855	手順4
⑦広告宣伝費	固	※	10	310	210	530	～	760	手順6
⑤旅費交通費	固	※	130	130	130	390	～	780	手順4
⑧交際費	固	※	100	100	100	300	～	700	手順7
⑨減価償却費 ＊期中取得分：48千円	固		93	93	＊141	327	～	748	
⑤水道光熱費	固	※	63	63	64	190	～	380	
⑤通信費	固	※	90	90	90	270	～	540	
⑤消耗品費	固	※	50	50	50	150	～	300	手順4
⑤賃借料	固	※	282	282	281	845	～	1,690	
⑤租税公課	固		104	104	104	312	～	625	
⑤雑費	固	※	15	15	15	45	～	90	
⑭営業利益			△433	△443	△102	△978	～	5,139	手順11
⑭営業利益率			−10%	−8%	−2%	−6%	～	11%	手順11
⑭【営業外収益】			0	0	0	0	～	3	手順11
⑩受取利息及び配当金	固					0	～	3	手順8
⑭【営業外費用】			45	45	45	135	～	303	手順11
⑪支払利息	固		45	45	45	135	～	303	手順9
⑭経常利益			△478	△488	△147	△1,113	～	4,839	手順11
⑭経常利益率			−11%	−9%	−2%	−7%	～	11%	

…略…→P166・167(1)へ転記

月次予算C/F計算書（P167・169）へ

科目	変・固		4月	5月	6月	第1Q計	～	上期計	
⑭税引前当期純利益			△478	△488	△147	△1,113	～	4,839	手順11
⑭税引前当期純利益率			−11%	−9%	−2%	−7%	～	11%	
⑫法人税、住民税及び事業税	固					0	～	0	手順10
⑬法人税等調整額	固					0	～	0	
⑭合計			0	0	0	0	～	0	手順11
⑭当期純利益			△478	△488	△147	△1,113	～	4,839	手順11
⑭当期純利益率			−11%	−9%	−2%	−7%	～	11%	

※ ４月発生仮払消費税等＝｛(P49)仕入高0＋※その他課税税仕入高790｝×0.08＝63→P161②へ

第8章　年間予算スケジュールと月次予算財務諸表の作成

131) の中間納付額及び「税金等計画書」（P137）より転記する。

手順11 ⑭の区分合計、各利益及び利益率を計算・記入する。

手順12 第1四半期計、第2四半期計、上期計、第3四半期計、第3四半期累計、第4四半期計、下期計、通期計を計算・記入する。

手順13 予算承認の取締役会へ提出する。

なお、以下の「月次予算比較貸借対照表」（P161・163・165）と「月次予算キャッシュ・フロー計算書」（P167・169）も同様。また、「部門別予算比較貸借対照表」（P181・183・185）及び「部門別予算キャッシュ・フロー計算書」（P187・189）も同様。

■ チェックポイント

○ 月次売上高は、「販売計画書」（P31）より転記します。

○ 費用は変動費と固定費に区分します。

○ 変動費については、月次販売数量×変動費単価の計算結果を転記します。

○ 固定費については、実績の会計処理に合わせて月次予算費用を計算・転記します。

・ケース1：賞与支給時に一括費用処理する場合（設例）

賞与支給月のみ：（従業員賞与） ××／（現金及び預金） ××

・ケース2：月割賞与を計上する場合

毎月 ：（従業員賞与） ××／（賞与引当金） ××

賞与支給月 ：（賞与引当金） ××／（現金及び預金） ××

○ 通期計と年間予算額（P139）が一致するように端数調整を行います。

手順13

月次予算損益計算書（その２）

（次期：×１年４月１日～×２年３月31日）

年度予算P/L（P139）と一致

（単位：千円）

科　目	変・固	手順	第３四半期～	翌１月	翌２月	翌３月	第４Q計	下期計	通期計	参照
①販売数量	(kg)	手順1		150	100	150	400	760	1,260	
②売上高				13,500	9,000	13,500	36,000	68,400	113,400	○ P31
③売上原価	変	手順2		(2)5,850	3,900	5,850	15,600	29,640	56,153	○ P49
⑭売上総利益		手順11		7,650	5,100	7,650	20,400	38,760	57,247	○ P139
⑭売上総利益率				57%	57%	57%	57%	57%	50%	
⑭【販売費及び一般管理費】		手順11		2,077	2,025	2,078	6,180	13,391	26,739	○ P139
④販売手数料	変	手順3		150	100	150	400	760	1,260	○ P87・89
⑤役員報酬	固	手順4		400	400	400	1,200	2,400	4,800	○ P83・85
⑤従業員給与	固			400	400	400	1,200	2,400	4,800	○ P83・85
⑥従業員賞与（７月40%・12月60%）	固	手順5					0	(12月分)870	1,450	○ P83・85
⑤法定福利費	固	手順4		142	143	143	428	856	1,711	○ P83・85
⑦広告宣伝費	固	手順6		10	10	10	30	60	820	○ P87・89
⑤旅費交通費	固	手順4		130	130	130	390	780	1,560	○ P87・89
⑧交際費	固	手順7		100	100	100	300	800	1,500	○ P87・89
⑨減価償却費	固			141	139	140	420	841	1,589	○ P71
⑤水道光熱費	固			63	63	64	190	380	760	○ P93・97
⑤通信費	固			90	90	90	270	540	1,080	○ P93・97
⑤消耗品費	固	手順4		50	50	50	150	300	600	○ P93・97
⑤賃借料	固			282	281	281	844	1,689	3,379	○ P93・97
⑤租税公課	固			104	104	105	313	625	1,250	○ P93・97
⑤雑費	固			15	15	15	45	90	180	○ P93・97
⑭営業利益				5,573	3,075	5,572	14,220	25,369	30,508	○ P139
⑭営業利益率		手順11		41%	34%	41%	40%	37%	27%	
⑭【営業外収益】		手順11		0	0	3	3	53	56	○ P139
⑩受取利息及び受取配当金	固	手順8				3	3	53	56	○ P107・109
⑭【営業外費用】		手順11		45	45	113	203	338	641	○ P139
⑪支払利息	固	手順9		45	45	113	203	338	641	○ P115・119
⑭経常利益				5,528	3,030	5,462	14,020	25,084	29,923	○ P139
⑭経常利益率		手順11		41%	34%	41%	39%	37%	26%	

…略…　→P164・165・169〔6〕へ転記

科　目	変・固	手順	第３四半期～	翌１月	翌２月	翌３月	第４Q計	下期計	通期計	参照
⑭税引前当期純利益				5,528	3,030	5,462	14,020	25,084	29,923	○ P139
⑭税引前当期純利益率		手順11		41%	34%	40%	39%	37%	26%	
⑫法人税、住民税及び事業税	固	手順10				10,778	10,778	11,486	11,486	○ P131・137
⑬法人税等調整額	固					△ 664	△ 664	△ 664	△ 664	○ P137
⑭合計		手順11		0	0	10,114	10,114	10,822	10,822	
⑭当期純利益		手順11		5,528	3,030	△ 4,652	3,906	14,262	19,101	○ P139
⑭当期純利益率		手順11		41%	34%	−34%	11%	21%	17%	

第８章　年間予算スケジュールと月次予算財務諸表の作成

CASE 3 ▶ **「月次予算比較貸借対照表」の作成**

その１　月初残高

■ 目的

　次年度の月次予算キャッシュ・フロー計算書を作成する為に、次年度の12か月分の「月次予算比較貸借対照表」を作成します。貸借対照表予算のPDCAを月次進捗管理します。

■ 作業手順

〈月初残高の「月次予算比較貸借対照表」（P161）の作成〉

手順1 ▶ 4月の月初残高欄には、「当期実績予想：比較貸借対照表」（P15）の「当期」の科目金額を記入する。

手順2 ▶ 現金及び預金は、「月次資金計画書」（P133）の各月の月初資金を転記する。

手順3 ▶ 売掛金は、「売上代金回収計画書」（P37）の各月の月初残高を転記する。

手順4 ▶ 商品は、「商品仕入兼在庫計画書」（P49）の各月の月初残高を転記する。

手順5 ▶ 流動資産と固定資産の繰延税金資産は、「税金等計画書」（P137）の各月の月初残高を転記する。原則として、期首と期末に洗替処理する。

手順6 ▶ その他流動資産とその他流動負債は、「予算比較貸借対照表」（P143）より、残高は不変と仮定する。

手順7 ▶ 有形固定資産、無形固定資産及び保証金は、「固定資産兼減価償却費計画書」（P71）の各月の月初残高を転記する（計算方法は次頁参照）。

手順8 ▶ 投資有価証券は、「資金運用計画書」（P107）の各月の月初残高を転記する。

手順9 ▶ 買掛金は、「仕入代金支払計画書」（P59）の各月の月初残高を転記する。

手順10 ▶ 短期借入金、1年内返済予定長期借入金及び長期借入金は、「借入金収支計画書」（P117）の各月の月初残高を転記する。

手順11 ▶ 未払金は、「営業費支払計画書」（P89）の各月の月初残高を転記する。

手順12 ▶ 未払法人税等は、「税金等支払計画書」（P131）及び「税金等計画書」（P137）の各月の月初残高を転記する。

手順13 ▶ 未払消費税等は、「消費税等計画書」（P95）、「税金等支払計画書」（P131）及び「月次予算損益計算書」（P157・159）より各月の月初残高を計算・転記する。

　　　・月初残高：未払消費税等…（1）

　　　・月次予算PL（P157・159）：課税売上高（土地以外の固定資産の売却収入等も含まれる）×消費税率：8％＝月次仮受消費税等…（2）

　　　・月次予算PL（P157・159）：課税仕入高（土地以外の固定資産の取得額等も含まれる）×消費税率：8％＝月次仮払消費税等…（3）

　　　・税金等支払計画書（P131）：月次消費税納付額…（4）

　　　・月末残高：未払消費税等＝（1）＋（2）－（3）－（4）＝（5）

手順14 ▶ 資本金は、「予算比較貸借対照表」（P143）より、残高は不変と仮定する。

手順15 ▶ 繰越利益剰余金は、下記の計算式より各月の月初残高を計算・転記する。

　　　・月初残高＋（月次予算損益計算書（P157・159）の月次：当期純利益）－（月次資金計画書（P133）の月次：配当金等支出）＝月末残高

　　月末残高が翌月の月初残高となる。

月次予算比較貸借対照表（その１：月初残高）

（次期：×1年4月1日～×2年3月31日）

（単位：千円）

	期間／科目	貸・借	参照資料	4月	5月	6月	第1Q計		翌1月	翌2月	翌3月	第4Q計	下期計	通期計
				前期繰越	前月繰越	前月繰越	手順18	～	前月繰越	前月繰越	前月繰越		（P143）予算比較B/Sと一致	
手順2	現金及び預金	借	（P133）月次資金計画書	3,355	3,853	(B)8,207	3,355		27,410	34,012	39,830	27,410	17,641	3,355
手順3	売掛金	借	（P37）売上代金回収計画書	8,229	8,013	5,832	8,229		13,608	14,580	9,720	13,608	10,692	8,229
手順4	商品	借	（P49）商品仕入兼在庫計画書	20,000	16,997	13,393	20,000		9,087	9,087	9,087	9,087	8,697	20,000
手順5	繰延税金資産（流動資産）	借	（P137）税金等計画書	0	0	0	0		0	0	0	0	0	0
手順6	その他流動資産	借	同上：その他の基礎資料	200	200	200	200		200	200	200	200	200	200
手順7	有形固定資産	借	（P71）固定資産兼減価償却費計画書	※1 3,305	※1 3,212	3,119	3,305		3,253	3,129	3,006	3,253	3,624	3,305

※1：3,212-3,305＝△93
車両と応接家具の月割減価償却費
＝(651＋465)÷12ヵ月≒93

月初残高＋月次取得高－月次減少高－月次減価償却費＝月末残高

	科目	貸・借	参照資料	4月	5月	6月	第1Q計		翌1月	翌2月	翌3月	第4Q計	下期計	通期計
手順7	無形固定資産		（P71）固定資産兼減価償却費計画書	140	140	140	※2 140		※2 1,023	1,006	990	1,023	1,073	140

※2：1,023-140＝883
6月取得1,000－月割減価償却費：166
÷10ヵ月×7ヵ月≒883

月初残高＋月次取得高－月次減少高－月次減価償却費＝月末残高

	科目	貸・借	参照資料	4月	5月	6月	第1Q計		翌1月	翌2月	翌3月	第4Q計	下期計	通期計
手順7	保証金	借	（P71）固定資産兼減価償却費計画書	3,000	3,000	3,000	3,000		3,000	3,000	3,000	3,000	3,000	3,000
手順8	投資有価証券	借	（P107）資金運用計画書	2,000	2,000	2,000	2,000		3,000	3,000	3,000	3,000	3,000	2,000
手順5	繰延税金資産（固定資産）	借	（P137）税金等計画書	0	0	0	0		0	0	0	0	0	0
手順16	資産合計	借	縦計	40,229	37,415	35,891	40,229		60,581	68,014	68,833	60,581	47,927	40,229
手順9	買掛金	貸	（P59）仕入代金支払計画書	2,057	0	0	2,057		10,951	12,636	10,530	10,951	8,845	2,057
手順10	短期借入金	貸	（P117）借入金収支計画書	6,000	6,000	6,000	6,000		4,000	4,000	4,000	4,000	4,000	6,000
手順10	1年内返済予定長期借入金	貸	（P117）借入金収支計画書	4,000	3,667	3,334	4,000		1,000	667	334	1,000	2,000	4,000
手順11	未払金	貸	（P89）営業費支払計画書	297	54	65	297		151	162	108	151	119	297
手順12	未払法人税等	貸	（P131）税金等支払計画書・（P137）税金等計画書	830	830	0	830		0	0	0	0	0	830
手順13	未払消費税等	貸	（P95）消費税等計画書・（P131）税金等支払計画書	※3 229	※3 526	642	229		2,868	3,410	3,692	2,868	1,708	229

※3：526-229＝297
課税売上高4,500×0.08＝360…①
課税仕入高＝(0＋50＋10＋130＋100＋63＋90＋50＋282＋15)×0.08＝63…②
①－②＝360-63＝297
（P157）月次予算P/L：4月分より)

月初残高：未払消費税等…(1)
月次予算PL（P157・159）：課税売上高×消費税率8％＝月次仮受消費税等…(2)
月次予算PL（P157・159）：課税仕入高×消費税率8％＝月次仮払消費税等…(3)
税金等支払計画書（P131）：月次消費税納付額…(4)
月末残高：未払消費税等＝(1)＋(2)－(3)－(4)＝(5)

	科目	貸・借	参照資料	4月	5月	6月	第1Q計		翌1月	翌2月	翌3月	第4Q計	下期計	通期計
手順6	その他流動負債		その他の基礎資料	186	186	186	186		186	186	186	186	186	186
手順10	長期借入金	貸	（P117）借入金収支計画書	16,000	16,000	16,000	16,000		16,000	16,000	16,000	16,000	16,000	16,000
手順16	負債合計	貸		29,599	27,263	26,227	29,599		35,156	37,061	34,850	35,156	32,858	29,599
手順14	資本金	貸	（増減なし：省略）資本金計画書	10,000	10,000	10,000	10,000		10,000	10,000	10,000	10,000	10,000	10,000
手順15	繰越利益剰余金	貸	※	※4：630	※4：152	△336	630		15,425	20,953	23,983	15,425	5,069	630

※ 月初残高＋（月次予算損益計算書（P157・159）の月次：当期純利益）－（月次資金計画書（P133）の月次：配当金等支出）＝月末残高

※4：152-630＝△478（P157 4月：当期純利益）

	科目	貸・借	参照資料	4月	5月	6月	第1Q計		翌1月	翌2月	翌3月	第4Q計	下期計	通期計
手順16	純資産合計	貸	縦計	10,630	10,152	9,664	10,630		25,425	30,953	33,983	25,425	15,069	10,630
	負債・純資産合計	貸	縦計	40,229	37,415	35,891	40,229		60,581	68,014	68,833	60,581	47,927	40,229
手順17	貸借差額		資産合計－負債合計－純資産合計	0	0	0	0		0	0	0	0	0	0

第8章　年間予算スケジュールと月次予算財務諸表の作成　　161

手順16 ▶ 資産合計、負債合計、純資産合計、負債・純資産合計欄へ計算・記入する。

手順17 ▶ 「資産合計−負債合計−純資産合計＝貸借差額（ゼロ）」を計算・記入する。

手順18 ▶ 第1四半期計、第2四半期計、上期計、第3四半期計、第3四半期累計、第4四半期計、下期計、通期計を計算・記入する。

その2　月末残高

〈月末残高の「月次予算比較貸借対照表」（P163）の作成〉

　「予算貸借対照表」（P141）を基礎として、上記「手順1〜手順18」に従って、「月次予算比較貸借対照表（月末残高）」（P163）を作成する。

■ チェックポイント（月初残高・月末残高）

○ 4月初残高が「予算比較貸借対照表」（P143）の当期金額と一致していることを検証します。

○ 翌3月末残高が「予算比較貸借対照表」（P143）の次期金額と一致していることを検証します。

○ 各月の「月初残高」の資産合計と負債・純資産合計が一致していることを検証します。

○ 各月の「月末残高」の資産合計と負債・純資産合計が一致していることを検証します。

○ 社内取引勘定（社内売掛金・社内買掛金等）が相殺消去後で表示されていることを検証します。

○ 「手順13」の未払消費税等の月初残高及び月末残高が、正確に計算されていることを検証します。

○ 「手順15」の繰越利益剰余金の月初残高及び月末残高が、正確に計算されていることを検証します。

○ 「通期計」の資本金及び繰越利益剰余金が、「予算株主資本等変動計算書」（P141）の同科目期末残高と一致していることを検証します。

その3−1　増減差額

〈増減差額の「月次予算比較貸借対照表」（P165）の作成〉

手順19 ▶ 「月次予算比較貸借対照表」（P161・163）の予算科目ごとに「月末残高−月初残高＝増減差額」を計算・記入する。

手順20 ▶ 「増減差額」について、資産合計、負債合計、純資産合計及び負債・純資産合計欄へ計算・記入する。

手順21 ▶ 「増減差額」について、「資産合計−負債合計−純資産合計＝貸借差額（ゼロ）」を計算・記入する。

手順22 ▶ 「増減差額」について、第1四半期計、第2四半期計、上期計、第3四半期計、第3四半期累計、第4四半期計、下期計及び通期計を計算・記入する。

月次予算比較貸借対照表（その2：月末残高）

（次期：×1年4月1日～×2年3月31日）

（単位：千円）

	科目	貸・借	参照資料	上期 第1四半期 4月 月末残高	5月 月末残高	6月 月末残高	第1Q計	下期 第4四半期 翌1月 月末残高	翌2月 月末残高	翌3月 月末残高	第4Q計	下期計	通期計 (P143)予算比較B/Sと一致
手順2	現金及び預金	借	(P133)月次資金計画書	3,853	8,207	(A)9,372	9,372	34,012	39,830	36,831	36,831	36,831	36,831
手順3	売掛金	借	(P37)売上代金回収計画書	8,013	5,832	6,804	6,804	14,580	9,720	14,580	14,580	14,580	14,580
手順4	商品	借	(P49)商品仕入兼在庫計画書	16,997	13,393	12,310	12,310	9,087	9,087	9,087	9,087	9,087	9,087
手順5	繰延税金資産（流動資産）	借	(P137)税金等計画書	0	0	0	0	570	570	570	570	570	570
手順6	その他流動資産	借	同上：その他の基礎資料	200	200	200	200	200	200	200	200	200	200
手順7	有形固定資産	借	(P71)固定資産兼減価償却費計画書	3,212	3,119	3,995	3,995	3,129	3,006	2,882	2,882	2,882	2,882

月初残高＋月次取得高－月次減少高－月次減価償却費＝月末残高

	科目	貸・借	参照資料	4月	5月	6月	第1Q計	翌1月	翌2月	翌3月	第4Q計	下期計	通期計
手順7	無形固定資産	借	(P71)固定資産兼減価償却費計画書	140	140	1,123	1,123	1,006	990	974	974	974	974

月初残高＋月次取得高－月次減少高－月次減価償却費＝月末残高

	科目	貸・借	参照資料	4月	5月	6月	第1Q計	翌1月	翌2月	翌3月	第4Q計	下期計	通期計
手順7	保証金	借	(P71)固定資産兼減価償却費計画書	3,000	3,000	3,000	3,000	3,000	3,000	3,000	3,000	3,000	3,000
手順8	投資有価証券	借	(P107)資金運用計画書	2,000	2,000	2,000	2,000	3,000	3,000	3,000	3,000	3,000	3,000
手順5	繰延税金資産（固定資産）	借	(P137)税金等計画書	0	0	0	0	0	0	94	94	94	94
手順16	資産合計	借	縦計	37,415	35,891	38,804	38,804	68,014	68,833	71,218	71,218	71,218	71,218
手順9	買掛金	貸	(P59)仕入代金支払計画書	0	0	3,370	3,370	12,637	10,530	10,530	10,530	10,530	10,530
	短期借入金	貸	(P117)借入金収支計画書	6,000	6,000	6,000	6,000	4,000	4,000	0	0	0	0
手順10	1年内返済予定長期借入金	貸	(P117)借入金収支計画書	3,667	3,334	3,000	3,000	667	334	4,000	4,000	4,000	4,000
手順11	未払金	貸	(P89)営業費支払計画書	54	65	76	76	162	108	162	162	162	162
手順12	未払法人税等	貸	(P131)税金等支払計画書・(P137)税金等計画書	830	0	0	0	0	0	10,778	10,778	10,778	10,778
手順13	未払消費税等	貸	(P95)消費税等計画書・(P131)税金等支払計画書	526	642	655	655	3,409	3,692	4,231	4,231	4,231	4,231

月初残高：未払消費税等…(1)
月次予算PL（P157・159）：課税売上高×消費税率8％＝月次仮受消費税等…(2)
月次予算PL（P157・159）：課税仕入高×消費税率8％＝月次仮払消費税等…(3)
税金等支払計画書（P131）：月次消費税納付額…(4)
月末残高：未払消費税等＝(1)＋(2)－(3)－(4)＝(5)

	科目	貸・借	参照資料	4月	5月	6月	第1Q計	翌1月	翌2月	翌3月	第4Q計	下期計	通期計
手順6	その他流動負債	貸	その他の基礎資料	186	186	186	186	186	186	186	186	186	186
手順10	長期借入金	貸	(P117)借入金収支計画書	16,000	16,000	16,000	16,000	16,000	16,000	12,000	12,000	12,000	12,000
手順16	負債合計	貸		27,263	26,227	29,287	29,287	37,061	34,850	41,887	41,887	41,887	41,887
手順14	資本金	貸	（増減なし：省略）資本金計画書	10,000	10,000	10,000	10,000	10,000	10,000	10,000	10,000	10,000	10,000
手順15	繰越利益剰余金	貸	※	※5:152	※5:△336	△483	△483	20,953	23,983	19,331	19,331	19,331	19,331

※ 月初残高＋（月次予算損益計算書（P157・159）の月次：当期純利益）－（月次資金計画書（P133）の月次：配当金等支出）＝月末残高
※5：△336－152＝△488（P157 5月：当期純利益）

	科目	貸・借	参照資料	4月	5月	6月	第1Q計	翌1月	翌2月	翌3月	第4Q計	下期計	通期計
手順16	純資産合計	貸	縦計	10,152	9,664	9,517	9,517	30,953	33,983	29,331	29,331	29,331	29,331
	負債・純資産合計	貸	縦計	37,415	35,891	38,804	38,804	68,014	68,833	71,218	71,218	71,218	71,218
手順17	貸借差額		資産合計－負債合計－純資産合計	0	0	0	0	0	0	0	0	0	0

その3-2　増減差額

手順23 以下の手順に従って、「月次予算比較貸借対照表」（P165）の増減差額（±BS）を予算C/F組替仕訳より、「月次予算キャッシュ・フロー計算書」（CF）（P167・169）へ転記する。CF予算科目は符号（＋－）を明記するため、原則として貸方固定とする。

［例1］現金及び預金の増減差額より、予算C/F組替仕訳を作成する。貸借一致を検証する（例：6月）（CF：P167へ転記）。

CF 現金及び現金同等物の月末残高 [3] 9,372	/	±BS 現金及び預金	①	1,165
（P163（A））↑		CF 現金及び現金同等物の換算差額	[1]	0
P161（B）より→		CF 現金及び現金同等物の月初残高	[2]	8,207
借方合計　9,372		貸方合計		9,372

［例2］売掛金の増減差額より、予算C/F組替仕訳を作成する。
　　　　貸借一致原則より、CF予算科目金額を逆算・計算する（以下同様）（例：6月）。

	/	±BS 売掛金	②	972
P167←		CF 売上債権の増減額	[4]	△972（逆算）
借方合計　0		貸方合計		0

［例3］有形固定資産の増減差額より、予算C/F組替仕訳を作成する（例：6月）（無形固定資産を含む予算C/F組替仕訳はP166参照）。

	/	±BS 有形固定資産	③	876
		CF 減価償却費		124
		CF その他（P100参照）		80
		CF 有形固定資産の取得による支出		△1,080（逆算）
借方合計　0		貸方合計		0

［例4］買掛金の増減差額より、予算C/F組替仕訳を作成する（例：6月）（CF：P167）。

±BS 買掛金	④3,370	/	CF 仕入債務の増減額 [5]	3,370（逆算）
借方合計　3,370			貸方合計	3,370

［例5］繰越利益剰余金の増減差額より、予算C/F組替仕訳を作成する（例：翌3月）。

±BS 未払法人税等	⑦ 10,778	/	±BS 繰延税金資産（流動資産） ⑤	570
±BS 繰越利益剰余金	⑧△4,652	/	±BS 繰延税金資産（固定資産） ⑥	94
			CF 税引前当期純利益（PL：P159）[6]	5,462
	P169←		CF 法人税等の支払額（逆算）[7]	0
			CF 配当金の支払額 [8]	0
借方合計　6,126			貸方合計	6,126

第Ⅱ部　応用編

手順23 月次予算比較貸借対照表(その3:増減差額)

(次期:×1年4月1日~×2年3月31日)

(単位:千円)

期間 / 科目	貸・借	転記先:月次予算キャッシュ・フロー計算書科目(P167・169)	上期 第1四半期 4月	5月	6月	第1Q計	下期 第4四半期 翌1月	翌2月	翌3月	第4Q計	下期計	通期計
[例1] 現金及び預金	借	現金及び現金同等物の期首残高・期末残高など	498	4,354	① 1,165	6,017	6,602	5,818	㉓△2,999	9,421	19,190	33,476
[例2] 売掛金	借	売上債権の増減額(△表示)	△216	△2,181	② 972	△1,425	972	△4,860	⑭ 4,860	972	3,888	6,351
商品	借	たな卸資産の増減額(△表示)	△3,003	△3,604	⑯△1,083	△7,690	0	0	0	0	390	△10,913
[例5] 繰延税金資産(流動資産)	借	No.2	0	⑨ 0	0	0	0	0	⑤ 570	570	570	570
その他流動資産	借	その他(△表示)	0	0	0	0	0	0	0	0	0	0
[例3] 有形固定資産	借	No.1	△93	△93	③ 876	690	△124	△123	△124	△371	742	△423

No.1:月次予算キャッシュ・フロー計算書組替仕訳(6月)

	(±BS有形固定資産)	③ 876
無形固定資産を含む予算C/F組替仕訳はP166参照 手順13	(CF(営)減価償却費) ※1	124
	(CF(営)その他) ※2	80
	(CF(投)有形固定資産の取得支出)※3	△1,080
借方合計 0	貸方合計	0

※1:(P157)月次P/L 6月分減価償却費141 (−)うち無形固定資産分 (P71)166÷10ヵ月=17 →124

※2:「その他」は消費税等の二重計上調整による(P100参照)。
※3:設例では固定資産売却収入はないと仮定している。

科目	貸・借	転記先科目	4月	5月	6月	第1Q計	翌1月	翌2月	翌3月	第4Q計	下期計	通期計
無形固定資産	借	No.1と同様	0	0	⑬ 983	983	△17	△16	△16	△49	△99	834
保証金	借	増減なしと仮定	0	0	0	0	0	0	0	0	0	0
投資有価証券	借	投資有価証券の取得による支出(△表示)	0	0	0	0	0	0	⑲ 0	0	0	1,000
[例5] 繰延税金資産(固定資産)	借	No.2	0	⑩ 0	0	0	0	0	⑥ 94	94	94	94
手順20 資産合計	借	縦計	△2,814	△1,524	2,913	△1,425	7,433	819	2,385	10,637	23,291	30,989
[例4] 買掛金	借	仕入債務の増減額	△2,057	0	④ 3,370	1,313	1,686	⑮△2,107	0	△421	1,685	8,473
短期借入金	借	短期借入金の増減額	0	0	0	0	0	0	⑳△4,000	△4,000	△4,000	△6,000
1年内返済予定長期借入金	貸	長期借入金の返済による支出(△表示)	△333	333	334	1,000	△333	333	㉑ 3,666	3,000	2,000	2,000
未払金	借	未払金の増減額	△243	11	11	△221	11	△54	⑱ 54	11	43	△135
[例5] 未払法人税等	貸	No.2	0	⑪△830	0	△830	0	0	⑦ 10,778	10,778	10,778	9,948
未払消費税等	貸	未払消費税等の増減額	297	116	13	426	541	283	⑰ 539	1,363	2,523	4,002
その他流動負債	貸	その他	0	0	0	0	0	0	0	0	0	0
長期借入金	貸	長期借入金の返済による支出(△表示)	0	0	0	0	㉒△4,000	4,000	△4,000	△4,000	4,000	
手順20 負債合計	貸		△2,336	△1,036	3,060	△312	1,905	△2,211	7,037	6,731	9,029	12,288
資本金	貸	(増減なし:省略)新株発行による収入	0	0	0	0	0	0	0	0	0	0
[例5] 繰越利益剰余金	貸	No.2	△478	⑫ 488	△147	△1,113	5,528	3,030	⑧△4,652	3,906	14,262	18,701

No.2:月次予算キャッシュ・フロー計算書組替仕訳(翌3月)

(±BS 未払法人税等)⑦ 10,778	/	(±BS 繰延税金資産(流動資産))⑤ 570
(±BS 繰越利益剰余金)⑧△4,652		(±BS 繰延税金資産(固定資産))⑥ 94
手順23 (P169)月次C/Fへ転記		(CF(営)税引前当期純利益) [6] 5,462
		(CF(営)法人税等の支払額) [7] 0
		(CF(財)配当金の支払額) [8] 0
借方合計 6,126		貸方合計 6,126

科目	貸・借		4月	5月	6月	第1Q計	翌1月	翌2月	翌3月	第4Q計	下期計	通期計
手順20 純資産合計	貸		△478	△488	△147	△1,113	5,528	3,030	△4,652	3,906	14,262	18,701
負債・純資産合計	貸		△2,814	△1,524	2,913	△1,425	7,433	819	2,385	10,637	23,291	30,989
手順21 貸借差額		資産合計-負債合計-純資産合計	0	0	0	0	0	0	0	0	0	0

第8章 年間予算スケジュールと月次予算財務諸表の作成

CASE 4 ▶ 「月次予算キャッシュ・フロー計算書」の作成

目的

次年度のキャッシュ・フロー予算のPDCAを月次で進捗管理する為に、次年度の12か月分の「月次予算キャッシュ・フロー計算書」を作成します。

作業手順

「月次予算比較貸借対照表」（P165）の増減差額（以下 ±BS ）を、予算CF組替仕訳（以下、予算キャッシュ・フロー計算書科目： CF ）より「月次予算キャッシュ・フロー計算書」へ転記する。CF予算科目は符号（＋－）を明記するため、貸方固定とする。

手順1 ▶ ①税引前当期純利益、⑭法人税等の支払額及び㉒配当金の支払額は、下記予算C/F組替仕訳の値を転記する（例：5月）（ ±BS ：P165より転記）。

±BS	未払法人税等	⑪△830	±BS	繰延税金資産（流動資産）	⑨	0
±BS	繰越利益剰余金	⑫△488	±BS	繰延税金資産（固定資産）	⑩	0
			CF	①税引前当期純利益	(1)	△488
			CF	⑭法人税等の支払額	(2)	△830
			CF	㉒配当金の支払額	(3)	0
	借方合計	△1,318		貸方合計		△1,318

①税引前当期純利益は、「月次予算損益計算書」（P157・159）（以下、P/Lと略する）と一致する。㉒配当金の支払額は、「剰余金処分等支払計画書」（P129）より記入する。

⑭法人税等の支払額は、貸借合計一致より、逆算計算する。

手順2 ▶ ②減価償却費、⑨その他、⑯有形固定資産の取得による支出及び⑰無形固定資産の取得による支出は、下記予算C/F組替仕訳の値を転記する。次期処分はないと仮定する（例：6月）。

			±BS	有形固定資産	③	876
			±BS	無形固定資産	⑬	983
			CF	②減価償却費（P157）	(4)	141
			CF	⑨その他（P100参照）	(5)	160
			CF	⑯有形固定資産の取得支出(P71)	(6)	△1,080
			CF	⑰無形固定資産の取得支出(P71)	(7)	△1,080
	借方合計	0		貸方合計		0

手順3 ▶ ③受取利息及び配当金及び⑫利息及び配当金の受取額は、下記予算C/F組替仕訳の値を転記する。③はP/Lの値×△1の計算結果と一致する（例：翌3月[P169]）。

±BS	その他流動負債（前受利息）	0	±BS	その他流動資産（未収利息）		0
	（P159）	CF（小計前）		③受取利息及び配当金	(8)	△3
	（P109）	CF（小計後）		⑫利息及び配当額の受取額	(9)	3
	借方合計	0		貸方合計		0

手順4 ▶ ④支払利息及び⑬利息の支払額は、下記予算C/F組替仕訳の値を転記する（例：6月）。

±BS	その他流動負債（未払利息）	0	±BS	その他流動資産（前払利息）		0
	（P157）	CF（小計前）		④支払利息	(10)	45
	（P119）	CF（小計後）		⑬利息の支払額	(11)	△45
	借方合計	0		貸方合計		0

第Ⅱ部　応用編

月次予算キャッシュ・フロー計算書（その１）

（次期：×1年4月1日～×2年3月31日）

注：[1]～[5]はP164の月次予算C/F組替仕訳より転記。　　　　　　　　　　　　　　（単位：千円）

期間／科目	参照頁	上期 第1四半期 4月	5月	6月	第1Q計	第2四半期 ～	上期計	
Ⅰ.営業活動によるキャッシュ・フロー								
①税引前当期純利益（P/L：P157）	P165	△478	(1)△488	△147	△1,113	～	4,839	手順1
②減価償却費（P/L：P157）	P165	93	93	(4)141	327	～	748	手順2
③受取利息及び配当金（P/L：P157）（△表示）	P165	0	0	0	0	～	△3	手順3
④支払利息（P/L：P157）	P165	45	45	(10)45	135	～	303	手順4
⑤売上債権の増減額	P165	216	2,181	[4]△972	1,425	～	△2,463	手順5
⑥仕入債務の増減額	P165	△2,057	0	[5]3,370	1,313	～	6,788	手順6
⑦たな卸資産の増減額	P165	3,003	3,604	(14)1,083	7,690	～	11,303	手順7
⑧未払消費税等の増減額	P165	297	116	13	426	～	1,479	手順8
⑨その他（固定資産に関する消費税等）	P165			(5)160	160	～	160	手順2
⑩未払金の増減額	P165	△243	11	11	△221	～	△178	手順9
⑪小計	縦計	876	5,562	3,704	10,142	～	22,976	
⑫利息及び配当金の受取額（P109）	P165	0	0	0	0	～	3	手順3
⑬利息の支払額（P119）	P165	△45	△45	(11)△45	△135	～	△303	手順4
⑭法人税等の支払額（P131）	P165	0	(2)△830	0	△830	～	△830	手順1
⑮営業活動によるキャッシュ・フロー	縦計	831	4,687	3,659	9,177	～	21,846	
Ⅱ.投資活動によるキャッシュ・フロー								
⑯有形固定資産の取得による支出（P71）	P165			(6)△1,080	△1,080	～	△1,080	手順2
⑰無形固定資産の取得による支出（P71）	P165			(7)△1,080	△1,080	～	△1,080	
⑱投資有価証券の取得による支出（P109）	P165				0	～	△1,000	手順10
⑲投資活動によるキャッシュ・フロー	縦計	0	0	△2,160	△2,160	～	△3,160	
Ⅲ.財務活動によるキャッシュ・フロー								
⑳短期借入金の増減額（P117）	P165	0	0	0	0	～	△2,000	手順11
㉑長期借入金の返済による支出（P117）	P165	△333	△333	△334	△1,000	～	△2,000	
㉒配当金の支払額（P129）	P165		(3)0		0	～	△400	手順1
㉓財務活動によるキャッシュ・フロー	縦計	△333	△333	△334	△1,000	～	△4,400	
㉔Ⅳ.現金及び現金同等物に係る換算差額	P165	0	0	[1]0	0	～	0	
㉕Ⅴ.現金及び現金同等物の増減額	縦計	498	4,354	1,165	6,017	～	14,286	手順12
㉖Ⅵ.現金及び現金同等物の月初残高(P161)	P165	3,355	3,853	[2]8,207	3,355	～	3,355	手順12
㉗Ⅶ.現金及び現金同等物の月末残高(P163)	P165	3,853	8,207	[3]9,372	9,372	～	17,641	

手順5 ⑤売上債権の増減額は、下記予算C/F組替仕訳の値を転記する（例：翌3月）。

	／	±BS 売掛金（P165）　　⑭　4,860
		CF ⑤売上債権の増減額　（12)△4,860
借方合計	0	貸方合計　　　　　　　　　0

手順6 ⑥仕入債務の増減額は、下記予算C/F組替仕訳の値を転記する（例：翌2月）。

±BS　買掛金（P165）　　⑮　△2,107	／	CF ⑥仕入債務の増減額　(13)△2,107
借方合計	△2,107	貸方合計　　　　　　　△2,107

手順7 ⑦たな卸資産の増減額は、下記予算CF組替仕訳の値を転記する（例：6月［P167］）。

	／	±BS 商品（P165）　　⑯　△1,083
		CF ⑦たな卸資産の増減額　(14)1,083
借方合計	0	貸方合計　　　　　　　　　0

手順8 ⑧未払消費税等の増減額は、下記予算C/F組替仕訳の値を転記する（例：翌3月）。

±BS　未払消費税等（P165）　⑰　539	／	CF ⑧未払消費税等の増減額　(15)539
借方合計	539	貸方合計　　　　　　　　539

手順9 ⑩未払金の増減額は、下記予算C/F組替仕訳の値を転記する（例：翌3月）。

±BS　未払金（P165）　　⑱　54	／	CF ⑩未払金の増減額　　(16)54
借方合計	54	貸方合計　　　　　　　　54

手順10 ⑱投資有価証券の取得による支出は、下記予算CF組替仕訳の値を転記する（例：翌3月）。

	／	±BS 投資有価証券（P165）　⑲　0
	CF ⑱投資有価証券の取得による支出　(17)0	
借方合計	0	貸方合計　　　　　　　　　0

手順11 ⑳短期借入金の増減額及び㉑長期借入金の返済による支出は、下記予算C/F組替仕訳の値を転記する（例：翌3月）（±BS：P165）。

±BS 短期借入金（P165）　　⑳△4,000	／	CF ⑳短期借入金の増減額　　(18)△4,000
±BS 1年内返済予定長期借入金(P165)　㉑　3,666		CF 長期借入れによる収入　　　　0
±BS 長期借入金（P165）　㉒△4,000		CF ㉑長期借入金の返済による支出 (19)△334
借方合計	△4,334	貸方合計　　　　　　　△4,334

手順12 ㉔・㉖・㉗「現金及び現金同等物」関係は、下記予算C/F組替仕訳の値を転記する（例：翌3月）。

CF ㉗現金及び現金同等物の月末残高　(22)36,831		
	／	±BS 現金及び預金（P165）　㉓△2,999
		CF ㉔現金及び現金同等物の換算差額　(20)0
		CF ㉖現金及び現金同等物の月初残高 (21)39,830
借方合計	36,831	貸方合計　　　　　　　36,831

■ チェックポイント

○ 上記予算C/F組替仕訳について、「月次予算比較貸借対照表」（P165）の増減差額及び「月次予算損益計算書」（P157・159）の値との整合性を検証します。

○ 通期累計の「予算キャッシュ・フロー計算書」（P147・149）の値との一致を検証します。

○ 各月次の右の等式が成立していることを検証します。　⑮＋⑲＋㉓＋㉔＝㉕　　㉕＋㉖＝㉗

○ 「月次資金計画書」（P133）の月次収支との整合性が図られていることを検証します。

月次予算キャッシュ・フロー計算書（その２）

(次期：×１年４月１日～×２年３月31日)

注：［６］～［８］はP164の月次予算C/F組替仕訳より転記。

(単位：千円)

期間　　科目	参照頁	第3四半期 ～	第4四半期 翌1月	翌2月	翌3月	第4Q計	下期計	通期計 P147・149
Ⅰ.営業活動によるキャッシュ・フロー								
①税引前当期純利益（P/L：P159） 手順1	P165	5,528	3,030	［6］5,462	14,020	25,084	29,923
②減価償却費（P/L：P159） 手順2	P165	141	139	140	420	841	1,589
③受取利息及び配当金（P/L：P159）（△表示） 手順3	P165	0	0	(8)　△ 3	△ 3	△ 53	△ 56
④支払利息（P/L：P159） 手順4	P165	45	45	113	203	338	641
⑤売上債権の増減額 手順5	P165	△ 972	4,860	(12)△ 4,860	△ 972	△ 3,888	△ 6,351
⑥仕入債務の増減額 手順6	P165	1,686	(13)△ 2,107	0	△ 421	1,685	8,473
⑦たな卸資産の増減額 手順7	P165	0	0	0	0	△ 390	10,913
⑧未払消費税等の増減額 手順8	P165	541	283	(15)　539	1,363	2,523	4,002
⑨その他（固定資産に関する消費税等） 手順2	P165				0	0	160
⑩未払金の増減額 手順9	P165	11	△ 54	(16)　54	11	43	△ 135
⑪小計	縦計	6,980	6,196	1,445	14,621	26,183	49,159
⑫利息及び配当金の受取額（P109） 手順3	P165	0	0	(9)　3	3	53	56
⑬支払利息（P119） 手順4	P165	△ 45	△ 45	△ 113	△ 203	△ 338	△ 641
⑭法人税等の支払額（P131） 手順1	P165	0	0	［7］0	0	△ 708	△ 1,538
⑮営業活動によるキャッシュ・フロー	縦計	6,935	6,151	1,335	14,421	25,190	47,036
Ⅱ.投資活動によるキャッシュ・フロー								
⑯有形固定資産の取得による支出（P71） 手順2	P165			0	0	0	△ 1,080
⑰無形固定資産の取得による支出（P71）	P165			0	0	0	△ 1,080
⑱投資有価証券の取得による支出（P109） 手順10	P165			(17)　0	0	0	△ 1,000
⑲投資活動によるキャッシュ・フロー	縦計	0	0	0	0	0	△ 3,160
Ⅲ.財務活動によるキャッシュ・フロー								
⑳短期借入金の増減額（P117）	P165	0	0	(18)△ 4,000	△ 4,000	△ 4,000	△ 6,000
㉑長期借入金の返済による支出（P117） 手順10	P165	△ 333	△ 333	(19)△ 334	△ 1,000	△ 2,000	△ 4,000
㉒配当金の支払額（P129） 手順1	P165			［8］0	0	0	△ 400
㉓財務活動によるキャッシュ・フロー	縦計	△ 333	△ 333	△ 4,334	△ 5,000	△ 6,000	△ 10,400
㉔Ⅳ.現金及び現金同等物に係る換算差額 手順12	P165	0	0	(20)　0	0	0	0
㉕Ⅴ.現金及び現金同等物の増減額	縦計	6,602	5,818	△ 2,999	9,421	19,190	33,476
㉖Ⅵ.現金及び現金同等物の月初残高（P161） 手順12	P165	27,410	34,012	(21)39,830	27,410	17,641	3,355
㉗Ⅶ.現金及び現金同等物の月末残高（P163）	P165	34,012	39,830	(22)36,831	36,831	36,831	36,831

第8章　年間予算スケジュールと月次予算財務諸表の作成　**169**

第 9 章

部門別予算財務諸表の作成

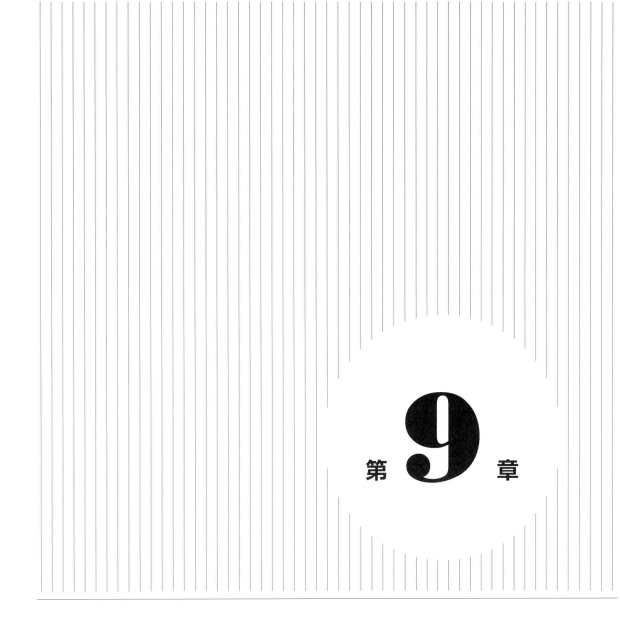

CASE 1 ▶「部門別予算損益計算書集計表」の作成

目的

次年度の損益予算について、部門別予算損益計算書の作成プロセスを明らかにする為に作成します。

作業手順

手順1▶「(1) 予算科目等」「(2) 全社予算額」欄には、「予算損益計算書」(P139) より、損益予算の科目と全社予算額をそれぞれ転記する。

手順2▶「(3) 部門」欄には、会社の予算責任を負う組織・部門名を記入する。「(4) 予算組織区分」には、プロフィットセンター (PC) とコストセンター (CC) の属性区分を記入する。さらに、それぞれの部門別に「(5) 個別費用」「(6) 共通費用」「(7) 合計」の各欄を設ける (用語定義:P174参照)。

手順3▶「(8) 稼働人員数」「(9) 稼働人員割合」欄には、各部門に従事する人員数より、計算・記入する (設例では便宜上、兼務割合を考慮している)。

手順4▶ 各予算科目の「(2) 全社予算額」の内、各部門で個別に把握できる予算額を各部門の「(5) 個別費用」欄へ記入する。便宜上、売上高や受取利息及び配当金の部門収益予算額も同様の処理とする。

手順5▶ 各予算科目の「(2) 全社予算額」の内、各部門で個別に把握できないものを「(10) 部門共通費」欄へ記入する (管理部門で一括管理する費用を含んでいる)。

手順6▶「(10) 部門共通費」の予算額を「(9) 稼働人員割合」で按分計算し、各部門の「(6) 共通費用」欄へ記入する (一括管理費用も含む)。

兼務人件費は便宜上、「(8) 稼働人員数」で按分計算して各部門へ配賦する。

[例] 減価償却費　年間予算1,589…⑤

営業部門への配賦額=⑤1,589×稼働人員割合50.0%=　　795

購買部門への配賦額=⑤1,589×稼働人員割合23.3%=　　370

管理部門への配賦額=⑤1,589×稼働人員割合26.7%=　　424

合計　　　　　　　　　　(100.0%)=⑤1,589

注:部門配賦予算合計が年度予算に一致するように端数調整する。

手順7▶ 各部門の「(5) 個別費用」と「(6) 共通費用」を合計して、「(7) 合計」欄へ記入する。

手順8▶ 予算科目別の各部門費用の合計が「(2) 全社予算額」と一致することを確認する。

手順9▶ 各部門の費用予算合計を計算・記入する。

172　第Ⅱ部　応用編

部門別予算損益計算書集計表（その１）

（次期：×1年4月1日～×2年3月31日）　　　　　　（単位：千円）

(3)部門 / (4)予算組織区分 / (1)予算科目等	変・固	(2)全社予算額	参照頁	(10)部門共通費	営業部門 プロフィットセンター (5)個別費用	(6)共通費用	(7)合計	購買部門 コストセンター (5)個別費用	(6)共通費用	(7)合計	管理部門 コストセンター (5)個別費用	(6)共通費用	(7)合計
		予算P/L（P139）より		（一括管理費用含む）									
(8)稼働人員数		3.0					1.5			0.7			0.8
(9)稼働人員割合		100.0%					50.0%			23.3%			26.7%
（人員内訳）													
田辺雄一（兼務割合）		1.0			0.5（兼務）			0.2（兼務）			0.3（兼務）		
鈴木一也		1.0			1								
石川京子（兼務割合）		1.0						0.5（兼務）			0.5（兼務）		
売上高		113,400	P31		113,400		113,400						
売上原価	変	56,153	P49					56,153		56,153			
売上総利益		57,247											
売上総利益率		51%											
【販売費及び一般管理費】													
販売手数料	変	1,260	P87		1,260		1,260						
役員報酬	固①	4,800	P83	①´4,800		2,400	2,400		960	960		1,440	1,440
従業員給与	固②	4,800	P83	②´1,800	3,000		3,000		900	900		900	900
従業員賞与	固③	1,450	P83	③´450	1,000		1,000		225	225		225	225
法定福利費	固④	1,711	P83	④´1,094	617	366	983		328	328		400	400
広告宣伝費	固	820	P87		820		820			0			0
旅費交通費	固	1,560	P87		1,000		1,000	360		360	200		200
交際費	固	1,500	P87		1,300		1,300	200		0	200		200
減価償却費	固⑤	1,589	P71	⑤ 1,589		795	795		370	370		424	424
水道光熱費	固⑥	760	P93	⑥ 760		380	380		177	177		203	203
通信費	固⑦	1,080	P93	⑦ 1,080		540	540		252	252		288	288
消耗品費	固⑧	600	P93	⑧ 600		300	300		140	140		160	160
賃借料	固⑨	3,379	P93	⑨ 3,379		1,690	1,690		787	787		902	902
租税公課	固⑩	1,250	P93	⑩ 1,250		625	625		291	291		334	334
雑費	固⑪	180	P93	⑪ 180		90	90		42	42		48	48
合計		26,739	P139		8,997	7,186	16,183	360	4,472	4,832	400	5,324	5,724

（注）

役員報酬（P83）田辺雄一 ※1 ①´4,800 / ① 4,800	営業	購買	管理
	4,800×0.5人÷1人 ＝2,400	4,800×0.2人÷1人 ＝960	4,800×0.3人÷1人 ＝1,440

従業員給与（P83）鈴木一也 3,000 / 石川京子 ※1 ②´1,800 / ② 4,800	営業	購買	管理
	3,000 営業担当なので（5）個別費用欄へ記入する。	1,800×0.5人÷1人 ＝900	1,800×0.5人÷1人 ＝900

従業員賞与（P83）鈴木一也 1,000 / 石川京子 ※1 ③´450 / ③ 1,450	営業	購買	管理
	1,000 営業担当なので（5）個別費用欄へ記入する。	450×0.5人÷1人 ＝225	450×0.5人÷1人 ＝225

法定福利費（P83）田辺雄一 ※1 ④´-1 731 / 鈴木一也 617 / 石川京子 ※1 ④´-2 363 / ④ 1,711	営業	購買	管理
	731×0.5人÷1人 ＝366	731×0.2人÷1人 ＝146	731×0.3人÷1人 ＝219
	617 営業担当なので（5）個別費用欄へ記入する。	363×0.5人÷1人 ＝182	363×0.5人÷1人 ＝181
	366	328	400

※1：兼務している部門の兼務割合で配賦する。

科目	金額	手順6-①（営業）	手順6-②（購買）	手順6-③（管理）
減価償却費（P71）	⑤ 1,589	⑤1,589×50.0% ＝795	⑤1,589×23.3% ＝370	⑤1,589×26.7% ＝424
水道光熱費（P93）	⑥ 760	⑥ 760×同上 ＝380	⑥ 760×同上 ＝177	⑥ 760×同上 ＝203
通信費（P93）	⑦ 1,080	⑦1,080×同上 ＝540	⑦1,080×同上 ＝252	⑦1,080×同上 ＝288
消耗品費（P93）※2	⑧ 600	⑧ 600×同上 ＝300	⑧ 600×同上 ＝140	⑧ 600×同上 ＝160
賃借料（P93）	⑨ 3,379	⑨3,379×同上 ＝1,690	⑨3,379×同上 ＝787	⑨3,379×同上 ＝902
租税公課（P93）	⑩ 1,250	⑩1,250×同上 ＝625	⑩1,250×同上 ＝291	⑩1,250×同上 ＝334
雑費（P93）	⑪ 180	⑪ 180×同上 ＝90	⑪ 180×同上 ＝42	⑪ 180×同上 ＝48

※2：部門共通費として各部門の稼働人員割合で配賦する。

第9章　部門別予算財務諸表の作成

手順10 営業部門については、部門利益予算を計算・記入する。

手順11 各部門予算の科目集計値を「各部門予算損益計算書（ケース1）」（P177）へ転記する。

■ チェックポイント

○組織全体の中で予算責任をもつ部署を明確化します。

○プロフィットセンターとコストセンターを合理的に分けます。

○全社費用予算を部門個別費用予算と部門共通費用予算に分けます。

○部門個別費用予算は各担当部署へ賦課します。

○部門共通費用予算は合理的な配賦基準に基づいて各部署へ配賦します。

○各部門予算の合計が全社予算と一致していることを確認します。

〈用語定義〉

・プロフィットセンター（PC）とは、「収益予算－費用予算＝利益予算」を目標として管理責任を負う組織をいう。例えば、営業部門はプロフィットセンター（PC）となる。

・コストセンター（CC）とは、費用予算のみを目標として管理責任を負う組織をいう。例えば、購買部門や管理部門はコストセンター（CC）となる。

　ただし、管理会計として、倉庫から出庫した時点で購買部門から営業部門へ「社内売上高」を計上する場合には、購買部門はコストセンター（CC）からプロフィットセンター（PC）に変わる。

<pre>
                    購買部門   営業部門
                    （CC→PC）   （PC）
仕入先→ （仕入高）××／（買掛金）××   （売掛金）××／（売上高）×× →得意先
       （社内売掛金）××／（社内売上高）×× → （社内仕入高）××／（社内買掛金）××
</pre>

・部門個別費とは、特定の部門で消費したと認識できる費用をいい、各部門に当該金額を集計（賦課）する（例：販売システムの減価償却費）。

・部門共通費とは、2つ以上の部門のために共通的に発生する費用（例：本社建物の減価償却費）をいい、配賦基準に従って各部門の費用を計算し、各部門へ配賦する。

部門別予算損益計算書集計表（その２）

（次期：×1年４月１日～ ×2年3月31日）

（単位：千円）

	手順1・8		手順5	営業部門 プロフィットセンター			購買部門 コストセンター			管理部門 コストセンター		
(3)部門 (4)予算組織区分 (1)予算科目等	変・固	(2)全社予算額	参照頁 / (10)部門共通費（一括管理費用含む）	(5)個別費用	(6)共通費用	(7)合計	(5)個別費用	(6)共通費用	(7)合計	(5)個別費用	(6)共通費用	(7)合計
(8)稼働人員数		3.0			1.5			0.7			0.8	
(9)稼働人員割合		100.0%			50.0%			23.3%			26.7%	
（人員内訳）				（人員内訳）			（人員内訳）			（人員内訳）		
田辺雄一		1.0		田辺雄一	0.5 （兼務）		田辺雄一	0.2 （兼務）		田辺雄一	0.3 （兼務）	
鈴木一也		1.0		鈴木一也	1							
石川京子		1.0					石川京子	0.5 （兼務）		石川京子	0.5 （兼務）	
営業利益		30,508	P139			97,217			△60,985			△5,724
営業利益率		27%				86%						
【営業外収益】												
受取利息及び配当金	固	56	P107			0			0		56	56
合計		56				0			0		56	56
【営業外費用】												
支払利息	固	641	P115			0			0		641	641
合計		641				0			0		641	641
経常利益		29,923	P139			97,217			△60,985			△6,309
経常利益率		26%				85.7%						
【特別利益】		0				0			0			0
固定資産売却益		0	P139			0			0			0
【特別損失】		0				0			0			0
固定資産売却損		0	P139			0			0			0
税引前当期純利益		29,923	P139			97,217			△60,985			△6,309
税引前当期純利益率		26%				85.7%						
法人税、住民税及び事業税	固	11,486	P137								11,486	11,486
法人税等調整額	固	△664	P137								△664	△664
合計		10,822									10,822	0	10,822
当期純利益		19,101	P139			97,217			△60,985			△17,131
当期純利益率		17%										

部門利益 97,217　売上高利益率 86%　部門費用（△表示） △60,985　部門費用（△表示） △17,131

CASE 2 ▶ 「部門別予算損益計算書」の作成

■ 目的

次年度の損益予算について、責任部署単位でPDCAを進捗管理する為に作成します。

「部門別予算損益計算書集計表」（P173・175）より作成されます。

■ 作業手順

部門別予算損益計算書は、次の2つのケースに分けて考察する。

○ケース1：購買部門をコストセンターとする場合（P177）

○ケース2：購買部門をプロフィットセンターに変えた場合（P179）…P180～P189の内
　　　　　容はケース2を前提とする。

〈ケース1の場合〉

手順1 ▶ (1)プロフィットセンターは①事業収益・②事業費用・③事業利益に区分し、

(2)コストセンターは②事業費用に区分する。

(1)プロフィットセンターである営業部門は、「①事業収益－②事業費用＝③事業

利益」予算の形で予算管理を行う。

(2)コストセンターである購買部門と管理部門は、「②事業費用」予算の形で予算

管理する。

手順2 ▶ (1)プロフィットセンターでは、①事業収益区分は④売上高と、構成要素である

販売数量（kg）と予想平均販売単価も明示する。

手順3 ▶ ②事業費用は、さらに「各部門でコントロールできるか」という視点から、⑤

管理可能費用と⑥管理不能費用に区分する。

設例では、従業員給与は、残業手当を⑤管理可能費用とし、その他の従業員給

与を⑥管理不能費用としている。

法定福利費は便宜上、⑥管理不能費用としている。

賃借料は、営業部門と購買部門では⑥管理不能費用とし、管理部門では⑤管理

可能費用としている。

手順4 ▶ (1)プロフィットセンターでは、④売上高から⑤管理可能費用を控除した⑦管理

可能利益の区分を設ける。

手順5 ▶ 「部門別予算損益計算書集計表」（P173・175）より各部門へ転記する。

手順6 ▶ 各部門の業績評価は、(1)プロフィットセンターの場合には⑦管理可能利益、(2)

コストセンターの場合には⑤管理可能費用に基づいてなされる。

手順7 ▶ 各部門の各予算科目の合計値が全社予算額と一致していることを検証する。

176　第Ⅱ部　応用編

部門別予算損益計算書（ケース1）

(次期：×1年4月1日～ ×2年3月31日)

(単位：千円)

営業部門　手順1
(1) プロフィットセンター　手順5・7

部門予算科目	部門予算額
手順1・2　Ⅰ事業収益…①	
販売数量（kg）	1,260
予想平均販売単価	90
売上高…④	113,400
手順1　Ⅱ事業費用…②	
[1]管理可能費用…⑤　手順3	
販売手数料	1,260
従業員給与（残業手当）※1	(1) 300
従業員賞与	1,000
広告宣伝費	820
旅費交通費	1,000
交際費	1,300
水道光熱費	380
通信費	540
消耗品費	300
雑費	90
管理可能費用合計　手順3	6,990
手順4　管理可能利益…⑦　手順4	106,410

部門別事業評価↑

手順3　手順6

[2]管理不能費用…⑥	
役員報酬	2,400
従業員給与（残業手当除く）※1	(1)2,700
法定福利費　※1	983
減価償却費	795
賃借料	1,690
租税公課	625
管理不能費用合計　手順3	9,193
事業費用合計　手順1	16,183

手順1　Ⅲ事業利益…③	
事業利益	97,217

購買部門　手順1
(2) コストセンター　手順5・7

部門予算科目	部門予算額
Ⅰ事業費用…②　手順1	
[1]管理可能費用…⑤　手順3	
期首商品たな卸高	20,000
当期商品仕入高	45,240
期末商品たな卸高	9,087
差引売上原価	56,153
従業員給与（残業手当）※2	(2) 90
従業員賞与	225
旅費交通費	360
水道光熱費	177
通信費	252
消耗品費	140
雑費	42
管理可能費用合計　手順3	57,439

部門別事業評価↑

手順3　手順6

[2]管理不能費用…⑥	
役員報酬	960
従業員給与（残業手当除く）※2	(2) 810
法定福利費　※2	328
減価償却費	370
賃借料	787
租税公課	291
管理不能費用合計　手順3	3,546
事業費用合計　手順1	60,985

管理部門　手順1
(2) コストセンター

部門予算科目	部門予算額
Ⅰ事業費用…②　手順1　手順5・7	
[1]管理可能費用…⑤　手順3	
従業員給与（残業手当）※3	(3) 90
従業員賞与	225
旅費交通費	200
交際費	200
水道光熱費	203
通信費	288
消耗品費	160
賃借料　※3	902
雑費	48
受取利息	△ 56
支払利息	641
管理可能費用合計　手順3	2,901

部門別事業評価↑

手順3　手順6

[2]管理不能費用…⑥	
役員報酬	1,440
従業員給与（残業手当除く）※3	(3) 810
法定福利費　※3	400
減価償却費	424
租税公課	334
管理不能費用合計　手順3	3,408
事業費用合計　手順1	6,309

法人税、住民税及び事業税	11,486
法人税等調整額	△ 664
税金費用	10,822

(参考) 予算株主資本等変動計算書(P141) より

配当金支出	△ 400

手順3

※1：従業員給与（1）3,000の内、残業手当300は部門管理可能費とし、700は部門管理不能費としている。
法定福利費は便宜上管理不能費としている。

手順3

※2：従業員給与（2）900の内、残業手当90は部門管理可能費とし、810は部門管理不能費としている。
法定福利費は便宜上管理不能費としている。

手順3

※3：従業員給与（3）900の内、残業手当90は部門管理可能費とし、810は部門管理不能費としている。
法定福利費は便宜上管理不能費としている。
賃借料は部門管理可能費としている。

〈ケース2の場合〉

手順8 購買部門を、(2)コストセンターから(1)プロフィットセンターに変更している。

売上高計上時に、購買部門から営業部門へ社内売上高が計上される。

社内販売単価@58千円×販売数量1,260kg＝73,080千円…⑧

購買部門：(社内売掛金) ⑧73,080 ／ (社内売上高) ⑧73,080

営業部門：(社内仕入高) ⑨73,080 ／ (社内買掛金) ⑨73,080

⑧＝⑨…全社予算上はそれぞれ相殺される。

手順9 ⑤管理可能費用を、さらに⑩管理可能変動費用と⑪管理可能固定費用に区分している。

「④売上高・⑧社内売上高－⑩管理可能変動費用＝⑫限界利益」を計算・記入する。

手順10 購買部門の業績評価基準は⑦管理可能利益になる。

手順11 管理部門の税金費用を除く費用予算は⑬本社費として、⑭PC部門稼働人員割合を基礎として営業部門と購買部門へ配賦する（下記〈参考〉参照）。

手順12 管理部門の⑱税金費用を、⑭PC部門稼働人員割合を基礎として営業部門と購買部門へ配賦する（⑲税金費用配賦額）（下記〈参考〉参照）。

手順13 営業部門及び購買部門はともに(1)プロフィットセンターなので、以下の算式で部門の各利益を計算・記入する。

⑫限界利益－⑪管理可能固定費用＝⑦管理可能利益

⑦管理可能利益－⑥管理不能費用＝⑮事業利益

⑮事業利益－⑯本社費配賦額＝⑰部門利益

⑰部門利益－⑲税金費用配賦額＝⑳部門純利益

■ チェックポイント

○「部門別予算損益予算書」の区分が適切に設定されていることを検証します。

○「部門別予算損益計算書集計表」(P173・175) より、正しく転記されていることを検証します。

○ 各部門の予算科目の合計が、P/L (P139) の全社予算金額と一致していることを検証します。

○ 社内取引勘定が全社予算作成上、適切に相殺処理されていることを検証します。

〈参考〉

区　分	(PC) 営業部門	(PC) 購買部門	合　計
稼働人員数	1.5人	0.7人	2.2人
⑭PC部門稼働人員割合	1.5／2.2	0.7／2.2	1
⑯本社費配賦額	4,302	2,007	⑬ 6,309
⑲税金費用配賦額	7,379	3,443	⑱10,822

部門別予算損益計算書（ケース２）

（次期：×1年4月1日〜×2年3月31日）

（単位：千円）

営業部門 〔手順1〕

（1）プロフィットセンター 〔手順5・7〕

部門予算科目	部門予算額
〔手順1・2〕Ⅰ事業収益…①	
販売数量（kg）	1,260
予想平均販売単価	90
売上高…④	113,400
〔手順1〕Ⅱ事業費用…② 〔手順3・9〕	
［1］管理可能変動費用…⑩	
社内仕入高…⑨ 〔手順8〕	73,080
販売手数料	1,260
管理可能変動費用合計…⑩	74,340
限界利益…⑫ 〔手順9〕	39,060
限界利益率	34%
［2］管理可能固定費用…⑪ 〔手順9〕	
従業員給与（残業手当）	300
従業員賞与	1,000
広告宣伝費	820
旅費交通費	1,000
交際費	1,300
水道光熱費	380
通信費	540
消耗品費	300
雑費	90
管理可能固定費用合計…⑪	5,730
Ⅲ事業利益…③	
〔手順4・13〕管理可能利益…⑦	33,330
管理可能利益率	29%
部門別事業評価↑	
〔手順3・9〕［3］管理不能費用…⑥ 〔手順6〕	
役員報酬	2,400
従業員給与（残業手当除く）	2,700
法定福利費	983
減価償却費	795
賃借料	1,690
租税公課	625
管理不能費用合計…⑥	9,193
事業費用合計…②	89,263
〔手順13〕事業利益…⑮	24,137
事業利益率	21%
〔手順11〕本社費配賦額…⑯	4,302
⑬6,309×1.5人÷2.2人 ↑	
〔手順13〕部門利益…⑰（P187：C/F）	19,835
部門利益率	17%
〔手順12〕税金費用配賦額…⑲	7,379
⑱10,822×1.5人÷2.2人 ↑	
〔手順13〕部門純利益…⑳	12,456
部門純利益率	11%

P183±BSへ

購買部門 〔手順1〕

（1）プロフィットセンター 〔手順5・7〕

部門予算科目	部門予算額
Ⅰ事業収益…① 〔手順1〕	
社内販売数量（kg）	1,260
予想平均社内販売単価	58
社内売上高…⑧ 〔手順8〕	73,080
Ⅱ事業費用…② 〔手順1〕	
［1］管理可能変動費用…⑩ 〔手順3・9〕	
売上原価	56,153
管理可能変動費用合計…⑩	56,153
限界利益…⑫ 〔手順9〕	16,927
限界利益率	23%
［2］管理可能固定費用…⑪ 〔手順9〕	
従業員給与（残業手当）	90
従業員賞与	225
旅費交通費	360
水道光熱費	177
通信費	252
消耗品費	140
雑費	42
管理可能固定費用合計…⑪	1,286
Ⅲ事業利益…③ 〔手順4・13〕	
管理可能利益…⑦ 〔手順10〕	15,641
管理可能利益率	21%
〔手順3・9〕 部門別事業評価↑	
［3］管理不能費用…⑥ 〔手順6・10〕	
役員報酬	960
従業員給与（残業手当除く）	810
法定福利費	328
減価償却費	370
賃借料	787
租税公課	291
管理不能費用合計…⑥	3,546
事業費用合計…②	60,985
事業利益…⑮ 〔手順13〕	12,095
事業利益率	17%
本社費配賦額…⑯ 〔手順11〕	2,007
⑬6,309×0.7人÷2.2人 ↑	
部門利益…⑰（P187：C/F）	10,088
部門利益率 〔手順13〕	14%
税金費用配賦額…⑲ 〔手順12〕	3,443
⑱10,822×0.7人÷2.2人 ↑	
部門純利益…⑳ 〔手順13〕	6,645
部門純利益率	9%

P183±BSへ

管理部門 〔手順1〕

（2）コストセンター

部門予算科目	部門予算額
社内売上高⑧ 〔手順5・7〕 =社内販売単価@58千円×社内販売数量 1,260kg=73,080千円 （社内仕入高⑨と一致）〔手順8〕	
Ⅱ事業費用…② 〔手順1〕	
［1］管理可能変動費用…⑩	
［2］管理可能固定費用…⑪ 〔手順9〕	
従業員給与（残業手当）	90
従業員賞与	225
旅費交通費	200
交際費	200
水道光熱費	203
通信費	288
消耗品費	160
賃借料	902
雑費	48
受取利息	△ 56
支払利息	641
管理可能固定費用合計…⑪	2,901
部門別事業評価↑ 〔手順6〕	
〔手順3・9〕［3］管理不能費用…⑥	
役員報酬	1,440
従業員給与（残業手当除く）	810
法定福利費	400
減価償却費	424
租税公課	334
管理不能費用合計…⑥	3,408
事業費用合計…②（本社費）⑬	6,309
本社費として、⑭PC部門稼働人員数割合で配賦 〔手順11〕	
法人税、住民税及び事業税	11,486
法人税等調整額	△ 664
税金費用…⑱ 〔手順12〕	10,822
予算株主資本等変動計算書（P141）より↑	
配当金支出	△ 400

第9章　部門別予算財務諸表の作成　**179**

CASE 3 ▶「部門別予算比較貸借対照表」の作成

■ 目的

　次年度の貸借対照表予算について、責任部署単位でPDCAを進捗管理する為に作成します。また、「部門別予算キャッシュ・フロー計算書」作成の基礎データとなります。

■ 作業手順

その1：次期首残高

〈次期首残高の「部門別予算比較貸借対照表」（P181）の作成〉

手順1 「①部門」欄へ組織名（営業部門・購買部門・管理部門）を記入する。

手順2 「②予算組織区分」欄には、プロフィットセンター（PC）かコストセンター（CC）のいずれかを記入する。営業部門はPCであり、購買部門も販売部門へ社内売上高を計上するのでPCとなる。管理部門はCCとなる。

手順3 各「①部門」欄をさらに「③個別管理」「④共通管理」「⑤合計」に分ける。

手順4 「⑥予算科目」欄には、当期の部門別貸借対照表の予算科目及び次期新設の予算科目を記入する。社内取引勘定（社内売掛金・社内買掛金・社内貸付金・社内借入金）も含める。

手順5 部門共通管理配賦基準を計算・記入する。下記は当期末の内容である。

部　門 項　目	全社	営業部門 PC	購買部門 PC	管理部門 CC
⑦稼働人員数	2.0人	1.5人	0.2人	0.3人
⑧稼働人員割合	100.0%	75.0%	10.0%	15.0%
⑨PC部門稼働人員割合	100.0%	88.2%	11.8%	

手順6 「当期実績予想：比較貸借対照表（P15）」より、「⑩全社予算B/S」欄へ記入する。

手順7 「⑩全社予算B/S」を「どの部署が管理責任を負うか」という観点より、営業部門に帰属するもの（例：売掛金・未払金）は営業部門の「③個別管理」欄へ記入し、購買部門に帰属すべきもの（例：商品・買掛金）は購買部門の「③個別管理」欄へ記入する。同様に、管理部門に帰属すべきもの（例：現金及び預金、固定資産、借入金、未払消費税等）は管理部門の「③個別管理」欄へ記入する。

手順8 「部門別予算損益計算書」（P179）においては、税金費用もPCである営業部門と購買部門に配賦しており、税金費用も各部門で管理責任を負うものとする。従って、繰延税金資産（流動資産・固定資産）及び未払法人税等については⑨PC部門稼働人員割合より配賦計算し、営業部門と購買部門の「④共通管理」欄へ記入する。

手順9 購買部門が営業部門に社内販売することにより発生する⑪社内売掛金は、売掛金回収サイト：2カ月後回収より、当期実績予想の「2月・3月の販売数量（P9：47kg＋29kg）×社内販売単価@58千円（P179）＝（1）4,408千円」の計算結果を購買部門の「③個別管理」欄へ計算・記入する。対応する営業部門が購買部門から社内仕入れすることにより発生する⑫社内買掛金は、「社内売上債権＝社内仕入債務」より、同金額を営業部門の「③個別管理」欄へ記入する。

180　第Ⅱ部　応用編

部門別予算比較貸借対照表（その1：次期期首残高）

（次期：×1年4月1日～ ×2年3月31日）

（単位：千円）

手順	①部門 ②予算組織区分 ⑥予算科目	貸借	⑩全社予算B/S (P141)	営業部門 PC ③個別管理	④共通管理	⑤合計	購買部門 PC ③個別管理	④共通管理	⑤合計	管理部門 CC ③個別管理	④共通管理	⑤合計	⑮社内勘定相殺	⑯照合差額
手順4	⑦稼働人員数		2.0人	(期首)	1.5人		(期首)	0.2人		(期首)	0.3人			
手順5	⑧稼働人員割合		100.0%		75.0%			10.0%			15.0%			
	⑨PC部門稼働人員割合		100.0%		88.2%			11.8%						
手順7	現金及び預金	借	3,355							3,355		3,355		0
	売掛金	借	8,229	8,229		8,229								0
手順7・9	⑪社内売掛金	借					(1)4,408		4,408				(1)△4,408	0
手順7	商品	借	20,000				20,000		20,000					0
手順8	繰延税金資産（流動資産）	借	0	0		0	0		0					0
手順7・13	⑬社内貸付金	借		(2)5,038		5,038	(2) 0		0	(2)15,915		15,915	(2)△20,953	0
	その他流動資産	借	200							200		200		0
手順7	有形固定資産	借	3,305							3,305		3,305		0
	無形固定資産	借	140							140		140		0
	保証金	借	3,000							3,000		3,000		0
	投資有価証券	借	2,000							2,000		2,000		0
手順8	繰延税金資産（固定資産）	借			0	0		0	0					0
手順13	資産合計	借	40,229	13,267	0	13,267	24,408	0	24,408	27,915	0	27,915	△25,361	
手順7	買掛金	貸	2,057				2,057		2,057					
手順7・9	⑫社内買掛金	貸		(1)4,408		4,408							(1)△4,408	
手順7・13	⑭社内借入金	貸		(2) 0		0	(2)20,953		20,953	(2) 0		0	(2)△20,953	
	短期借入金	貸	6,000							6,000		6,000		0
手順7	1年内返済予定長期借入金	貸	4,000							4,000		4,000		0
	未払金	貸	297	297		297								
手順8	未払法人税等	貸	830		732	732		98	98					0
	未払消費税等	貸	229							229		229		0
手順7	その他流動負債	貸	186							186		186		0
	長期借入金	貸	16,000							16,000		16,000		0
手順13	負債合計	貸	29,599	4,705	732	5,437	23,010	98	23,108	26,415	0	26,415	△25,361	
手順10	資本金	貸	10,000		(3)7,500	7,500		(3)1,000	1,000		(3)1,500	1,500		
手順11	繰越利益剰余金	貸	630	330	0	330	300	0	300	0		0		
	純資産合計	貸	10,630	330	7,500	7,830	300	1,000	1,300	0	1,500	1,500	0	0
手順13	負債・純資産合計	貸	40,229	5,035	8,232	13,267	23,310	1,098	24,408	26,415	1,500	27,915	△25,361	0
手順13・14	貸借差額		0			0			0			0	0	0

注記（図中コメント）:
- 管理責任は管理部門が負う為
- ↓管理責任＝購買部門 ／ ↑管理責任＝購買部門
- （P9：2月分47kg＋3月分29kg）×社内販売単価　P179@58千円＝4,408千円…(1)　社内販売単価は当期と次期で同一と仮定。
- 部門別予算貸借対照表の「資産合計－負債合計－純資産合計＝貸借差額」がゼロより小さい場合、貸借一致するように「社内貸付金」勘定で調整する。
- 管理責任は管理部門が負う為
- 社内取引の為相殺↓
- 部門別予算貸借対照表の「資産合計－負債合計－純資産合計＝貸借差額」がゼロより大きい場合、貸借一致するように「社内借入金」勘定で調整する。
- ↓管理責任＝営業部門
- 830×88.2%＝732　／　830×11.8%＝98
- ↑社内取引の為相殺　管理責任は管理部門が負う為
- 前期配当金ゼロ（⑨PC稼働人員割合で配賦）
- ↑管理部門の費用は本社費配賦されるのでゼロになる。

第9章　部門別予算財務諸表の作成

手順10▶ 資本金は、共通管理配賦基準の⑧稼働人員割合により計算した結果を、各部門の「④共通管理」欄へ配賦・記入する。

手順11▶ 繰越利益剰余金を「③個別管理」欄の（＋）部門別純利益累計と「④共通管理」欄の（－）配当金減少分に分ける。

（＋）部門別純利益累計については、「当期実績予想：部門別損益計算書の部門純利益＋当期実績予想：部門別比較貸借対照表の前期：繰越利益剰余金」の合計金額を各部門の「③個別管理」欄へ記入する。

（－）配当金減少分については、当期に支払った配当額を共通管理配賦基準の⑨PC部門稼働人員割合により計算した配賦額を、販売部門と購買部門の「④共通管理」欄へ記入する。

手順12▶ 部門別に「③個別管理＋④共通管理＝⑤合計」の計算結果を「⑤合計」欄へ記入する。

手順13▶ 部門別に「⑤合計」欄について「資産合計－負債合計－純資産合計＝貸借差額」を計算し、ゼロより大きい場合には⑭社内借入金の「③個別管理」欄へ貸借差額を記入し、ゼロより小さい場合には⑬社内貸付金の「③個別管理」欄へ貸借差額へ記入する。

手順14▶ 部門ごとの「⑤合計」欄の貸借差額がゼロになっていることを検証する。

手順15▶ ⑪社内売掛金・⑫社内買掛金・⑬社内貸付金・⑭社内借入金の社内勘定は、対外的債権・債務ではないので「⑮社内勘定相殺」欄で相殺消去する。

手順16▶ ⑥予算科目ごとに各①部門の⑤合計を合算し、⑮社内勘定相殺を加算した金額と⑩全社予算B/Sの金額との差額がゼロになっていることを検証し、当該差額（ゼロ）を「⑯照合差額」欄へ記入する。

その2：次期末残高

〈次期末残高の「部門別予算比較貸借対照表」（P183）の作成〉

「予算貸借対照表」（P141）を基礎として、上記の「手順1～手順16」に従って、「部門別予算比較貸借対照表（次期末残高）」（P183）を作成する（新人1名が増員より、⑦～⑨が変更となる）。

■ チェックポイント（次期首残高・次期末残高）

○⑩全社予算B/Sの資本金及び繰越利益剰余金は、「予算株主資本等変動計算書」（P141）の同科目期末残高と一致していることを検証します。

○繰越利益剰余金は「期首残高＋部門純利益（P179）－部門配当金配賦額（P183）＝期末残高」の計算が正しく処理されていることを検証します。

○⑩全社予算B/Sの金額は、「どの部門が管理責任を負うか」という観点から、各部門の③個別管理と④共通管理へ正しく賦課、配賦されていることを検証します。

○各部門予算B/Sの「資産合計－負債合計－純資産合計＝0」の等式が成立していることを検証します。

○予算科目ごとに「営業部門合計＋購買部門合計＋管理部門合計＋社内勘定相殺＝⑩全社予算B/S」の等式が成立していることを検証します。

部門別予算比較貸借対照表（その2：次期期末残高）

(次期：×1年4月1日～×2年3月31日)

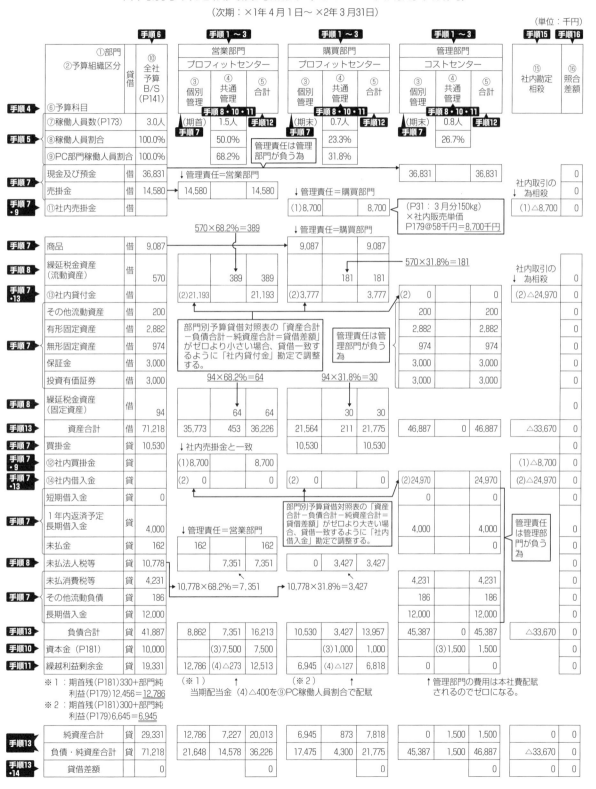

その3：増減差額

〈増減差額の「部門別予算比較貸借対照表」（P185）の作成〉

手順17▶ 「部門別予算比較貸借対照表」（P181・P183）の予算科目ごとに「次期末残高（P183）－次期首残高（P181）＝増減差額」を計算・記入する。部門別の貸借差額がゼロになっていること及び予算科目ごとの照合差額がゼロになっていることを検証する。

手順18▶ 以下の手順に従って、「部門別予算比較貸借対照表」の増減差額（以下 ±BS と示す）を予算C/F組替仕訳より、「部門別予算キャッシュ・フロー計算書」（P187・189）へ転記する。CF予算科目（以下 CF と示す）は符号（＋－）を明記するため、原則として貸方固定とする。

［例1］ 営業部門の売掛金の増減差額より、予算C/F組替仕訳を作成する。

　　　 貸借一致原則よりCF予算科目金額を逆算・計算する（以下同様）。

	±BS	売掛金	【2】	6,351
	CF	売上債権の増減額（P187）	［4］	△6,351（逆算）
借方合計	0	貸方合計		0

［例2］ 購買部門の「買掛金」の増減差額より、予算C/F組替仕訳を作成する。

±BS	買掛金	【13】8,473	/	CF	仕入債務の増減額（P187）	［14］8,473（逆算）	
借方合計	8,473			貸方合計		8,473	

［例3］ 購買部門の社内売掛金の増減差額より、予算C/F組替仕訳を作成する。

　　　 貸借一致原則よりCF予算科目金額を逆算・計算する（以下同様）。

	±BS	社内売掛金	【3-1】	4,292
	CF	社内売上債権の増減額（P187）	［5］	△4,292（逆算）
借方合計	0	貸方合計		0

［例4］ 営業部門の社内買掛金の増減差額より、予算C/F組替仕訳を作成する。

±BS	社内買掛金	【14-1】4,292	/	CF 社内仕入債務の増減額（P187）	［15］4,292（逆算）
借方合計	4,292		貸方合計		4,292

［例5］ 営業部門の繰越利益剰余金の増減差額より、予算C/F組替仕訳を作成する。

±BS	未払法人税等	【19-1】 6,619	/	±BS	繰延税金資産（流動資産）	【5-1】 389
±BS	繰越利益剰余金	【24-3】12,183	/	±BS	繰延税金資産（固定資産）	【12-1】 64
				CF	部門利益（P179）	［23］ 19,835
				CF	法人等の支払額（逆算）	［24］ △1,213
				CF	配当金の支払額	［25］ △273
借方合計		18,802		貸方合計		18,802

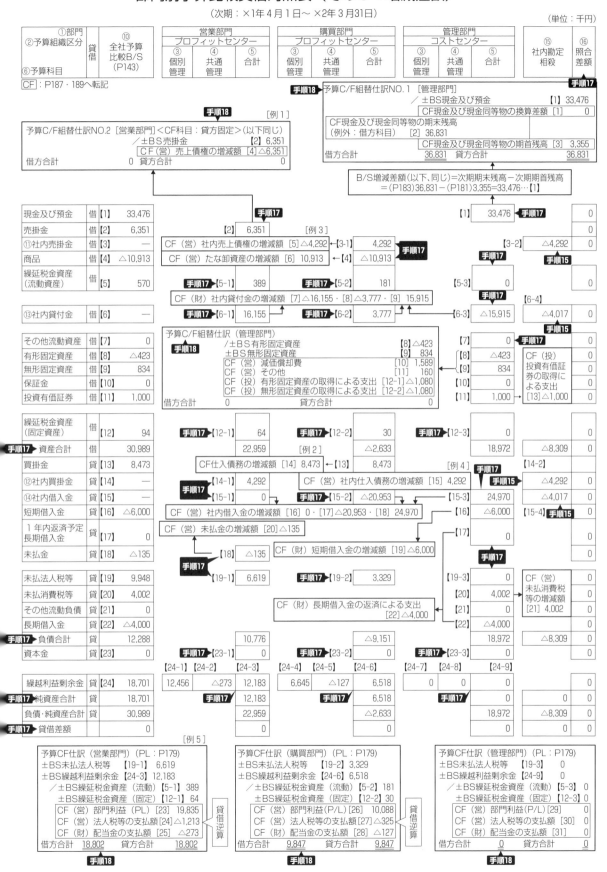

CASE 4 ▶ 「部門別予算キャッシュ・フロー計算書」の作成

■ 目的

次年度のキャッシュ・フロー予算について、責任部署単位でPDCAを進捗管理する為に作成します（以下「キャッシュ・フロー」を「C/F」と略す）。

■ 作業手順

以下、「部門別予算損益計算書」（P179）のケース2：購買部門をプロフィットセンターに変える場合を前提として、「部門別予算比較貸借対照表（その3：増減差額）」（P185）を基礎とした予算C/F組替仕訳（P185）より、「部門別予算C/F計算書」（P187・P189）を作成する。

なお、管理会計上⑰配当金の支払額はプロフィットセンターである販売部門及び購買部門に負担させる方針なので、「財務活動によるC/F」区分ではなく、「営業活動によるC/F」区分に含めて表示している。

手順1 ▶ 「予算C/F計算書」（P147・P149）より、「全社予算C/F」欄へ記入する。
⑰配当金の支払額だけ表示区分修正を行う。

〈1. 部門別予算C/F計算書の「営業活動によるC/F」（P187）の作成〉

手順2 ▶ P179の本社費配賦後の部門利益を「①部門利益」へ記入する。管理部門は本社費配賦後になるのでゼロとなる。部門合計値は「予算損益計算書」（P139）の税引前当期純利益と一致する。

手順3 ▶ ②減価償却費（本社建物等）は費用としては共通費・本社費として各部門へ配賦しているが、投資及び回収責任は管理部門が有しているので、P149の全社予算CFの金額を管理部門に賦課する。

手順4 ▶ 小計欄前の③受取利息及び配当金（△表示）や小計欄後の⑭利息及び配当金の受取額は、投資有価証券の運用果実であり、投資有価証券の管理責任を負うのは管理部門なので、P149の全社予算C/Fの金額を管理部門に賦課する。

手順5 ▶ 小計欄前の④支払利息（＋表示）や小計欄後の⑮利息の支払額は、借入金の調達コストであり、借入金の管理責任を負うのは管理部門なので、P149の全社予算C/Fの金額を管理部門に賦課する。

手順6 ▶ ⑤売上債権の増減額は、P185の［4］を管理責任部署である営業部門へ転記する。

手順7 ▶ ⑥社内売上債権の増減額は、P185の［5］を管理責任部署である購買部門の同科目欄へ転記する。社内勘定なので、社内勘定相殺欄で相殺消去される（以下同じ）。

手順8 ▶ ⑦社内仕入債務の増減額は、P185の［15］を管理責任部署である営業部門へ転記する。

手順9 ▶ ⑧仕入債務の増減額や⑨たな卸資産の増減額は、P185の［14］［6］を管理責任部署である購買部門へそれぞれ転記する。

手順10 ▶ ⑩未払消費税等の増減額や⑪その他（固定資産取得の消費税等の調整）は、P185の［21］［11］を管理責任部署である管理部門へそれぞれ転記する。

186　第Ⅱ部　応用編

部門別予算キャッシュ・フロー計算書（その１）

(次期：×1年4月1日～×2年3月31日)

〈基礎資料〉
・P179「部門別予算損益計算書」
・P185「部門別予算比較貸借対照表（増減差額）」の予算CF組替仕訳

（単位：千円）

	予算科目	参照頁	全社予算 C/F (P147・149)	営業部門 プロフィットセンター 予算額 P179部門P/L	購買部門 プロフィットセンター 予算額 P179部門P/L	管理部門 コストセンター 予算額 P179部門P/L	社内勘定相殺	照合差額
	Ⅰ.営業活動によるキャッシュ・フロー（⑰配当金の支払額含む）**手順1**						**手順7**	**手順22**
手順2	①部門利益	P185	29,923	[23] 19,835	[26] 10,088	[29] 0		0
手順3	②減価償却費	P185	1,589			[10] 1,589		0
手順4	③受取利息及び配当金	P149	△56			△56		0
手順5	④支払利息	P149	641			641		0
手順6	⑤売上債権の増減額	P185	△6,351	[4] △6,351				0
手順7	⑥社内売上債権の増減額	P185			[5] △4,292		[5]×△1 4,292	
手順8	⑦社内仕入債務の増減額	P185		[15] 4,292			[15]×△1 △4,292	
手順9	⑧仕入債務の増減額	P185	8,473		[14] 8,473			0
	⑨たな卸資産の増減額	P185	10,913		[6] 10,913			0
手順10	⑩未払消費税等の増減額	P185	4,002			[21] 4,002		0
	⑪その他 ※1	P185	160			[11] 160		0
手順11	⑫未払金の増減額	P185	△135	[20] △135				0
手順12	⑬小計	P149	49,159	縦計 17,641	縦計 25,182	縦計 6,336	縦計 0	
手順4	⑭利息及び配当金の受取額	P149	56			56		
手順5	⑮利息の支払額	P149	△641			△641		
手順13	⑯法人税等の支払額	P185	△1,538	[24] △1,213	[27] △325	[30] 0		0
手順14	⑰配当金の支払額 ※2	P185	△400	[25] △273	[28] △127	[31] 0		0
手順15	⑱営業活動によるキャッシュ・フロー ※2	縦計	46,636	A1 16,155	A2 24,730	A3 5,751	0	

手順16 部門業績評価　部門業績評価

（注記ボックス）
- 管理部門の部門利益は、本社費配賦後になるので「ゼロ」になる。
- P185社内売掛金の増減額：4,292×△1＝△4,292
- 管理責任部署である管理部門に賦課
- 販売手数料の未払金である為（P89）
- 税金費用及び配当金支払額も営業部門と購買部門が負担し、管理責任を負う為、それぞれPC部門人員数割合で共通管理として配賦している。

※1：固定資産に関する消費税等（P100）
※2：管理会計の観点より、「⑰配当金の支払額」は「営業活動によるキャッシュ・フロー」（P187）に含めて表示している。

手順11 ⑫未払金の増減額は、P185の［20］を管理責任部署である営業部門へ転記する。

手順12 各部門ごとの「⑬小計」を計算・記入する。

手順13 ⑯法人税等の支払額はP179の「部門別予算損益計算書」で税金費用をすべてを営業部門及び購買部門に負担させ、管理責任を負わせているので、P185の［24］［27］を各部門へそれぞれ転記する。

手順14 ⑰配当金の支払額は、すべてを営業部門及び購買部門に負担させ、管理責任を負わせているので、P185の［25］［28］を同部門の同科目欄へそれぞれ転記する。

手順15 各部門ごとの「⑱営業活動によるC/F」を計算・記入する。…A

手順16 プロフィットセンターである営業部門や購買部門の業績評価指標は、原則として「⑱営業活動によるC/F」になる。

〈2．部門別予算C/F計算書の「投資活動によるC/F」（P189）の作成〉

手順17 ⑲有形固定資産の取得による支出や⑳無形固定資産の取得による支出や㉑投資有価証券の取得による支出は、P185の［12-1］［12-2］［13］を管理責任部署である管理部門へそれぞれ転記する（△表示）。㉒投資活動によるC/F欄へ計算・記入する。…B

〈3．部門別予算C/F計算書の「財務活動によるC/F」（P189）の作成〉

手順18 ㉓短期借入金の増減額や㉔長期借入金の返済による支出（△表示）は、P185の［19］［22］を管理責任部署である管理部門へそれぞれ転記する。

手順19 ㉕社内貸付金の増減額（△表示）及び㉖社内借入金の増減額は、営業部門と購買部門の現金及び現金同等物がゼロになるように、P185の［7］［8］［9］［16］［17］［18］を各部門へそれぞれ転記する。㉗財務活動によるC/F欄を計算・記入する。…C

手順20 「D：㉘現金及び現金同等物の換算差額」「F：㉚現金及び現金同等物の期首残高」及び「G：㉛現金及び現金同等物の期末残高」は、P185の［1］［3］［2］を管理責任部署である管理部門へそれぞれ転記する。

手順21 各部門の「㉙現金及び現金同等物の増減額」に「A＋B＋C＋D＝E」の計算結果を記入する。管理部門の「E＋F＝G」が成立していることを検証する。Eが管理部門の業績評価基準となる。

手順22 各予算科目ごとに「全社C/F予算－（各部門合計＋社内勘定相殺）＝0」を照合差額欄に計算・記入する。不一致の場合は原因を追及して修正する。

■ チェックポイント

○ 「予算C/F計算書」（P147・P149）との整合性が図られていることを検証します。

○ 「部門別予算損益計算書」（P179）との整合性が図られていることを検証します。

○ 各部門への帰属は「部門別予算比較貸借対照表（増減差額）」（P185）と整合していることを検証します。

○ 「部門別予算比較貸借対照表（増減差額）」（P185）の予算C/F組替仕訳の内容が正しく転記されていることを検証します。

○ 「手順21」「手順22」の計算が正しく処理されていることを検証します。

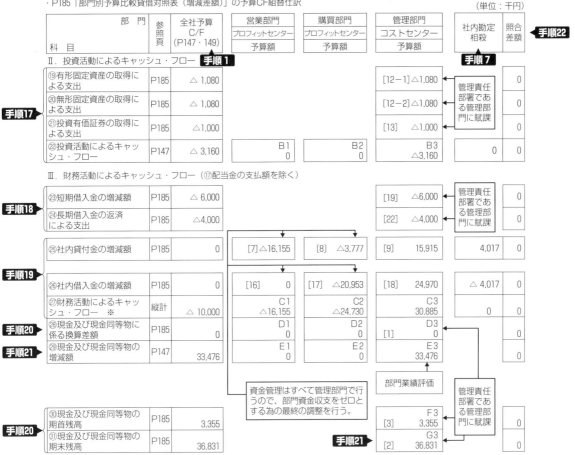

第 **10** 章

月次予実管理と月次着地予想

CASE 1
【予算損益計算書】「＜全社＞月次予実管理報告書」及び「当期着地予想報告書」並びに「＜営業部門＞予実管理報告書」の作成

■ 目的

次年度の損益予算についてのPDCAを月次で進捗管理する為に、全社及び各責任部門別に月次予算損益計算書と月次実績を比較し、「月次予実管理報告書」を作成します。

経過月（4月・5月）の実績を基礎として、残りの未経過月（6月～翌3月）の予算を修正し、年度末の着地実績予想をまとめた「当期着地予想報告書」を作成します。

当初予算との乖離を是正する為の対応策を協議し、実行します。

■ 作業手順［例：5月分］

＜全社・部門別＞「月次予実管理報告書」の各欄へ記入する。

手順1 (1)「年度ベース」欄へ以下の通り記入する。

　　① 「前期実績」欄に直前年度の実績値を記入する。…［1］予算作成時には当期着地予想値であるが、月次予算管理スタート以降は前期決算数値は確定値になる。

　　② 「予算」欄に、「予算損益計算書」（P139）、「部門別予算損益計算書」（P179）の科目別年度予算数値を記入する。…［2］

手順2 (2)「月次発生ベース」欄へ以下の通り記入する。

　　③ 「予算」欄に「月次予算損益計算書」（P157）（部門別含む）の5月発生分予算額を記入する。…［3］

　　④ 「実績」欄に「月次実績損益計算書」（部門別含む）の5月発生分実績額を記入する。…［4］

　　⑤ 「発生差異」欄に貸方科目は「④－③＝⑤」、借方科目は「③－④＝⑤」を記入する。…［5］

　　⑥ 「発生差異率」欄に「⑤÷③×100％」の計算結果を記入する。…［6］

手順3 (3)「月次累積ベース」欄へ以下の通り記入する。

　　⑦ 「予算累計」欄に「月次予算損益計算書」（P157）（部門別含む）の4～5月累積予算額を記入する。

　　⑧ 「実績累計」欄に「月次実績損益計算書」（部門別含む）の4～5月累積実績額を記入する。…［8］

　　⑨ 「累計差異」欄に、貸方科目は「⑧－⑦＝⑨」、借方科目は「⑦－⑧＝⑨」を記入する。…［9］

　　⑩ 「累計差異率」欄に、「⑨÷⑦×100％」の計算結果を記入する。

手順4 (4)「差異原因」欄に、「1．予算設定に起因するもの」と「2．予算設定時には予期できない実績に起因するもの」に分けて記入する。

各責任部署作成の＜部門別＞「月次予実管理報告書」より記載される。

手順5 (5)「対応策」欄に、上記差異原因の課題についての対応策を記載する。

各責任部署作成の＜部門別＞「月次予実管理報告書」より記載される。

192　第Ⅱ部　応用編

(1)【予算損益計算書】＜全社＞月次予実管理報告書（例：×1年 5 月）

注：「前期実額」は、予算作成時においては「当期着地予想値」であるが、
月次予実管理がスタートする以降は「前期確定決算数値等」になる。

×1年 5 月 （単位：千円）

No.	予算科目	貸借	(1) 年度ベース ①P11参考 前期実績	②P139 予算	(2) 月次発生ベース（5月） ③P157 予算	④実績	⑤発生差異	⑥発生差異率
1	売上高	貸	(注) [1] 100,000	[2] 113,400	[3] 5,400	[4] 4,000	[5] △1,400	[6] −26%

(3) 月次累積ベース（4月＋5月＝5月累計） ⑦P157 予算累計	⑧実績累計	⑨累計差異	⑩累計差異率	No.	区分	(4) 差異原因 内容	(5) 対応策
千円	千円	千円					
[7] 9,900	[8] 8,800	[9] △1,100	[10] −11%	1	予算	予算販売単価の設定の甘さ	脚注参照

P157：（4月）4,500＋（5月）5,400＝9,900…[7]

【注】

No.	差異原因・対応策明細
1	(4) 差異原因 当初予算設定時の販売単価予想が楽観的過ぎたこと→営業部門の月次予実差異報告書参照
	(5) 対応策 営業部門の月次予実差異報告書参照／次期予算編成方針へのフィードバック：販売単価設定の厳格化

…略…

(2)【予算損益計算書】＜営業部門＞月次予実管理報告書（例：×1年 5 月）

×1年 5 月 （単位：千円）

No.	予算科目	貸借	(1) 年度ベース ①P11参考 前期実績	②P139 予算	(2) 月次発生ベース（5月） ③P157 予算	④実績	⑤発生差異	⑥発生差異率
1	A製品売上高	貸	[1] 100,000	[2] 113,400	[3] 5,400	[4] 4,000	[5] △1,400	[6] −26%
内訳 A	販売数量 （kg）	貸	1,000	1,260	60	49	△11	−1.8%
内訳 B	@平均販売単価	貸	100	90	90	81	△9	−10%

P157（4月）4,500＋（5月）5,400＝9,900…[7]

	予算科目	貸借	(3) 月次累積ベース（4月＋5月＝5月累計） ⑦P157 予算累計	⑧実績累計	⑨累計差異	⑩累計差異率	No.	区分	(4) 差異原因 内容	(5) 対応策
1	A製品売上高	貸	[7] 9,900	[8] 8,800	[9] −1,100	[10] −11%	1	予算	予算販売単価の設定の甘さ	脚注参照
内訳 A	販売数量 （kg）	貸	110	109	−1	−1%	2	実績	翌月出荷ズレ	出荷管理強化
内訳 B	@平均販売単価	貸	[11] 90	[13] 81	−9	[12] −10%	1	予算	実勢販売単価の下落	脚注参照

…略…

P157（4月）50kg＋（5月）60kg＝110kg

【注】

No.	差異原因・対応策明細
1	(4) 差異原因 当初予算設定時の販売単価 [11] 90千円に対して、実勢販売価格は [12] 10%減の [13] 81千円となっている為
	(5) 対応策 主要得意先の購買部門と協議し、販売数量の増加でリカバーする。

…略…

第10章 月次予実管理と月次着地予想　193

手順6 「月次予算損益計算書」(P157) について、経過月 (4・5月) は予算数値から実績数値へ置き換え、未経過月 (6月～翌3月) は予算数値から実績予想数値へ置き換えて、【予算損益計算書】「＜全社＞当期着地予想報告書」(P195) を作成する。「差異原因」及び「対応策」を記入する。

予算作成時の次期販売単価は [11] 90千円であるが、次期の4月・5月の月次予実管理の中で実勢販売価額は [12] 10%下落、[13] 81千円になっている。6月以降も当該実勢販売価額で推移すると見込まれる。

当初予算に対して [12] 10%下落するので、「当初の月次売上予算×(100%－[12] 10%＝[14] 90%)＝着地予想の修正月次売上予算」になる。

　　　・6月分着地予想の修正売上予算：
　　　　　当初月次売上予算：[15] 6,300× [14] 90%＝ [15'] <u>5,670</u>
　　　・7月分着地予想の修正売上予算：
　　　　　当初月次売上予算：[16] 9,000× [14] 90%＝ [16'] <u>8,100</u>
　　　・8月分着地予想の修正売上予算：
　　　　　当初月次売上予算：[17] 9,900× [14] 90%＝ [17'] <u>8,910</u>
　　　・9月～12月：省略
　　　・翌1月分着地予想の修正売上予算：
　　　　　当初月次売上予算：[18] 13,500× [14] 90%＝ [18'] <u>12,150</u>
　　　・翌2月分着地予想の修正売上予算：
　　　　　当初月次売上予算：[19] 9,000× [14] 90%＝ [19'] <u>8,100</u>
　　　・翌3月分着地予想の修正売上予算：
　　　　　当初月次売上予算：[20] 13,500× [14] 90%＝ [20'] <u>12,150</u>

○当期着地予想の通期累計額
　＝4・5月の実績売上高＋6月～翌3月の着地予想の修正売上予算
　・4・5月の実績売上高＝ [8] 8,800 (P193)
　・4・5月の売上高の当初予算額＝ [7] 9,900 (P193)
　・次期売上高の当初予算額＝ [2] 113,400 (P139・159)
○6月～翌3月の売上高が当初予算のままである場合の着地予想売上高
　＝ [2] 113,400－[7] 9,900＋[8] 8,800＝ [21] 112,300
○次期6月～翌3月の着地予想の修正売上予算
　＝ ｛[2] 113,400－[7] 9,900｝×[14] 90%＝ [22] 93,150
○5月末時点の次期着地予想の売上高＝ [8] 8,800＋[22] 93,150＝ [23] <u>101,950</u>

■ チェックポイント

○全社の「予実管理報告書」及び「当期着地予想報告書」が、各部門の同資料と有機的に結びついていることを検証します。
○差異原因が、「1．予算設定の原因」と「2．その他の実績の原因」に区分されていることを検証します。
○対応策は、具体的に期限を示して合理的なアクションプランが示されていることを検証します。
○当期着地予想は、未経過月の予算値が実績予想値に修正されていることを検証します。
○経過月の「予実管理報告書」及び「当期着地予想報告書」の対応策の実績推移がフォローされていることを検証します。

手順6

(3)【予算損益計算書】＜全社＞当期着地予想報告書（例：×1年5月末日時点）

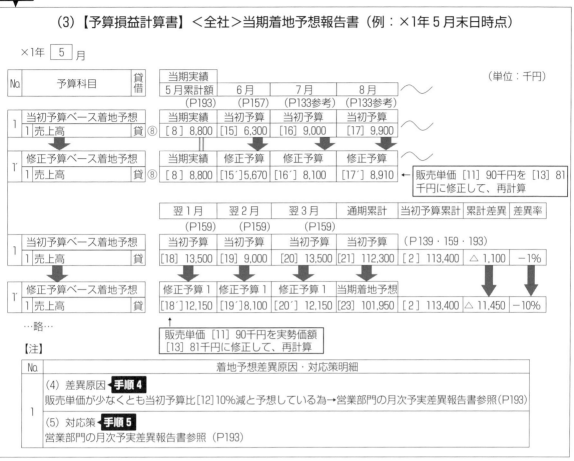

第10章　月次予実管理と月次着地予想

CASE 2 ▶ 【月次資金計画書】 「＜全社＞当期着地予想報告書」の作成

■ 目的

次年度の月次資金計画についてのPDCAを月次で進捗管理する為に、特に今後の資金収入・資金支出を合理的に予測し、資金ショートしないように事前対策を打つ為に作成します。経過月（4月・5月）の実績を基礎として、残りの未経過月（6月～翌3月）の予算を修正し、年度末の実績予想をまとめた「【月次資金計画書】＜全社＞当期着地予想報告書」を作成します。

当初予算との乖離を是正する為の対応策を協議し、実行します。

■ 作業手順 ［例：5月分］

手順1 予算作成時の①「月次資金計画書」（P133）を用意する。

手順2 予算作成時には①「月次資金計画書」の期首資金残高は当期着地予想値であるが、月次予算管理スタート以降は前期決算数値の確定値になる。

期首資金残高（4月の月初資金残高）欄を、前期着地予想値から前期決算数値へ置き換える。

手順3 経過月（4・5月）は予算数値から実績数値へ置き換えて記入する。

P133（4月）5,076（実績と仮定）＋P193（4月 [8] 8,800 − [4] 4,000）×1.08 ＋（前期繰越分：(P33) 2,073＋ (P35) 1,080）＝13,413… [24]

手順4 P195の(3)「【予算損益計算書】＜全社＞当期着地予想報告書」より当初の①「月次資金計画書」の修正点を整理し、未経過月（6月～翌3月）の実績予想値を計算・記入する。

予算作成時の次期販売単価は [11] 90千円であるが、次期の4月・5月の月次予実管理の中で実勢販売価額は [12] 10%下落、[13] 81千円になっている。6月以降も当該実勢販売価額で推移すると見込まれる。

当初予算に対して [12] 10%下落するので、「当初の月次売上代金回収収入予算×（100%−[12] 10%＝ [14] 90%）＝当期着地予想の月次売上代金回収収入予算」（P133）になる。

○当期着地予想の月次売上代金回収収入
- ・6月分：当初予算（P133）：6月 [25] 5,832→5月売上高実績（P193）[4] 4,000×1.08（翌月回収）＝[4'] <u>4,320</u>（P197）
- ・7月分：当初予算（P133）：7月[26]6,804×[14]90%＝[26']<u>6,124</u>（P197）
- ・8月分：当初予算（P133）：[27] 9,720×[14] 90%＝[27'] <u>8,748</u>（P197）
- ・9月～12月：省略
- ・翌1月分：当初予算(P133)：[28]13,608×[14]90%＝[28']<u>12,247</u>（P199）
- ・翌2月分：当初予算(P133)：[29]14,580×[14]90%＝[29']<u>13,122</u>（P199）
- ・翌3月分：当初予算(P133)：[30] 9,720×[14]90%＝[30'] <u>8,748</u>（P199）

196　第Ⅱ部　応用編

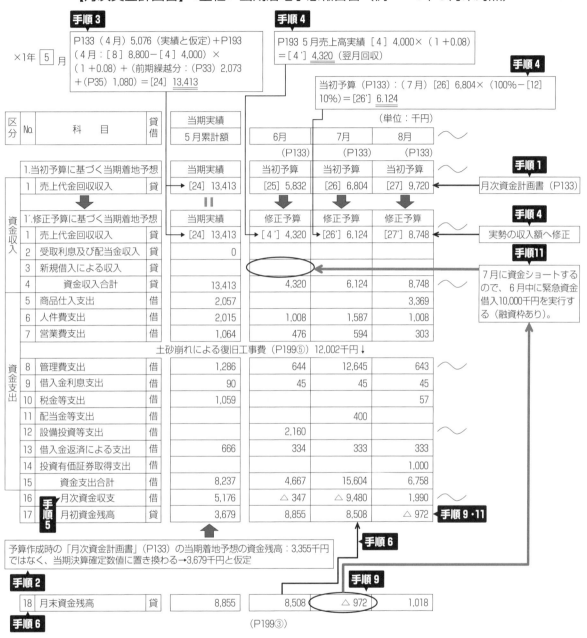

第10章 月次予実管理と月次着地予想

手順5 「月次資金収入 − 月次資金支出 = 月次資金収支」を計算・記入する。

手順6 「月次資金収支 + 月初資金残高」の合計金額を月末資金残高へ記入する。
当月の月末資金残高の数値は翌月の月初資金残高へ記入する。

手順7 通期資金収入・通期資金支出・期末資金残高の当期着地予想値を計算・記入する。
○例：売上代金回収収入：未経過月を当初予算とした場合の当期着地予想の通期累計額 = ［31］116,445（P199の計算式参照）
○例：売上代金回収収入の当期着地予想の通期累計額
= 4・5月の実績売上代金回収収入 + 6月〜翌3月の着地予想の修正売上代金回収収入
・4〜6月の実績売上代金回収収入 = ［24］13,413 + ［4'］4,320 = ［32］17,733
・4〜6月の売上代金回収収入の当初予算額（P133）
= 4月：5,076 + 5月：8,013 + 6月：5,832 = ［33］18,921
・次期売上代金回収収入の当初予算額（P133）= ［34］116,121
○次期7月〜翌3月の着地予想の修正売上代金回収収入予算
= ｛［34］116,121 − ［33］18,921｝× ［14］90% = ［35］87,480
○5月末時点の次期着地予想の売上代金回収収入
= ［32］17,733 + ［35］87,480 = ［36］<u>105,213</u>

手順8 当初予算と着地予想との差異を把握する。
収入科目：「当期着地予想通期累計 − 予算通期累計 = 累計差異」
支出科目：「予算通期累計 − 当期着地予想通期累計 = 累計差異」
「累計差異 ÷ 予算通期累計 × 100% = 差異率」

手順9 特に「未経過月の月末資金残高が赤字になっていないか」をチェックする。
P197より、7月に「土砂崩れによる復旧工事費12,002千円」が発生し、管理費支出12,645千円と急増し、月末資金残高が△972千円になると予想される。
従って、6月中に緊急資金借入10,000千円を実行する。

手順10 差異原因を「1. 予算設定に起因するもの」と「2. 予算設定時には予期できない実績に起因するもの」に区分して記入し、①は次期予算に反映する。

手順11 対応策欄に具体的なアクションプランを記入する。特に未経過月の月末資金残高が赤字になる場合には、緊急に新規借入等の実行を行う。

チェックポイント

○全社及び部門の「【予算損益計算書】当期着地予想報告書」（P195）と有機的に結びついていることを検証します。
○差異原因は、予算設定の原因とその他の実績の原因に区分されていることを検証します。
○対応策は、具体的に期限を示して合理的なアクションプランが示されていることを検証します。
○経過月の「【月次資金計画書】当期着地予想報告書」の対応策の実績の進捗がフォローされていることを検証します。

【月次資金計画】＜全社＞当期着地予想報告書（例：×1年5月末時点）

手順7

修正前：（P133）116,121−（4月）5,076−（5月）8,013＋
5月実績累計［24］13,413＝［31］116,445

修正後：5月実績累計［24］13,413＋（6月）P197［4´］4,320＋予算（7月〜翌
3月）（P133）97,200×（100％−［12］10％）＝［36］105,213

手順8（単位：千円）

	月次資金計画書（P133） **手順1**		翌1月 (P133)	翌2月 (P133)	翌3月 (P133)	通期累計 **手順9**	予算累計	累計差異	差異率
	1.当初予算に基づく当期着地予想		当初予算 **手順7**	当初予算	当初予算	当期着地予想	当初予算P133		
1	売上代金回収収入	貸	［28］13,608	［29］14,580	［30］9,720	［31］116,445	［34］116,121	324	0％
	1´.修正予算に基づく当期着地予想 **手順4**		修正予算	修正予算	修正予算	当期着地予想	当初予算P133		
1	売上代金回収収入	貸	［28´］12,247	［29´］13,122	［30´］8,748	［36］105,213	［34］116,121	△10,908	−9％
2	受取利息及び配当金収入	貸			3	56	56	0	0％
3	新規借入による収入	貸				0	0	0	0％
4	資金収入合計	貸	12,247	13,122	8,751	105,269	116,177	△10,908	−9％
5	商品仕入支出	借	4,633	6,318	6,318	40,386	40,386	0	0％
6	人件費支出	借	1,007	1,008	1,007	13,539	13,539	0	0％
7	営業費支出	借	345	357	302	4,909	4,909	0	0％
8	管理費支出	借	643	644	648	19,750	7,728	△12,002	−155％
9	借入金利息支出	借	45	45	113	641	641	0	0％
10	税金等支出	借		57		1,938	1,938	0	0％
11	配当金等支出	借				400	400	0	0％
12	設備投資等支出	借				2,160	2,160	0	0％
13	借入金返済による支出	借	333	333	4,334	10,000	10,000	0	0％
14	投資有価証券取得支出	借				1,000	1,000	0	0％
15	資金支出合計	借	7,006	8,762	12,722	94,703	82,701	△12,002	−15％
16	月次資金収支	貸	5,241	4,360	△3,971	10,566	33,476	△22,910	−68％
17	月初資金残高 **手順5**	貸	※ 8,615	13,856	18,216	3,679	3,355	324	10％
18	月末資金残高 **手順6**	貸	13,856	18,216	14,245	14,245	36,831	△22,586	−61％

手順7

【注】

No.	資金収支着地予想差異原因・対応策明細
1	〈差異原因〉 **手順10** ・予算設定原因：月次売上代金回収収入が販売単価値下競争の関係で減少していること。 ・実績原因：7月に土砂崩れの復旧工事費⑤12,002円を支出する予定であることより、7月で資金ショートする。 　　　　資金不足＝△972千円。 〈対応策〉 **手順11** 7月に資金ショートするので、6月中にA銀行より、緊急資金借入10,000千円を実行する（融資枠あり）。

※ ・当初予算の翌1月月初資金残高（P133）＝①27,410
・当初予算の6月月末資金残高（P133）＝②9,372
・当期着地予想の6月月末資金残高（P197）＝③8,508
・6月末資金の当初予算・着地予想差異＝③−②＝④△864
・7月：土砂崩れによる復旧工事費支出＝⑤△12,002
・7月〜12月の売上代金回収収入減少額＝（当初予算59,292×10％）×△1＝⑥△5,929
・着地予想の翌1月月初資金残高＝①27,410＋④△864＋⑤△12,002＋⑥△5,929＝8,615

第10章　月次予実管理と月次着地予想　**199**

| CASE 3 | ▶ | 【予算キャッシュ・フロー計算書】「＜全社＞月次予実管理報告書」及び「当期着地予想報告書」並びに「＜営業部門＞予実管理報告書」の作成 |

■ 目的

　次年度のキャッシュ・フロー予算についてのPDCAを月次で進捗管理する為に、全社及び各責任部門別に「月次予算キャッシュ・フロー計算書」（P167・169）と月次実績を比較し、「月次予実管理報告書」を作成します。

　経過月の実績（4月・5月）を基礎として、残りの経過月（6月～翌3月）の予算を修正し、年度末の実績予想をまとめた「当期着地予想報告書」を作成します。

　当初予算との乖離を是正する為の対応策を協議し、実行します。

■ 作業手順

　＜全社＞「月次予実管理報告書」の各欄へ記入する。

手順1 (1)「年度ベース」欄へ以下の通り記入する。

　　① 「前期実績」欄に直前年度の実績値を記入する。… ［37］予算作成時には当期着地予想値であるが、月次予算管理スタート以降は前期決算数値は確定値になる。

　　② 「予算」欄に年度予算の「予算キャッシュ・フロー計算書」（P147・149）（以下「予算C/F計算書」）の科目別数値を記入する。… ［38］

手順2 (2)「月次発生ベース」欄へ以下の通り記入する。

　　③ 「予算」欄に「月次予算C/F計算書」（P167）の5月発生予算額を記入する。… ［39］

　　④ 「実績」欄に「月次実績C/F計算書」の5月発生実績額を記入する（P201の計算式参照）。… ［40］

　　⑤ 「発生差異」欄に「④－③＝⑤」を記入する。… ［41］

　　⑥ 「発生差異率」欄には、「⑤÷③×100％」の計算結果を記入する。… ［42］

手順3 (3)「月次累積ベース」欄へ下記の通り記入する。

　　⑦ 「予算累計」欄に「月次予算C/F計算書」の4～5月累積予算額を記入する。… ［43］

　　⑧ 「実績累計」欄には「月次実績C/F計算書」の4～5月累積実績額を記入する（P201の計算式参照）。… ［44］

　　⑨ 「累計差異」欄に「⑧－⑦＝⑨」を記入する。… ［45］

　　⑩ 「累計差異率」欄に「⑨÷⑦×100％」の計算結果を記入する。… ［46］

手順4 (4)「差異原因」欄には、「1. 予算設定に起因するもの」と「2. 予算設定時には予期できない実績に起因するもの」に分けて記入する。

　　各責任部署作成の＜部門別＞「月次予実管理報告書」より記載される。

手順5 (5)「対応策」欄には、上記差異原因の課題についての対応策を記載する。

　　各責任部署作成の＜部門別＞「月次予実管理報告書」より記載される。

(1)【予算キャッシュ・フロー計算書】＜全社＞月次予実管理報告書（例：×1年5月）

×1年 5 月

5月末売掛金＝(P193) 5月売上高[4]4,000×1.08＝[4´]4,320
4月末売掛金＝4月売上高([8]8,800−[4]4,000)4,800×1.08＋(前期繰越分：(P33)2,073＋(P35)1,080)＝[47]8,337
{[4´]4,310−[47]8,337}×△1＝[40]4,017

手順1 | **手順2** （単位：千円）

No.	予算科目	貸借	(1) 年度ベース			(2) 月次発生ベース（5月）		
			①P17参考 前期実績	②P149 予算	③P167 予算	④P193 実績	⑤ 発生差異	⑥発生 差異率
…略…			※ [37]	[38]	[39]	[40]	[41]	[42]
			△ 8,229	△ 6,351	2,181	→ 4,017	1,836	84%

手順3

	売上債権の増減額	貸	(3) 月次累積ベース（4月＋5月）				(4) 差異原因		(5) 対応策 **手順5**
			⑦P167 予算累計	⑧P193 実績累計	⑨ 累計差異	⑩累計 差異率	No. 区分	内容 **手順4**	
1			[43]	[44]	[45]	[46]			
			2,397	→ 3,909	1,512	63%	1 予算	…略…	…略…

(P167) 4月216＋5月2,181＝2,397 —

※「前期実績額[37]」は、予算作成時の実績予想：C/F値ではなく、決
算確定数値となる。ここでは便宜上、一致していると仮定する。

【注】差異原因・対応策明細 **手順3**
…略…

5月末売掛金(P193) 5月売上高[4]4,000×1.08＝[4´]4,320
(P15) 当期3月売掛金＝[48]8,229（決算確定値と仮定）
売掛金の増減額＝[4´]4,320−[48]8,229＝[49]△3,909
売上債権の増減額＝[49]△3,909×△1＝[44]3,909

---

(2)【予算キャッシュ・フロー計算書】＜営業部門＞月次予実管理報告書（例：×1年5月）

×1年 5 月

手順1 | **手順2** （単位：千円）

No.	予算科目	貸借	(1) 年度ベース			(2) 月次発生ベース（5月）		
			①P17参考 前期実績	②P149 予算	③P167 予算	④P193 実績	⑤ 発生差異	⑥発生 差異率
			(P11)	(P139)	(P197)	(P197)		
1	売上高＋仮受消費税	貸	108,000	122,472	[25] 5,832	[4´] 4,320	△ 1,512	−26%
内訳 A	販売数量（kg）		1,000	1,260	(P193) 60	(P193) 49	△ 11	−18%
内訳 B	平均販売単価（税込）		108	97	(P193) 97	(P193) 87	△ 10	−10%
2	売上債権の増減額	貸	[37]△8,229	[38]△6,351	[39] 2,181	[40] 4,017	[41] 1,836	[42] 84%
3	営業収入（1＋2＝3）	貸	99,771	116,121	8,013	8,337	324	4%

(P133) (P133) ↑(P197)：13,413−5,076＝8,337

手順3 | | (4) 差異原因 | **手順5**

No.	予算科目	貸借	(3) 月次累積ベース（4月＋5月）				No. 区分	内容	(5) 対応策
			⑦P167 予算累計	⑧ 実績累計	⑨ 累計差異	⑩累計 差異率		**手順4**	
			P157：(4,500＋5,400)×1.08↓	↓(P193) [8] 8,800×1.08					
1	売上高＋仮受消費税	貸	10,692	9,504	△ 1,188	−11%	1 予算	販売単価減	P193参照
内訳 A	販売数量（kg）		(P193)110	(P193)109	△ 1	−1%	2 実績	出荷日のズレ	P193参照
内訳 B	平均販売単価（税込）		(P193) 97	(P193) 87	△ 10	−10%	1 予算	予算販売単価の 設定の甘さ	P193参照
2	売上債権の増減額	貸	[43] 2,397	[44] 3,909	[45] 1,512	[46]63%	1 予算	単価低下による 売上債権の減少	脚注参照
3	営業収入（1＋2＝3）	貸	13,089	13,413	324	2%	1	上記より	脚注参照

…略… (P133) 5,076＋8,013＝13,089↑ ↑P197 [24] 13,413

【注】

No.	差異原因・対応策明細
1	**(4) 差異原因 手順4** 当初予算設定時の販売単価[11] 90千円に対して、実勢販売価格は[12] 10%減の[13] 81千円となり、相対的に売上債権額が増加したことによる。 **(5) 対応策 手順5** 主要得意先の購買部門と協議し、販売数量の増加でリカバリーする。 （前期より1カ月間短縮の）回収条件の厳守を得意先と継続的に確認して行く。

…略…

第10章　月次予実管理と月次着地予想　**201**

手順6 「月次予算C/F計算書」（P167・169）について、経過月（4・5月）は予算数値から実績数値へ置き換え、未経過月（6月～翌3月）は予算数値から実績予想数値へ置き換えて、＜全社＞「当期着地予想報告書」を作成する。

「差異原因」及び「対応策」を記入する。

予算作成時の次期販売単価は［11］90千円であるが、次期の4月・5月の月次予実管理の中で実勢販売価額は（［12］10％下落）［13］81千円になっている。6月以降も当該実勢販売価額で推移すると見込まれる。当初予算に対して［12］10％下落するので、「当初の月次売掛金予算×（100％－［12］10％＝［14］90％）＝着地予想の修正月次売掛金予算」になる。

- 5月累計分実績の売上債権の増減額
    - ・5月末売掛金＝（P193）5月売上高実績［4］4,000×1.08（決済条件：翌月回収）＝［4'］4,320
    - ・4月期首売掛金＝（P15）［48］8,229
    - ・売上債権の増減額（P201）＝{［4'］4,320－［48］8,229}×△1＝［51］<u>3,909</u>
- 6月分の修正予算：売上債権の増減額
    - ・当初予算：売上債権の増減額（P167）＝［50］△972
    - ・（P197）6月末売掛金（7月売上代金回収収入）＝［26］6,804×［14］90％＝［26'］6,124
    - ・修正予算：売上債権の増減額＝{［26'］6,124－［4'］4,320}×△1＝［50'］<u>△1,804</u>
- 7月分：当初予算＝{（P197）7月末売掛金［27］9,720－［26］6,804}×△1＝［51］△2,916
    修正予算＝{7月末売掛金［27］9,720×［14］90％（＝［27'］8,748）－［26'］6,124}×△1＝［51'］<u>△2,624</u>
- 8月分：当初予算＝{（P133）8月末売掛金［52］10,692－［27］9,720}×△1＝［53］△972
    修正予算＝{8月末売掛金［52］10,692×［14］90％（＝［52'］9,623）－［27'］8,748}×△1＝［53'］<u>△875</u>
- 9月～12月：省略
- 翌1月分：当初予算（P169）［54］△972→［54］△972×［14］90％＝［54'］<u>△875</u>
- 翌2月分：当初予算（P169）［55］4,860→［55］4,860×［14］90％＝［55'］<u>4,374</u>
- 翌3月分：当初予算（P169）［56］△4,860→［56］△4,860×［14］90％＝［56'］<u>△4,374</u>
- 未経過月当初予算：当期着地予想の通期累計額
    ＝当初予算：通期累計－当初予算：4・5月＋当期実績：4・5月＝P201：［38］△6,351－［43］2,397＋［44］3,909＝［57］△4,839
- 修正予算：当期着地予想の通期累計額
    ＝4・5月の実績売上債権増減額＋6月・7月～翌3月の修正売上債権の増減額
    ＝（4・5月）［44］3,909＋（6月）［50'］△1,804＋（P167・169：7月～翌3月）［58］△7,776×［14］90％＝［57'］<u>△4,893</u>

■ チェックポイント

○ 全社の「予実管理報告書」及び「当期着地予想報告書」が、各部門の同資料と有機的に結びついているかを検証します。

○ 差異原因は、予算設定の原因とその他の実績の原因に区分されていることを検証します。

○ 対応策は、具体的に期限を示して合理的なアクションプランが示されているかを検証します。

○ 前月の「予実管理報告書」及び「当期着地予想報告書」の対応策の実績推移がフォローされているかを検証します。

手順6

(3)【予算キャッシュ・フロー計算書】＜全社＞当期着地予想報告書(例：×1年5月末時点)

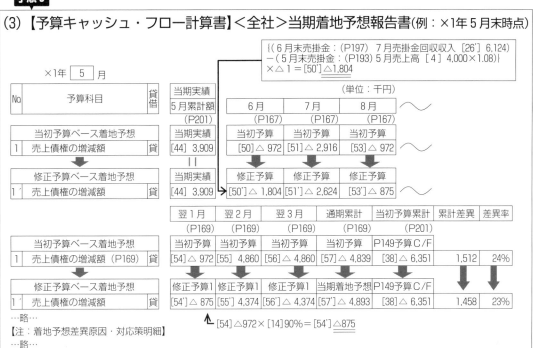

第10章　月次予実管理と月次着地予想

第11章

予算による業績評価制度

CASE 1 ▶ 損益予算による業績評価制度
（例：営業マン　鈴木一也）

■ 目的

　予算の目標は、人が動かなければ達成されません。そこで、人を動かす為のモチベーションを作り出す報奨制度が鍵となります。次年度の損益予算の目標達成の為の業績評価制度が必要となります。

　営業マンの上期損益予算の達成率に応じて、冬季賞与がいくら払われるかを考察します。

■ 作業手順

手順1 ▶ 賞与規程より、次期の12月支給の冬季賞与は、次期の上期：4月～9月の予算達成率に基づく業績評価によって支給される。

手順2 ▶ 賞与支給額は以下の計算式で計算される。

　　　　賞与額＝基礎給与額（鈴木一也：300千円）×標準賞与月数：2か月×（(1)部門評価倍率＋(2)個人評価倍率）÷2

手順3 ▶ (1) 部門評価倍率は、「(1´) 部門の上期予算達成率（部門上期売上実績÷部門上期売上予算×100%)」によって決定される。

手順4 ▶ (2) 個人評価倍率は、「(2´) 個人の上期予算達成率（個人上期売上実績÷個人上期売上予算×100%)」によって決定される。

手順5 ▶ (1´) 部門の上期予算達成率の「部門上期売上予算」には「月次予算損益計算書」(P157) の売上高：上期累計①45,000を記入する。

手順6 ▶ (2´) 個人の上期予算達成率の「個人上期売上予算」には「担当者別相手先別販売計画表」(P29) の売上高：上期累計②13,500を記入する。

手順7 ▶ 仮に予算通りの実績が達成された場合には、部門と個人の予算達成率は100%になるので、(1) 部門評価倍率：③1.5、(2) 個人評価倍率：④2.0になる。

　　　　賞与額＝300千円×2カ月×（③1.5＋④2.0）÷2＝⑤1,050千円

手順8 ▶ ケース1の場合

　　　　(1´) 部門の上期予算達成率＝実績：⑥47,500÷①45,000×100%＝105.6%
　　　　　　　　　　　　　　　　→部門評価倍率：⑧2.0

　　　　(2´) 個人の上期予算達成率＝実績：⑦15,000÷②13,500×100%＝111.1%
　　　　　　　　　　　　　　　　→個人評価倍率：⑨2.5

　　　　賞与額＝300千円×2カ月×（⑧2.0＋⑨2.5）÷2＝⑩1,350千円

手順9 ▶ ケース2の場合

　　　　(1´) ＝実績：⑪40,000÷①45,000×100%＝88.9%→⑬0.8
　　　　(2´) ＝実績：⑫12,500÷②13,500×100%＝92.6%→⑭1.0

　　　　賞与額＝300千円×2カ月×（⑬0.8＋⑭1.0）÷2＝⑮540千円

手順10 ▶ ケース3の場合

　　　　(1´) ＝実績：⑯35,000÷①45,000×100%＝77.8%→⑱0.6
　　　　(2´) ＝実績：⑰10,100÷②13,500×100%＝74.8%→⑲0.4

　　　　賞与額＝300千円×2カ月×（⑱0.6＋⑲0.4）÷2＝⑳300千円

手順11 ▶ 上期がスタートする前に、各営業マンに売上高の予算達成率による業績評価基準を提示する。営業マンは売上高の予算達成率によって、大きく冬季賞与額が異なるので、「いかに売上高予算の目標を達成するか」に全力を尽くすように行動する。

■ チェックポイント

○予算達成率と評価倍率の関係が、合理的なものになっていることを検証します。
○実現不可能の部門予算や個人予算になっていないかを検証します。

206　第Ⅱ部　応用編

1. 損益予算による業績評価（営業部門：営業マン 鈴木一也の冬季賞与額の査定）

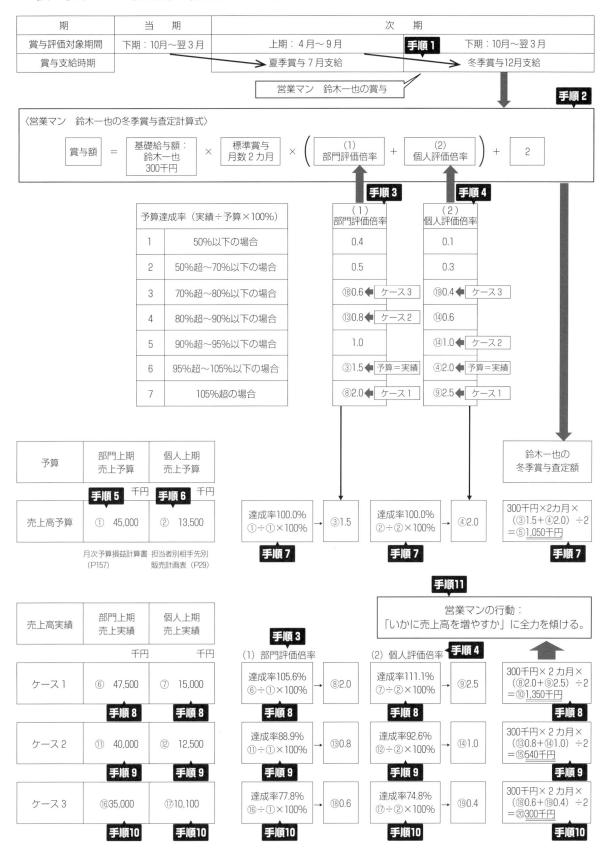

CASE 2 ▶ キャッシュ・フロー予算による業績評価制度
（例：営業マン　鈴木一也）

■ 目的
営業マンの上期C/F予算の達成率に応じて、冬季賞与がいくら払われるかを考察します。

■ 作業手順

手順1 ▶ 賞与規程より、次期の12月支給の冬季賞与は、次期の上期：4月～9月の予算達成率に基づく業績評価によって支給される。

手順2 ▶ 賞与支給額は次の計算式で計算される。
賞与額＝基礎給与額（鈴木一也：300千円）×標準賞与月数：2カ月×
（（1）部門評価倍率＋（2）個人評価倍率）÷2

手順3 ▶ （1）部門評価倍率は、「（1´）部門の上期予算達成率（部門上期営業収入実績÷部門上期営業収入予算×100%）」によって決定される。

手順4 ▶ （2）個人評価倍率は、「（2´）個人の上期予算達成率（個人上期営業収入実績÷個人上期営業収入予算×100%）」によって決定される。

手順5 ▶ （1´）部門の上期予算達成率の「部門上期営業収入予算」には「月次資金計画書」（P133）の売上代金回収収入：上期累計①46,137を記入する。

手順6 ▶ （2´）個人の上期予算達成率の「個人上期営業収入予算」には「担当者別相手先別売上代金回収計画表」（P35）の営業収入：上期累計②13,824を記入する。

手順7 ▶ 仮に予算通りの実績が達成された場合には、部門と個人の予算達成率は100%になるので、（1）部門評価倍率：③1.5、（2）個人評価倍率：④2.0になる。
賞与額＝300千円×2カ月×（③1.5＋④2.0）÷2＝⑤1,050千円

手順8 ▶ ケース1の場合
（1´）部門の上期予算達成率＝実績：⑥31,500÷①46,137×100%
＝68.3%→部門評価倍率：⑧0.5
（2´）個人の上期予算達成率＝実績：⑦9,200÷②13,824×100%
＝66.6%→個人評価倍率：⑨0.3
賞与額＝300千円×2カ月×（⑧0.5＋⑨0.3）÷2＝⑩240千円

手順9 ▶ ケース2の場合
（1´）＝実績：⑪39,500÷①46,137×100%＝85.6%→⑬0.8
（2´）＝実績：⑫11,800÷②13,824×100%＝85.4%→⑭0.6
賞与額＝300千円×2カ月×（⑬0.8＋⑭0.6）÷2＝⑮420千円

手順10 ▶ ケース3の場合
（1´）＝実績：⑯48,500÷①46,137×100%＝105.1%→⑱2.0
（2´）＝実績：⑰14,600÷②13,824×100%＝105.6%→⑲2.5
賞与額＝300千円×2カ月×（⑱2.0＋⑲2.5）÷2＝⑳1,350千円

手順11 ▶ 各営業マンに上期がスタートする前に、営業収入の予算達成率による業績評価基準を提示する。営業収入の予算達成率によって、大きく冬季賞与額が異なるので「いかに営業収入予算の目標を達成するか」に全力を尽くすように行動する。

■ チェックポイント
○予算達成率と評価倍率の関係が、合理的なものになっていることを検証します。
○実現不可能の部門予算や個人予算になっていないか検証します。

2. キャッシュフロー予算による業績評価（営業部門：営業マン 鈴木一也の冬季賞与額の査定）

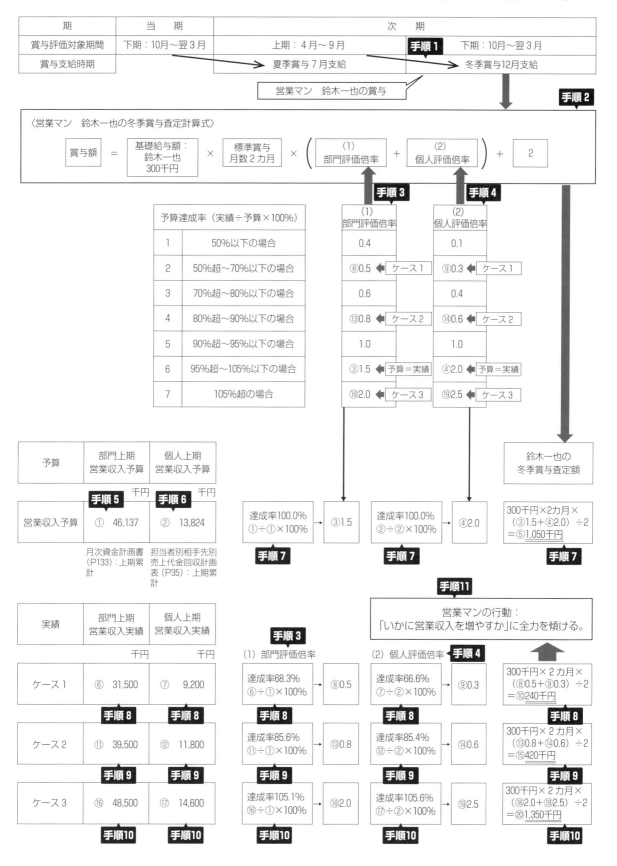

第12章

連結予算財務諸表の作成

CASE 1 ▶ 「予算連結精算表：予算連結損益計算書」の作成

■ 目的

次年度の（P221）「予算連結損益計算書（セグメント別予算連結損益計算書を含む）」を作成する為に、連結会社の次年度の各予算損益計算書（P139）及び予算連結仕訳（P215）を基礎として「予算連結精算表：予算連結損益計算書」を作成します。

■ 作業手順

手順1▶ 中期連結経営計画を基礎とする①「連結予算編成方針」に従って、各連結会社は②「予算損益計算書」を作成し、連結財務諸表提出会社の（A）連結予算を担当する部署へ提出する。（A）：③「連結精算表科目ベースの予算損益計算書の予算収集シート」を配布し、各連結会社が②より③へ入力し、期限までに提出する。なお、③予算損益計算書の予算収集シート作成においては、予算連結仕訳の相殺対象の連結会社間取引高及び未実現損益等を明示する。

手順2▶ （A）：各連結会社から収集した③の内容をチェックし、④「予算連結精算表【予算連結損益計算書】」の⑤個別予算額欄へ入力する。

手順3▶ （A）：⑥予算連結仕訳を作成し、④の⑦連結仕訳欄へ記入する。

手順4▶ （A）：④の⑤個別予算額を集計し、⑦連結仕訳を加減算した計算結果を⑧予算連結財務諸表欄へ記入する。

手順5▶ （A）：④の⑧「予算連結財務諸表」欄の区分集計（例：販売費及び一般管理費の合計等）及び各利益並びに各利益率等を計算・記入する。

手順6▶ （A）：④の⑧「予算連結財務諸表」欄の予算連結精算表科目別の売上高及び営業費用を基礎として、⑨「セグメント別予算連結損益計算書」の基礎データを作成する。

手順7▶ （A）：④の記入内容に、異常点又は不整合がないか等を検証する。

手順8▶ （A）：④の⑧・⑨の内容が①「連結予算編成方針」をクリアーしているかを検証する。

手順9▶ ⑩「予算連結損益計算書」（P221）及び⑪「セグメント別予算連結損益計算書」へ転記する。

■ チェックポイント

○ 各連結会社からの③「予算損益計算書」の当期実績予想との増減比と増減理由の内容を適宜根拠資料を入手して検証します。

○ 各連結会社からの③「予算損益計算書」の連結会社間取引高・未実現損益調整等の内容の適正性・整合性をチェックします。

○ ⑥予算連結仕訳と当期実績予想の連結仕訳の内容との整合性をチェックします。

○ 各利益率等に異常がないかを検証します。

○ ①「連結予算編成方針」をクリアーしているかを検証します。

注：さらに「月次予算連結損益計算書（セグメント別月次予算連結損益予算書）」へ展開しますが、紙幅の関係上省略します。

212　第Ⅱ部　応用編

予算連結精算表（その１）：予算連結損益計算書 （次期：×1年4月1日～×2年3月31日）

手順1「予算P/L収集シート」・　**手順3**「予算連結仕訳」より

手順3

（単位：千円）

予算連結精算表科目	事業別セグメント	貸借	親会社 3CC 個別予算額	連結子会社 ライン 個別予算額	連結仕訳 P215 借方	連結仕訳 P215 貸方	予算連結財務諸表 連結予算額	手順
【売上高】	**手順2**		(P139)	**手順2**			(P221：連結P/L)	手順4・7
機械売上高【外】	機械	貸	56,700	34,020		相殺	90,720	
機械売上高【連】	機械	貸	① 11,340		① 11,340		0	手順6・9
システム売上高【外】	システム	貸	39,690	56,700		相殺	62,370	
システム売上高【連】	システム	貸	② 5,670		② 5,670		0	
売上高合計	合計	貸	113,400	22,680	17,010	0	153,090	手順5・8・9
【売上原価】								
期首機械商品たな卸高【外】	機械	借	10,000	6,200	a:100×粗利益率A：50.5%↓		16,200	
期首機械商品たな卸高【連】	機械	借	2,000	a：100		③ 51	2,049	
期首システム商品たな卸高【外】	システム	借	7,000	3,620	b:80×粗利益率B：50.5%↓		10,620	
期首システム商品たな卸高【連】	システム	借	1,000	b：80		④ 40	1,040	
【1】期首商品たな卸高合計	合計	借	20,000	10,000	0	91	29,909	手順5
機械商品仕入高【外】	機械	借	22,620	2,610	相殺		25,230	
機械商品仕入高【連】	機械	借	4,524	① 11,340		① 11,340	4,524	
システム商品仕入高【外】	システム	借	15,834	3,000	相殺		18,834	
システム商品仕入高【連】	システム	借	2,262	② 5,670		② 5,670	2,262	
【2】商品仕入高合計	合計	借	45,240	22,680	0	17,010	50,850	手順5
期末機械商品たな卸高【外】	機械	貸	4,544	2,200	↓c:220×粗利益率A：50.5%		6,744	
期末機械商品たな卸高【連】	機械	貸	909	c：220	⑥ 111		1,018	
期末システム商品たな卸高【外】	システム	貸	3,180	1,894	↓d:230×粗利益率B：50.5%		5,074	
期末システム商品たな卸高【連】	システム	貸	454	d：230	⑦ 116		568	
【3】期末商品たな卸高合計	合計	貸	9,087	4,544	227	0	13,404	手順5
機械商品売上原価	機械	借	33,691	17,830			40,241	手順6・9
システム商品売上原価	システム	借	22,462	10,246			27,114	手順6・9
【1】+【2】-【3】=【4】売上原価合計	合計	借	56,153	28,076	227	17,101	67,355	手順5・9
【売上総利益】								
機械商品売上総利益	機械	貸	34,349	16,190			50,479	手順6・9
システム商品売上総利益	システム	貸	22,898	12,434			35,256	手順6・9
売上総利益	合計	貸	57,247	28,624	17,237	17,101	85,735	手順5・9
機械商品売上総利益率	機械	貸	A：50.5%	47.6%			56%	手順6・7・9
システム商品売上総利益率	システム	貸	B：50.5%	54.8%			57%	手順6・7・9
売上総利益率	合計	貸	50.5%	50.5%			56%	手順5・7・9
【販売費及び一般管理費】								
販売費及び一般管理費	機械	借	16,044	8,000			24,044	手順6・9
販売費及び一般管理費	システム	借	10,695	5,370			16,065	手順6・9
販売費及び一般管理費合計	合計	借	26,739	13,370	0	0	40,109	手順5・9
【営業利益】								
機械商品営業利益	機械	貸	12,580	8,190			26,435	手順6・9
システム商品営業利益	システム	貸	9,341	7,064			19,191	手順6・9
営業利益	合計	貸	30,508	15,254	17,237	17,1010	45,626	手順5・8・9
機械商品営業利益率	機械	貸	22.2%	24.1%			29%	手順6・7・8・9
システム商品営業利益率	システム	貸	23.5%	31.1%			31%	手順6・7・8・9
営業利益率	合計	貸	26.9%	26.9%			30%	手順5・7・8・9
【営業外収益】			56	28	**手順5・9**		84	手順9
受取利息及び配当金		貸	56	28			84	手順9
【営業外費用】			641	321	**手順5・9**		962	手順9
支払利息		借	641	321			962	手順9
経常利益		貸	29,923	14,961	17,237	17,101	44,748	手順5・7・8・9
経常利益率		貸	26.4%	26.4%			29%	
…略…					↑P219（※1）	↑P219（※2）		
税金等調整前当期純利益		貸	29,923	14,961	17,237	17,101	44,748	手順5・8・9
税金等調整前当期純利益率		貸	26.4%	26.4%	※：P18法定実効税率		29%	
					(③+④)×31.33%※=⑤			
法人税、住民税及び事業税		借	11,486	5,743	↓		17,229	手順9
法人税等調整額		借	△664	△332	⑤ 29	⑧ 71	△1,038	手順9
法人税等合計		借	10,822	5,411	29	71	16,191	手順5・9
当期純利益		貸	19,101	⑱ 9,550	(⑥+⑦)×31.33%※=⑧		28,557	手順5・8・9
当期純利益率		貸	16.8%	16.8%	※：P18法定実効税率		19%	
					↓非支配株主利益調整⑱9,550×20%			手順5・9
非支配株主に帰属する当期純利益		貸			⑨ 1,910		1,910	
親会社株主に帰属する当期純利益		貸	19,101	9,550	19,176	17,172	26,647	手順5・8・9

注：【外】：外部取引関係・【連】：連結会社間取引関係　　　　P215へ↓　　P215へ↓
　　「予算連結仕訳」はP215参照。

CASE 2 ▶ 「予算連結精算表：予算連結株主資本等変動計算書」の作成

■ 目的

次年度の「予算連結株主資本等変動計算書」(P223) を作成する為に、連結会社の各予算株主資本等変動計算書 (P141) 及び予算連結仕訳 (P215) を基礎として「予算連結精算表：予算連結株主資本等変動計算書」を作成します。

■ 作業手順

手順1▶ 中期連結経営計画を基礎とする①「連結予算編成方針」に従って、各連結会社は②「予算株主資本等変動計算書」を作成し、連結財務諸表提出会社の (A) 連結予算を担当する部署へ提出する。(A)：③「連結精算表科目ベースの予算株主資本等変動計算書の予算収集シート」を配布し、各連結会社が②より、③へ入力し、期限までに提出する。なお、③予算株主資本等変動計算書作成においては、連結会社間の投資と資本の相殺対象科目等を明示する。

手順2▶ (A)：各連結会社から収集した③の内容をチェックし、④「予算連結精算表：予算連結株主資本等変動計算書」の⑤個別予算額欄へ入力する。

手順3▶ (A)：⑥予算連結仕訳（連結会社間の投資と資本の相殺等）を作成し、④の⑦連結仕訳欄へ記入する。

手順4▶ (A)：④の利益剰余金の当期変動額の親会社株主に帰属する当期純利益欄には⑧「予算連結精算表：予算連結損益計算書」(P213) の同科目金額を転記する。

手順5▶ (A)：④の⑤個別予算額を集計し、⑦連結仕訳を加減算した計算結果を⑨予算連結財務諸表欄へ記入する。

手順6▶ (A)：④の⑨予算連結財務諸表欄の区分集計（例：当期変動額合計等）及び各期末残高を計算・記入する。

手順7▶ (A)：④の各科目の当期末残高が「⑩予算連結貸借対照表」(P217) の純資産の部のそれぞれの科目金額と一致していることを確認する。

手順8▶ (A)：⑦連結仕訳については、次年度に連結範囲の変動がある場合は、連結範囲変動の予算連結仕訳を記入する。

手順9▶ (A)：④の記入内容に異常点又は不整合がないか等を検証する。

手順10▶ (A)：④の内容が①連結予算編成方針をクリアーしているかを検証する。

手順11▶ ⑪「予算連結株主資本等変動計算書」(P223) へ転記する。

■ チェックポイント

○ 各連結会社からの③「予算株主資本等変動計算書」の当期実績予想との増減比と増減理由の内容を、適宜根拠資料を入手して検証します。

○ 各連結会社からの③「予算株主資本等変動計算書」と、投資と資本の相殺等の⑥予算連結仕訳の内容の適正性・整合性をチェックします。

○ ⑥予算連結仕訳と当期実績予想の連結仕訳の内容との整合性をチェックします。

○ ①「連結予算編成方針」をクリアーしているかを検証します。

214　第Ⅱ部　応用編

予算連結精算表（その２）：予算連結株主資本等変動計算書 （次期：×１年４月１日～×２年３月31日）

手順1 「予算株／変収集シート」・ **手順3** 「予算連結仕訳」より

手順3・8

（単位：千円）

予算連結精算表科目	貸借	親会社３ＣＣ 個別予算額	連結子会社ライン 個別予算額	連結仕訳（下記参照） 借方金額	連結仕訳（下記参照） 貸方金額	予算連結財務諸表 連結予算額	
		手順2	**手順2**			（P223：連結株／変）	**手順5・9・10・11**
【資本金】							
資本金：当期首残高	貸	10,000	2,500	⑩ 2,500		10,000	
当期変動額							
資本金：当期変動額合計	貸	0				0	**手順6**
資本金：当期末残高	貸	10,000	2,500	B/S(1)2,500	0	10,000	**手順6・7**
【利益剰余金】				⑮563+③51+④40↓	⑤↓連結B/S(P217)↑		
利益剰余金：当期首残高	貸	630	⑬ 315	154	29	820	
当期変動額				（P213P/L）	（P213P/L）		
利益剰余金：親会社株主に帰属する当期純利益	貸	19,101	⑲ 9,550	19,176	17,172	26,647	**手順4**
利益剰余金：配当金	貸	△ 400				△ 400	
利益剰余金：当期変動額合計	貸	18,701	9,550	19,176	17,172	26,247	**手順6**
利益剰余金：当期末残高	貸	19,331	9,865	B/S(2)19,330	B/S(3)17,201	27,067	**手順6**
【非支配株主持分】						連結B/S(P217)↑	
非支配株主持分：当期首残高	貸				⑰ 563	563	
当期変動額							
非支配株主持分：株主資本以外の項目の当期変動額合計（純額）	貸	0	0	0	P/L⑨ 1,910	1,910	**手順6**
非支配株主持分：当期変動額合計	貸	0	0	0	1,910	1,910	**手順6**
非支配株主持分：当期末残高	貸	0	0	0	B/S(4)2,473	2,473	**手順6**
【純資産合計】						連結B/S(P217)↑	
純資産合計：当期首残高	貸	10,630	2,815	2,654	592	11,383	
当期変動額							
純資産合計：親会社に帰属する当期純利益	貸	19,101	9,550	19,176	17,172	26,647	
純資産合計：配当金	貸	△ 400			0	△ 400	
非支配株主持分：株主資本以外の項目の当期変動額合計（純額）	貸				1,910	1,910	
純資産合計：当期変動額合計	貸	18,701	9,550	19,176	19,082	28,157	**手順6**
純資産合計：当期末残高	貸	29,331	12,365	B/S(5)21,830	B/S(6)19,674	39,540	**手順6**

連結B/S(P217)↑

【予算連結仕訳】 **手順3・8**

〈㈱ラインの投資及び資本の推移表（単位：千円）〉

	設立時	増減	次期首				次期末
親会社持分比率	80%						
非支配株主持分比率	20%			（P213）			
資本金	⑩ 2,500	0	⑫ 2,500	当期純利益	配当金		2,500
繰越利益剰余金	0	⑪ 315	⑬ 315	⑱ 9,550	0		9,865
純資産合計	2,500	315	⑭ 2,815	+		=	12,365

P/L: P213 B/S: P217

手順3

【連結仕訳No.1】
開始仕訳
投資と資本の相殺

株/変	資本金：当期首残高	⑩ 2,500		B/S	投資有価証券（子会社株式）	⑯ 2,000	⑩ 2,500千円×80%↓
		⑪ 315×20%↓					⑭ 2,815×20%↓
株/変	利益剰余金：当期首残高	⑮ 63		株/変	非支配株主：当期首残高	⑰ 563	**手順3**

【連結仕訳No.2】
取引高の相殺

P/L	機械売上高【連】	① 11,340		P/L	機械商品仕入高【連】	① 11,340
P/L	システム売上高【連】	② 5,670		P/L	システム商品仕入高【連】	② 5,670

【連結仕訳No.3】 **手順3**

未実現利益の調整（税効果調整）

千円

株/変	利益剰余金：当期首残高	③ 51		P/L	期首機械商品たな卸高	③ 51
株/変	利益剰余金：当期首残高	④ 40		P/L	期首システム商品たな卸高	④ 40
P/L	法人税等調整額 ※１	⑤ 29		株/変	利益剰余金：当期首残高	⑤ 29
P/L	期末機械商品たな卸高	⑥ 111		B/S	商品【機械】	⑥ 111
P/L	期末システム商品たな卸高	⑦ 116		B/S	商品【システム】	⑦ 116
B/S	繰延税金資産【流動資産】	⑧ 71		P/L	法人税等調整額 ※２	⑧ 71

手順3

※１：（③51+④40）×法定実効税率⑲31.33%(P18)=⑤29　　※２：（⑥111+⑦116）×法定実効税率⑲31.33%(P18)=⑧71

【連結仕訳No.4】
非支配株主利益の調整

P/L	非支配株主に帰属する当期純利益	⑨ 1,910		株/変	非支配株主持分：当期変動額：株主資本以外の当期変動額合計（純額）	⑨ 1,910	**手順3**

連結子会社㈱ラインの当期純利益P213⑱9,550×20%=⑨1,910

【連結仕訳No.5】
債権・債務の相殺

B/S	機械商品買掛金【連】	⑳ 1,458		B/S	機械商品売掛金【連】	⑳ 1,458
B/S	システム商品買掛金【連】	㉑ 729		B/S	システム商品売掛金【連】	㉑ 729

注：P141の予算貸借対照表に貸倒引当金ゼロとなっているので、貸倒引当金の調整はない。

第12章　連結予算財務諸表の作成　**215**

CASE 3 ▶ 「予算連結精算表：予算連結貸借対照表」の作成

目的

　次年度の「予算連結貸借対照表」（P225）を作成する為に、連結会社の各予算貸借対照表（P141）及び予算連結仕訳（P215）を基礎として「予算連結精算表：予算連結貸借対照表」を作成します。

作業手順

手順1▶　中期連結経営計画を基礎とする①「連結予算編成方針」に従って、各連結会社は②「予算貸借対照表」を作成し、連結財務諸表提出会社の（A）連結予算を担当する部署へ提出する。（A）：③「連結精算表科目ベースの予算貸借対照表の予算収集シート」を配布し、各連結会社が②より③へ入力し、期限までに提出する。なお、③予算貸借対照表作成においては、予算連結仕訳の相殺対象の連結会社間債権・債務等を明示する。

手順2▶　（A）：各連結会社から収集した③の内容をチェックし、「④予算連結精算表：予算連結貸借対照表」の⑤個別予算額欄へ入力する。

手順3▶　（A）：⑥予算連結仕訳（連結会社間の債権・債務の相殺等）を作成し、④の⑦連結仕訳欄へ記入する。

手順4▶　（A）：④の⑤個別予算額を集計し、⑦連結仕訳を加減算し、計算結果を⑧予算連結財務諸表欄へ記入する。

手順5▶　（A）：④の⑧予算連結財務諸表欄の区分集計（例：資産合計・負債合計・純資産合計等）を計算・記入する。

手順6▶　（A）：④の⑧予算連結財務諸表欄の資産合計と負債・純資産合計が一致していることを確認する。

手順7▶　（A）：④の記入内容に異常点又は不整合がないか等を検証する。

手順8▶　（A）：④の内容が①連結予算編成方針をクリアーしているかを検証する。

手順9▶　⑨「予算連結貸借対照表」（P225）へ転記する。

チェックポイント

○各連結会社からの③「予算貸借対照表」の当期実績予想との増減比と増減理由の内容を、適宜根拠資料を入手して検証します。

○各連結会社からの③「予算貸借対照表」の連結会社間債権・債務の相殺・未実現損益調整等の内容の適正性・整合性をチェックします。

○⑥予算連結仕訳と当期実績予想の連結仕訳の内容との整合性をチェックします。

○④の内容に不整合や異常がないかを検証します。

○①「連結予算編成方針」をクリアーしているかを検証します。

注：さらに「月次予算連結貸借対照表」へ展開しますが、紙幅の関係上省略します。

216　第Ⅱ部　応用編

予算連結精算表（その３）：予算連結貸借対照表 （次期：×2年3月31日現在）

手順1「予算B/S収集シート」・**手順3**「予算連結仕訳」より　　**手順3**　　　　　　（単位：千円）

予算連結精算表科目	事業別セグメント	貸借	親会社3CC 個別予算額	連結子会社ライン 個別予算額	連結仕訳(P215) 借方金額	連結仕訳(P215) 貸方金額	予算連結財務諸表 連結予算額
【資産の部】			**手順2**(P141)	**手順2**			(P225：連結B/S)
【流動資産】			61,268	28,334	71	2,414	87,259
現金及び預金		借	36,831	16,115			52,946
機械商品売掛金【外】	機械	借	7,290	4,374			11,664
機械商品売掛金【連】	機械	借	⑳ 1,458			⑳ 1,458	0
システム商品売掛金【外】	システム	借	5,103	2,916			8,019
システム商品売掛金【連】	システム	借	㉑ 729			㉑ 729	0
【5】売掛金合計	合計	借	P219(1)14,580	7,290	0	(2) 2,187	19,683
機械商品【外】	機械	借	4,544	600			5,144
機械商品【連】	機械	借	909	2,000		⑥ 111	2,798
システム商品【外】	システム	借	3,180	400			3,580
システム商品【連】	システム	借	454	1,544		⑦ 116	1,882
【6】商品合計	合計	借	9,087	4,544	0	227	13,404
繰延税金資産（流動資産）		借	570	285	⑧ 71		926
その他流動資産		借	200	100			300
貸倒引当金		借	0	0			0
【固定資産】			9,950	4,975	0	2,000	12,925
【有形固定資産】			2,882	1,441	0	0	4,323
車両		借	3,000	1,500			4,500
器具備品		借	3,000	1,500			4,500
減価償却累計額		借	△ 3,118	△ 1,559			△ 4,677
【無形固定資産】			974	487	0	0	1,461
特許権		借	140	70			210
ソフトウェア		借	834	417			1,251
【投資その他の資産】			6,094	3,047	0	2,000	7,141
投資有価証券（子会社株式）		借	3,000	1,500		⑯ 2,000	2,500
保証金		借	3,000	1,500			4,500
繰延税金資産(固定資産)		借	94	47			141
資産合計			71,218	33,309	71	4,414	100,184
【負債の部】							
【流動負債】			29,887	14,944	2,187	0	42,644
機械商品買掛金【外】	機械	貸	6,318	1,701			8,019
機械商品買掛金【連】	機械	貸	0	⑳ 1,458	⑳ 1,458		0
システム商品買掛金【外】	システム	貸	4,212	1,377			5,589
システム商品買掛金【連】	システム	貸	0	㉑ 729	㉑ 729		0
【7】買掛金合計	合計	貸	10,530	5,265	2,187	0	13,608
短期借入金		貸	0	0			0
1年内返済予定長期借入金		貸	4,000	2,000			6,000
未払消費税等		貸	4,231	2,116			6,347
未払法人税等		貸	10,778	5,389			16,167
未払金		貸	162	81			243
その他流動負債		貸	186	93			279
【固定負債】			12,000	6,000	0	0	18,000
長期借入金		貸	12,000	6,000			18,000
負債合計			41,887	20,944	2,187	0	60,644
【純資産の部】			連結株/変（P215）より				
資本金		貸	10,000	2,500	B/S(1) 2,500		10,000
利益剰余金		貸	19,331	9,865	B/S(2)19,330	B/S(3)17,201	27,067
非支配株主持分		貸				B/S(4) 2,473	2,473
純資産合計			29,331	12,365	B/S(5)21,830	B/S(6)19,674	39,540
負債及び純資産合計			71,218	33,309	24,017	19,674	100,184
連結仕訳合計					24,088	24,088	

第12章　連結予算財務諸表の作成　**217**

CASE 4 ▶ 「予算連結キャッシュ・フロー精算表」の作成

■ 目的

次年度の「予算連結キャッシュ・フロー計算書」（P227）を作成する為に、連結会社の各予算キャッシュ・フロー計算書（P147・149）及び予算連結仕訳（C/F関連）（P215）を基礎として「予算連結キャッシュ・フロー精算表」を作成します。

■ 作業手順

手順1▶ 中期連結経営計画を基礎とする①「連結予算編成方針」に従って、各連結会社は②「予算C/F計算書」を作成し、連結財務諸表提出会社の（A）連結予算を担当する部署へ提出する。（A）：同部署が作成した③「予算連結C/F精算表科目ベースの予算C/F計算書の予算収集シート」を配布し、各連結会社が②より③へ入力し、期限までに提出する。なお、③予算C/F計算書作成においては、連結会社間債権増減額・債務増減額、たな卸資産の増減額の未実現調整等を明示する。

手順2▶ （A）：各連結会社から収集した③の内容をチェックし、④「予算連結C/F精算表：予算連結C/F計算書」の⑤個別予算額欄へ入力する。

手順3▶ （A）：④の税金等調整前当期純利益欄に⑥「予算連結損益計算書」（P213）の同科目金額を記入する。

手順4▶ （A）：⑦予算連結仕訳（連結会社間の債権増減額・債務増減額の相殺等）を作成し、④の⑧連結仕訳欄へ記入する。⑨予算比較連結貸借対照表の債権増減額・債務増減額との整合性を図る。

手順5▶ （A）：④の⑤個別予算額を集計し、⑧連結仕訳を加減算し、計算結果を⑩予算連結財務諸表欄へ記入する。

手順6▶ （A）：④の⑩予算連結財務諸表欄の区分集計（例：小計・営業活動C/F・投資活動C/F・財務活動C/F等）を計算・記入する。

手順7▶ （A）：④の⑩予算連結財務諸表欄の以下の計算式が成立することを確認する。
現金及び現金同等物の増減額＋同科目の期首残高＝同科目の期末残高

手順8▶ （A）：④の記入内容に異常点又は不整合がないか等を検証する。

手順9▶ （A）：④の営業活動によるC/F、投資活動によるC/F、財務活動によるC/F、および現金及び現金同等物の増減額が①「連結予算編成方針」をクリアーしているかを検証する。

手順10▶ ⑪「予算連結キャッシュ・フロー計算書」（P227）へ転記する。

■ チェックポイント

○ 各連結会社からの③「予算キャッシュ・フロー計算書」の当期実績予想との増減比と増減理由の内容を、適宜根拠資料を入手して検証します。

○ 各連結会社からの③「予算キャッシュ・フロー計算書」の連結会社間の債権・債務の増減額等の内容の適正性・整合性をチェックします。

○ ⑦予算連結仕訳と当期実績予想の連結仕訳の内容との整合性をチェックします。

○ ①「連結予算編成方針」をクリアーしているかを検証します。

注：さらに「月次予算連結キャッシュ・フロー計算書」へ展開しますが、紙幅の関係上省略します。

第Ⅱ部　応用編

予算連結キャッシュ・フロー精算表 （次期：×1年4月1日～×2年3月31日）

手順1 「予算C/F収集シート」・ **手順4** 「予算連結仕訳」より　　**手順2**　　**手順4**　　（単位：千円）

予算連結キャッシュフロー精算表科目	貸借	親会社 3CC 個別予算額	連結子会社 ライン 個別予算額	連結仕訳（P215参照） 借方	連結仕訳（P215参照） 貸方	予算連結財務諸表 連結予算額
【営業活動によるキャッシュ・フロー】		(P149)		(P213)	(P213)	(P213)
税金等調整前当期純利益(税引前当期純利益)	貸	29,923	14,961	※1 17,237	※2 17,101	※7 44,748
減価償却費	貸	1,589	795			2,384
受取利息及び配当金	貸	△ 56	△ 28			△ 84
支払利息	貸	641	321			962
売上債権の増減額	貸	（4）△ 6,351	△ 3,176		※3（6）953	△ 8,574
仕入債務の増減額　◀ **手順4**	貸	8,473	4,237	※4（6）953		11,757
たな卸資産の増減額	貸	10,913	5,457	※5（7）91	※6（8）227	16,506
未払消費税等の増減額	貸	4,002	2,001			6,003
その他	貸	160	80			240
未払金の増減額	貸	△ 135	△ 68			△ 203
小　　計	貸	49,159	24,580	18,281	18,281	73,739
利息及び配当金の受取額	貸借	56	28			84
利息の支払額	貸	△ 641	△ 321			△ 962
法人税等の支払額	貸	△ 1,538	△ 769			△ 2,307
営業活動によるキャッシュ・フロー	貸	47,036	23,518	18,281	18,281	70,554
【投資活動によるキャッシュ・フロー】						
有形固定資産の取得による支出	貸	△ 1,080	△ 540			△ 1,620
無形固定資産の取得による支出	貸	△ 1,080	△ 540			△ 1,620
投資有価証券の取得による支出	貸	△ 1,000	△ 500			△ 1,500
投資活動によるキャッシュ・フロー	貸	△ 3,160	△ 1,580	0	0	△ 4,740
【財務活動によるキャッシュ・フロー】						
短期借入金の増減	貸	△ 6,000	△ 5,000			△ 11,000
長期借入金の返済による支出	貸	△ 4,000	△ 2,000			△ 6,000
配当金の支払額	貸	△ 400				△ 400
財務活動によるキャッシュ・フロー	貸	△ 10,400	△ 7,000	0	0	△ 17,400
現金及び現金同等物に係る換算差額	貸		0			0
現金及び現金同等物の増減額	貸	33,476	14,938	18,281	18,281	48,414
現金及び現金同等物の期首残高	貸	3,355	1,177			4,532
現金及び現金同等物の期末残高	貸	36,831	16,115			※8 52,946
		連結仕訳の貸借合計		18,281	18,281	

※1：「予算連結精算表：予算連結損益計算書」(P213)の税金等調整前当期純利益の連結仕訳の「借方」金額を転記する。

※2：「予算連結精算表：予算連結損益計算書」(P213)の税金等調整前当期純利益の連結仕訳の「貸方」金額を転記する。

※3：下記より計算した「連結会社間の売上債権の増減額」（6）953を転記する。
　　（P217）3CC「売掛金」合計＝（1）14,580
　　（P217）3CC「売掛金【連】」＝⑳1,458＋㉑729＝（2）2,187
　　3CC「売掛金【連】」構成比率＝（2）2,187÷（1）14,580×100％＝（3）15％
　　当期末も同構成比率と仮定する。
　　売上債権の増減額（4）△6,351の内、「連結会社間の売上債権の増減額」＝（4）△6,351×（3）15％＝（5）△953
　　相殺処理額＝（5）△953×△1＝（6）953(貸方)
　　(仕入債務の増減額)（6）953 ／ (売上債権の増減額)（6）953

※4：上記相殺仕訳の仕入債務の増減額（6）953を転記する。相殺対象となる連結会社間の仕入債務の増減額は相殺対象となる連結会社間の売上債権の増減額（6）953と一致する。

※5：「予算連結精算表：予算連結損益計算書」(P213)の売上原価の連結会社間取引関係：期首商品たな卸高の連結仕訳の借方金額を転記する。(P215)：③51＋④40＝（7）91

※6：「予算連結精算表：予算連結損益計算書」(P213)の売上原価の連結会社間取引関係：期末商品たな卸高の連結仕訳の貸方金額を転記する。(P215)：⑥111＋⑦116＝（8）227

※7：「予算連結精算表：予算連結損益計算書」(P213)の税金等調整前当期純利益と一致していることを確認する。

※8：「予算連結精算表：予算連結貸借対照表」(P217)の「現金及び預金」と原則として一致することを確認する。

第12章　連結予算財務諸表の作成　　**219**

CASE 5 ▶「予算連結損益計算書」の作成

■ 目的

　次年度の連結経営における連結損益目標としての連結損益予算を明示して、PDCAを進捗管理する為に、「予算連結精算表：予算連結損益計算書」(P213) より次年度の予算連結損益計算書を作成します。また、予算セグメント別連結損益計算書も作成します。

　次期の連結予算の取締役会承認を経て、次期より連結損益管理がスタートします。

　上場会社の場合は、連結業績発表の基礎となります（P231参照）。

■ 作業手順

手順1 ▶ ①「予算連結精算表：予算連結損益計算書」(P213)より「予算額」欄へ転記する。

手順2 ▶ 予算審議対応の準備資料として予算基礎資料を整備する。

手順3 ▶ 各利益・利益率を計算・記入する。

手順4 ▶ ②「連結予算編成方針の目標売上高及び目標利益をクリアーしているか？」を検証する。

手順5 ▶ ③当期実績予想の連結損益計算書と比較して、異常点がないかを検証する。

手順6 ▶ 親会社株主に帰属する当期純利益が④「予算連結株主資本等変動計算書」(P223)の利益剰余金の当期変動額の同科目金額と一致していることを検証する。

手順7 ▶ 税金等調整前当期純利益が⑤「予算連結キャッシュ・フロー計算書」の同科目金額と一致していることを検証する。

手順8 ▶ 親会社株主に帰属する1株当たり当期純利益を下記の通り計算・記入する。

　　　親会社株主に帰属する当期純利益÷（期中平均発行済株式数－期中平均自己株式数）＝親会社株主に帰属する1株当たり当期純利益

手順9 ▶ ①より、⑥「セグメント別予算連結損益計算書」へ転記する。

手順10 ▶ ⑥の「セグメント予算科目別合計－セグメント間取引高－全社部門」の計算結果が「予算連結損益計算書」の科目金額と一致しているかを検証する。

手順11 ▶「予算連結損益計算書」の(1)～(5)の値は「連結業績予想管理表」(P231) へ転記する。(1)～(9)の値を連結目標として連結業績評価を行う。

手順12 ▶ 連結予算承認の取締役会へ提出する。

■ チェックポイント

○①「予算連結精算表：予算連結損益計算書」より正しく転記されていることを検証します。

○②「連結予算編成方針の目標売上高及び目標利益をクリアーしているか」を検証します。

○ 親会社株主に帰属する当期純利益が④「予算連結株主資本等変動計算書」の利益剰余金の当期変動額の同科目金額と一致していることを検証します。

○ 税金等調整前当期純利益が⑤「予算連結キャッシュ・フロー計算書」の同科目金額と一致していることを検証します。

○③「当期実績予想の連結損益計算書」と比較して、異常点がないかを検証します。

○⑥「セグメント別予算連結損益計算書」との整合性が図られているかを検証します。

注：さらに「月次予算連結損益計算書（セグメント別月次予算連結損益予算書）」へ展開しますが、紙幅の関係上省略します。

220　第Ⅱ部　応用編

予算連結損益計算書 【手順5・12】

（次期：×1年4月1日～×2年3月31日）

（表示単位：千円）

【手順1】

科　　　目	予算額
売上高	(1) 153,090
売上原価	67,355
売上総利益	85,735
売上総利益率	56%
販売費及び一般管理費	40,109
営業利益	(2) 45,626
営業利益率	30%
営業外収益	84
営業外費用	962
経常利益	(3) 44,748
経常利益率	29%
特別利益	0
特別損失	0
税金等調整前当期純利益	44,748
税金等調整前当期純利益率	29%
法人税、住民税及び事業税	17,229
法人税等調整額	△ 1,038
法人税等合計	16,191
当期純利益	28,557
当期純利益率	19%
非支配株主に帰属する当期純利益	1,910
親会社株主に帰属する当期純利益	(4) 26,647

手順4・10 — 売上高
手順3 — 売上総利益率
手順3・4・10 — 営業利益
手順3 — 営業利益率
手順3・4 — 経常利益
手順3 — 経常利益率
手順3・7 — 税金等調整前当期純利益
手順3 — 税金等調整前当期純利益率
手順3 — 当期純利益率
手順3・4・6 — 親会社株主に帰属する当期純利益

【セグメント別予算損益損益計算書】 【手順9】

科　　　目	予算額
機械事業	
売上高 **手順10**	(6) 90,720
売上原価	40,241
販売費及び一般管理費	24,044
営業費用合計	64,285
営業利益 **手順10**	(7) 26,435
営業利益率	29%

科　　　目	予算額
システム事業	
売上高 **手順10**	(8) 62,370
売上原価	27,114
販売費及び一般管理費	16,065
営業費用合計	43,179
営業利益 **手順10**	(9) 19,191
営業利益率	31%

P18↓　　　　　　　　　　　P18↓

予想期中平均発行済株式数 (A)304株 － 予想期中平均自己株式数 (B) 0 株 ＝予想期中平均株式数 (C)304株

親会社株主に帰属する1株当たり当期純利益 ＝ (4)26,647円÷(C)304株×1,000円

【手順8】 ＝ (5) 87,654 円　61銭 （端数四捨五入）

【手順2】

〈予算基礎資料〉
○「予算連結精算表【予算連結損益計算書】」（P213）・「予算連結仕訳」（P215）・「連結予算編成方針」・
　「当期実績予想の連結損益計算書」 **手順4**

手順5

手順11

注1：(1)～(5)は「連結業績予想管理表」（P231）へ転記する。
注2：(1)～(9)を連結目標として連結業績評価を行う。

第12章　連結予算財務諸表の作成　**221**

CASE 6 ▶ 「予算連結株主資本等変動計算書」の作成

■ 目的

　次年度の連結経営における連結ベースの純資産の増減内容を明示して、PDCAを進捗管理する為に、「予算連結精算表：予算連結株主資本等変動計算書」（P215）より次年度の「予算連結株主資本等変動計算書」を作成します。

　次期の連結予算の取締役会承認を経て、次期より連結ベースの純資産増減の管理がスタートします。

■ 作業手順

手順1▶ ①「予算連結精算表：予算連結株主資本等変動計算書」（P215）より、予算額欄へ転記する。

手順2▶ 予算審議対応の準備資料として、予算基礎資料を整備する。

手順3▶ 当期首残高は、②「当期実績予想の連結株主資本等変動計算書」の当期末残高と一致していることを確認する。

手順4▶ 当期首残高は、③「当期実績予想の連結貸借対照表」の金額と一致していることを確認する。

手順5▶ 利益剰余金の当期変動額の親会社株主に帰属する当期純利益の科目金額は、④「予算連結損益計算書」（P221）の金額と一致していることを検証する。

手順6▶ 当期末残高は、⑤「予算連結貸借対照表」（P225）の金額と一致していることを確認する。

手順7▶ (5) 予想ROE（予想自己資本利益率）を計算し、「⑥連結予算編成方針の目標ROE水準をクリアーしているか？」を確認する。

　　　　　期首自己資本＝（純資産合計：当期首残高）－（非支配株主持分：当期首残高）
　　　　　　　　　　　　－（新株予約権：当期首残高）… (1)

　　　　　期末自己資本＝（純資産合計：当期末残高）－（非支配株主持分：当期末残高）－（新株予約権：当期末残高）… (2)

　　　　　平均自己資本＝ ｛(1) ＋ (2)｝ ÷2… (3)

　　　　　「予算連結損益計算書」（P221）：親会社株主に帰属する当期純利益… (4)

　　　　　予想ROE＝ (4) ÷ (3) ×100%… (5)

手順8▶ 連結予算承認の取締役会へ提出する。

■ チェックポイント

○①「予算連結精算表：予算連結株主資本等変動計算書」より正しく転記されていることを検証します。

○当期首残高が②「当期実績予想の連結株主資本等変動計算書」の当期末残高と一致していることを検証します。

○当期首残高が③「当期実績予想の連結貸借対照表」の金額と一致していることを検証します。

○当期末残高が⑤「予算連結貸借対照表」の金額と一致していることを検証します。

○予想ROEが①「連結予算編成方針」をクリアーしているかを検証します。

予算連結株主資本等変動計算書　**手順8**

(次期：×1年4月1日～×2年3月31日)

(表示単位：千円)

科　目	予算額	
【資本金】		**手順1**
当期首残高	10,000	**手順3・4**
当期変動額		
当期変動額合計	0	
当期末残高	10,000	**手順6**
【利益剰余金】		
当期首残高	820	**手順3・4**
当期変動額		
親会社株主に帰属する当期純利益	(8) 26,647	**手順5**
配当金	△ 400	
当期変動額合計	26,247	
当期末残高	27,067	**手順6**
【非支配株主持分】		
当期首残高	(2) 563	**手順3・4**
当期変動額		
株主資本以外の項目の当期変動額合計(純額)	1,910	
当期変動額合計	1,910	
当期末残高	(5) 2,473	**手順6**
【純資産合計】		
当期首残高	(1) 11,383	**手順3・4**
当期変動額		
親会社に帰属する当期純利益	26,647	
配当金	△ 400	
株主資本以外の項目の当期変動額合計(純額)	1,910	
当期変動額合計	28,157	
当期末残高	(4) 39,540	**手順6**

手順7

〈予想ROE(予想自己資本利益率)の計算〉

・期首：純資産合計 (1) 11,383千円 － 非支配株主持分合計 (2) 563千円 － 新株予約権　0＝ 自己資本合計 (3) 10,820千円

・期末：純資産合計 (4) 39,540千円 － 非支配株主持分合計 (5) 2,473千円 － 新株予約権　0＝ 自己資本合計 (6) 37,067千円

・平均 $\qquad$ ((3)+(6))÷2＝(7) 23,944千円

(端数四捨五入)

予算連結損益計算書 (P221)

親会社株主に帰属する当期純利益 (8) 26,647千円

予想ROE(予想自己資本利益率)＝ (8) 26,647千円 ÷ (7) 23,944千円 ×100%＝ 111% (端数四捨五入)

注：本書の数値間の整合性の観点より、予想ROEが極端に大きい数値となっている。

手順2

〈予算基礎資料〉

○「予算連結精算表【予算連結株主資本等変動計算書】(P215)・「予算連結仕訳」(P215)・「連結予算編成方針」・「当期実績予想の連結株主資本等変動計算書」・「当期実績予想の連結貸借対照表」

手順7　　　**手順3**

手順4

第12章　連結予算財務諸表の作成　**223**

CASE 7 ▶「予算連結貸借対照表」の作成

■ 目的

　次年度の連結経営における財務目標としての連結ベースの財政状態を明示して、PDCA を進捗管理する為に、「予算連結精算表：予算連結貸借対照表」（P217）より、次年度の予算連結貸借対照表を作成します。

　次期の連結予算の取締役会承認を経て、次期より連結財務管理がスタートします。

■ 作業手順

手順1 ①「予算連結精算表：予算連結貸借対照表」（P217）より、「予算額」欄へ転記する。

手順2 予算審議対応の準備資料として、予算基礎資料を整備する。

手順3 資産合計と負債・純資産合計が一致しているかを検証する。

手順4 比率（自己資本比率など）を計算・記入する。

　　　　自己資本比率＝｜純資産合計－非支配株主持分－新株予約権｜÷総資産合計
　　　　×100%

手順5 1株当たり純資産額を計算・記入する。

　　　　1株当たり純資産額＝｜純資産合計－非支配株主持分－新株予約権｜÷｜次
　　　　期期末発行済株式総数－次期末自己株式数｜×1,000円＝○○円○銭

手順6 ②「連結予算編成方針」の目標財務比率・指標（例：自己資本比率・1株当たり純資産額）をクリアーしているか検証する。

手順7 ③「当期実績予想の連結貸借対照表」と比較して、異常点がないかを検証する。

手順8 純資産の部の各科目金額が④「予算連結株主資本等変動計算書」（P223）の当期末残高と一致しているかを検証する。

手順9 現金及び預金の金額は、原則として⑤「予算連結キャッシュ・フロー計算書」（P227）の現金及び現金同等物の期末残高の金額と一致しているかを検証する。

手順10 連結予算承認の取締役会へ提出する。

■ チェックポイント

○①「予算連結精算表：予算連結貸借対照表」より正しく転記されているかを検証します。

○資産合計と負債・純資産合計の一致を検証します。

○②「連結予算編成方針」の目標財務比率（例：自己資本比率）をクリアーしているかを検証します。

○③「当期実績予想の連結貸借対照表」と比較して、異常点がないかを検証します。

○純資産の部の各科目金額が④「予算連結株主資本等変動計算書」の当期末残高と一致しているかを検証します。

○現金及び預金の金額が、原則として⑤「予算連結キャッシュ・フロー計算書」の現金及び現金同等物の金額と一致していることを検証します。

注：さらに「月次予算連結貸借対照表」へ展開しますが、紙幅の関係上省略します。

224　第Ⅱ部　応用編

予算連結貸借対照表　**手順10**

(次期：×2年3月31日現在)

(表示単位：千円)

手順1

科　　　目	予算額
【資産の部】	
【流動資産】	87,259
現金及び預金	52,946
売掛金	19,683
たな卸資産	13,404
繰延税金資産（流動資産）	926
その他流動資産	300
貸倒引当金	0
【固定資産】	12,925
【有形固定資産】	4,323
車両	4,500
器具備品	4,500
減価償却累計額	△ 4,677
【無形固定資産】	1,461
特許権	210
ソフトウェア	1,251
【投資その他の資産】	7,141
保証金	4,500
投資有価証券	2,500
繰延税金資産（固定資産）	141
資産合計	(2) 100,184

手順9（現金及び預金）

手順3（資産合計）

手順1

科　　　目	予算額
【負債の部】	
【流動負債】	42,644
買掛金	13,608
短期借入金	0
1年内返済予定長期借入金	6,000
未払消費税等	6,347
未払法人税等	16,167
未払金	243
その他流動負債	279
【固定負債】	18,000
長期借入金	18,000
負債合計	60,644
【純資産の部】	
資本金	10,000
利益剰余金	27,067
非支配株主持分	(3) 2,473
純資産合計	(1) 39,540
負債及び純資産合計	100,184

手順8（非支配株主持分、利益剰余金）

手順3（負債及び純資産合計）

〈財務分析〉

手順4・6

・自己資本比率 $= \dfrac{\text{純資産合計 (1)39,540} - \text{非支配株主持分 (3)2,473} - \text{新株予約権 } 0}{\text{資産合計 (2)100,184}} \times 100\% = 37\%（端数四捨五入）\cdots(4)$

手順5・6

・1株当たり純資産額 $= \dfrac{\text{純資産合計 (1)39,540} - \text{非支配株主持分 (3)2,473} - \text{新株予約権 } 0}{\text{次期期末発行株式総数 304株(P18)} - \text{次期期末自己株式数 0株(P18)}} \times 1,000円 = 121,933 円92銭\cdots(5)$
（端数四捨五入）

手順2

〈予算基礎資料〉

○「予算連結精算表【予算連結貸借対照表】」(P217)・「予算連結仕訳」(P215)・「連結予算編成方針」**手順6**・「当期実績予想の連結貸借対照表」**手順7**

第12章　連結予算財務諸表の作成　**225**

CASE 8 ▶ 「予算連結キャッシュ・フロー計算書」の作成

■ 目的

　次年度の連結経営におけるキャッシュ・フロー目標としての連結ベースのキャッシュ・フローの状況を明示して、PDCAを進捗管理する為に、「予算連結キャッシュ・フロー精算表」（P219）より、次年度の「予算連結キャッシュ・フロー計算書」を作成します。

　次期の連結予算の取締役会承認を経て、次期より連結キャッシュ・フロー管理がスタートします。

■ 作業手順

手順1　①「予算連結キャッシュ・フロー精算表」（P219）より、予算額欄へ転記する。

手順2　予算審議対応の準備資料として、予算基礎資料を整備する。

手順3　下記の計算・照合をする（P227参照）。
　　　・（1）＋（2）＋（3）＋（4）＝（5）
　　　・（5）＋（6）＝（7）

手順4　下記の分析値を計算する。
　　　・「［簡易］フリー・キャッシュ・フロー」…（8）
　　　・「1株当たり営業活動によるキャッシュ・フロー」…（9）

手順5　②「連結予算編成方針」の連結キャッシュ・フロー目標をクリアーしているか検証する。
　　　（1）～（9）が連結キャッシュ・フロー目標となる。

手順6　③「当期実績予想の連結キャッシュ・フロー計算書」と比較して、異常点がないかを検証する。

手順7　税金等調整前当期純利益が「④予算連結損益計算書」（P221）の同科目金額と一致していることを検証する。

手順8　現金及び現金同等物の期首残高の金額は、原則として⑤「当期実績予想の連結貸借対照表」の現金及び預金の金額と一致しているかを検証する。

手順9　現金及び現金同等物の期末残高の金額は、原則として⑥「予算連結貸借対照表」（P225）の現金及び預金の金額と一致しているかを検証する。

手順10　連結予算承認の取締役会へ提出する。

■ チェックポイント

○①「予算連結キャッシュ・フロー精算表」（P219）より正しく転記されていることを検証します。

○税金等調整前当期純利益は、④「予算連結損益計算書」（P221）の同科目金額と一致していることを検証します。

○②「連結予算編成方針」のキャッシュ・フロー目標をクリアーしているかを検証します。

○「現金及び現金同等物の増減額＋現金及び現金同等物の期首残高＝現金及び現金同等物の期末残高」の等式が成立しているかを検証します。

○現金及び現金同等物の期末残高は、原則として⑥「予算連結貸借対照表」（P225）の現金及び預金と一致していることを検証します。

注：さらに「月次予算連結キャッシュ・フロー計算書」へ展開しますが、紙幅の関係上省略します。

226　第Ⅱ部　応用編

予算連結キャッシュ・フロー計算書 【手順6・10】

(次期：×1年4月1日～×2年3月31日)

(表示単位：千円) 【手順1】

科　目	予算額	
【営業活動によるキャッシュ・フロー】		
【手順7】税金等調整前当期純利益	44,748	予算連結PL（P213）
減価償却費	2,384	
受取利息及び配当金	△ 84	
支払利息	962	
売上債権の増減額	△ 8,574	
仕入債務の増減額	11,757	
たな卸資産の増減額	16,506	
未払消費税等の増減額	6,003	
その他	240	
未払金の増減額	△ 203	
小　計	73,739	
利息及び配当金の受取額	84	
利息の支払額	△ 962	
法人税等の支払額	△ 2,307	
【手順5】営業活動によるキャッシュ・フロー	(1) 70,554	
【投資活動によるキャッシュ・フロー】		
有形固定資産の取得による支出	△ 1,620	
無形固定資産の取得による支出	△ 1,620	
投資有価証券の取得による支出	△ 1,500	
【手順5】投資活動によるキャッシュ・フロー	(2) △ 4,740	
【財務活動によるキャッシュ・フロー】		
短期借入金の増減額	△ 11,000	
長期借入金の返済による支出	△ 6,000	
配当金の支払額	△ 400	
【手順5】財務活動によるキャッシュ・フロー	(3) △ 17,400	
現金及び現金同等物に係る換算差額	(4) 0	
【手順5】現金及び現金同等物の増減額	(5) 48,414	【手順3】
現金及び現金同等物の期首残高	(6) 4,532	【手順8】
現金及び現金同等物の期末残高	(7) 52,946	【手順3・9】

〈キャッシュ・フロー分析〉

・(簡易)フリー・キャッシュ・フロー ＝ [営業活動によるキャッシュ・フロー (1)70,554] ＋ [投資活動によるキャッシュ・フロー (2)△ 4,740] ＝65,814千円…(8)

【手順4・5】

【手順4・5】

・1株当たり営業活動によるキャッシュ・フロー ＝

$$\frac{\text{営業活動によるキャッシュ・フロー}(1)70,554}{\left[\begin{array}{l}\text{次期期中平均発行}\\\text{株式総数　304株}\end{array}\right] - \left[\begin{array}{l}\text{次期期中平均自己}\\\text{株式数　　0株}\end{array}\right]} \times 1,000円 = 232,085円53銭…(9)$$

【手順2】　（P18）

〈予算基礎資料〉【手順1】

○「予算連結キャッシュ・フロー精算表」(P219)・「当期実績予想の連結キャッシュ・フロー計算書」・「連結予算編成方針」

【手順6】　【手順5】

第12章　連結予算財務諸表の作成　227

第**13**章

上場会社の場合の
公表用の業績予想管理

CASE ▶ 公表用の業績予想の作成

目的

　上場会社の場合、（1）内部予算の他に、決算短信の中で次期の（2）業績予想（売上高・各利益）を公表します。通常、第2四半期と通期の2つに区分して公表されます。

　売上高で10%以上、各利益で30%以上ブレる場合には、速やかに修正理由を付して、修正発表しなければなりません。投資家は将来に関心があるので、最も重要な開示情報の1つです。2つの予算は、つくる目的が異なります。

　（1）内部予算（目的：できるだけ高い目標にチャレンジする）

　（2）業績予想（目的：投資者保護の観点より達成の確実性が求められる）

　上記（1）を基礎として、合理的な調整を経て（2）「公表用の業績予想」を作成します。

作業手順

手順1 ▶ ①「予算連結損益計算書」（P221）及び②「月次予算連結損益計算書」（P157・159）より、③「連結業績予想管理表」へ転記する。

手順2 ▶ ④「当期（第2四半期含む）連結損益計算書」より、③の前期増減率を計算・記入する。

手順3 ▶ ③の各「調整」欄に以下の修正金額を記入し、その理由を明示する。

　（1）達成の確実性の観点からの修正

　（2）内部予算（取締役会承認：3月20日）（P155）から業績予想発表（4月30日）までの内部環境や外部環境の変化（例：為替レートの大幅な変動等）による修正

手順4 ▶ ③の内部予算＋調整＝業績予想値・比率等を計算・記入する。

手順5 ▶ ③の（3）（6）より、⑤「決算短信」の連結業績予想の各欄へ記入する。

手順6 ▶ 個別業績予想も公表する場合には、⑥「予算損益計算書」（P139）及び⑦「月次予算損益計算書」（P157・159）より、同様の手順で⑧「個別業績予想管理表」を作成し、⑤「決算短信」の（参考）個別業績の概要の個別業績予想へ記入する（P149参照）。

　⑩非連結の上場会社は⑤「決算短信」の開示が原則として必須となる。

手順7 ▶ ⑤「決算短信」の内容を取締役会で承認する（4月30日）。

チェックポイント

○③「連結業績予想管理表」は、①「予算連結損益計算書」及び②「月次予算連結損益計算書」より正しく記入されているかを検証します。

○③「連結業績予想管理表」の調整について合理的な根拠が示されているかを検証します。

○③「連結業績予想管理表」の内部予算＋調整＝業績予想値及び比率等が正しく計算されているかを検証します。

○③「連結業績予想管理表」より、⑤「決算短信」の連結業績予想へ正しく転記されているかを検証します。

○⑤連結業績予想がブレるリスク・免責事項が明示されているかを検証します。

連結業績予想管理表

(次期：×1年4月1日～×2年3月31日)

(%表示は、通期は対前期、四半期は対前年同四半期増減率)

		売上高		営業利益		経常利益		親会社株主に帰属する当期純利益		1株当たり当期純利益	
手順2		千円	% 前期増減率	千円	% 前期増減率	千円	% 前期増減率	千円	% 前期増減率	円	
	手順1 (1) 月次予算連結損益計算書：上期累計										
		60,750	13.4	7,685	742.7	7,236	740.4	3,346	740.7	11,006	58
	手順3 (2) 調 整										
第2四半期(累計)				△ 1,076		△ 1,013		△ 468			
	(調整理由) 各利益はP19の予算歩留率86%と同様と仮定する。										
	手順4 (1) ＋ (2) ＝(3)業績予想：第2四半期（累計）										
								上期:予想期中平均株式数		304	株
		60,750	13.4	6,609	624.7	6,223	622.8	2,878	623.1	9,467	11
	手順1 (4) 予算連結損益計算書（P221）：通期累計										
		153,090	13.0	45,626	739.9	44,748	740.0	26,647	740.1	87,654	61
	手順3 (5) 調 整										
通 期				△ 6,388		△ 6,265		△ 3,731			
	(調整理由) ：各利益はP19の予算歩留率86%と同様と仮定する。										
	手順4 (4) ＋ (5) ＝ (6) 業績予想：通期（累計）										
								通期:予想期中平均株式数		304	株
		153,090	13.0	39,238	622.3	38,483	622.4	22,916	622.4	75,381	58

×2年3月期 決算短信〔日本基準〕（連結） **手順7**

平成×1年4月30日

上 場 会 社 名 株式会社 スリー・シー・コンサルティング 上場取引所 東
コ ー ド 番 号 ○○○○ URL http://www.3cc.co.jp

代 表 者 (役職名) 代表取締役社長 (氏名) ○○ ○○
問合せ先責任者 (役職名) 経営企画・経理部長 (氏名) ○○ ○○ (TEL) ○○-○○○○-○○○○
定時株主総会開催予定日 ×1年6月27日 配当支払開始予定日 ×1年6月28日
有価証券報告書提出予定日 ×1年6月28日
決算補足説明資料作成の有無 ： 有 (百万円未満切捨て)
決算説明会開催の有無 ： 有 （証券アナリスト・機関投資家向け）

1. ×1年3月期の連結業績（×0年4月1日～平成×1年3月31日）
   (1) 連結経営成績
      …略…

3. ×2年3月期の連結業績予想（×1年4月1日～×2年3月31日）

(%表示は、通期は対前期、四半期は対前年同四半期増減率)

手順5	売上高		営業利益		経常利益		親会社株主に帰属する当期純利益		1株当たり当期純利益		
	百万円	%	百万円	%	百万円	%	百万円	%	円	銭	
第2四半期(累計)	60	13.4	6	624.7	6	622.8	2	623.1	9,467	11	
通 期	153	13.0	39	622.3	38	622.4	22	622.4	75,381	58	

…略…

(参考) 個別業績の概要 ＜重要性がない場合は省略が可能です＞
1. ×1年3月期の個別業績（×0年4月1日～×1年3月31日）
   (1) 個別経営成績
   …略…

2. ×2年3月期の個別業績予想（×1年4月1日～×2年3月31日）

(%表示は、通期は対前期、四半期は対前年同四半期増減率)

手順6	売上高		営業利益		経常利益		当期純利益		1株当たり当期純利益		
	百万円	%	百万円	%	百万円	%	百万円	%	円	銭	
第2四半期(累計)	(P157) 45	13.4	① 4	※－	② 4	※－	③ 2	※－	④ 9,401	32	
通 期	(P139) 113	13.4	(P149) 26	※－	(P149) 25	※－	(P149) 16	※－	(P149)54,036	18	

注： 「通期」：P149の考察より、転記する。各利益×予算歩留率86%の計算結果を各利益欄へ百万円単位 (切り捨て) で記入する。
　　 「第2四半期(累計)」はP157「月次損益計算書」各利益×予算歩留率86%の計算結果を各利益欄へ百万円単位(切り捨て)で記入する。
※ 前期増減比率が「1000%以上」の場合は「－」表示する。
①＝上期：営業利益 (P157) 5,139千円×86%÷1,000円＝<u>4 百万円</u> ②＝上期：経常利益 (P157) 4,839千円×86%÷1,000円＝<u>4 百万円</u>
③＝上期：税引前当期純利益 (P157) 4,839千円×86%×（(100%－(P18) 法定実効税率31.33%) ÷1,000円＝<u>2 百万円</u> (2,858千円)
④＝③2,858千円÷（304株－0株）×1,000円＝<u>9,401円32銭</u>

第13章 上場会社の場合の公表用の業績予想管理 **231**

スリー・シー・コンサルティングの予算事業

① 教育関連

■予算会計メルマガ

2012年より配信。大好評の時事ネタ満載「ほっと川柳」をはじめ、完全オリジナルのお役立ち情報を曜日別に配信。

- 月：中期経営計画の分析
- 火：決算説明会資料・質疑応答の分析
- 水：業績予想の修正理由の分析
- 木：有報計画開示の分析（MD&A・KAM等）
- 金：予算会計学（資金管理含む）

■予算関連月例開催セミナー

＜主なセミナーカテゴリー＞
- キャッシュ・フロー予算実務セミナー
- 計画開示の最新動向解説セミナー
- 専門家によるパネルディスカッションセミナー
  [例] M&AのPMI、KAMの適用と動向、人材戦略　等

■YouTube「社長のお悩み解決チャンネル」

キングレコードからKing&Preidentでデビュー！
「いいわけ？それで！？」
「シンデレラプレジデント」
サブスク音楽配信中
カラオケにも入っています

② 日本初のCF予算システム関連

予算会計エクスプレス 日本初 特許取得
予算数値を自動仕訳化し、
予算PL・BS・CF及び資金予算を早く、正確に
自動作成する標準予算システム

★QRコードより、簡易デモ動画が流れます。

＜特許概要＞

1. 入力画面（WEB）→自動予算仕訳→予算元帳→予算PL・予算BS→CF組替→予算CF
2. 入力画面（WEB）→自動資金予算仕訳→資金予算元帳→資金計画書
3. 上記1の「入力画面（WEB）→自動予算仕訳→予算元帳」のプロセスには、会計数値だけでなく、非会計数値（販売数量・生産数量・在庫数量・残業時間数・人員数・CO_2削減量など）も含む

上記より、すべての予算科目の内訳明細が予算元帳で一元管理できる。

【予算会計エクスプレスの概要】　【予算会計エクスプレス製品サイト】

③ 予算コンサルティング

■中小企業向け 社長伴走型_事業計画支援サービス

★お問い合わせ：kodama@3cc.co.jp

■著者紹介

児玉 厚（こだま　あつし）
TAKARA&COMPANY（旧宝印刷グループ）株式会社スリー・シー・コンサルティング
代表取締役
公認会計士・税理士
1957年生まれ。埼玉大学経済学部卒業後、神鋼商事㈱財務部経理課、東陽監査法人を経て、1999年㈱スリー・シー・コンサルティングを設立。
【主要著書】（共著含む）
『設例と図解でわかる　企業予算編成マニュアル』『有価証券報告書完全作成ガイド』『開示決算ガイドブック』『会社法決算書　完全作成ガイド』（以上、清文社）

海﨑 雅子（うみざき　まさこ）
公認会計士・税理士。海﨑雅子事務所　所長
1962年生まれ。関西外国語大学英米語学科卒業後、シャープ㈱海外事業本部勤務、㈲ソフィーア設立。専業主婦を経験し、1998年に公認会計士2次試験合格。監査法人トーマツを経て独立開業。

株式会社スリー・シー・コンサルティング

〈事業内容〉

① 【実績開示システム】日本初の法定開示書類の組替・計算・転記・照合を自動化するシステム「決算報告エクスプレス」〈特許取得〉を経て、現在X-Smart. のオプションツール「X-Smart.Advance」（1,200社超導入）→最新版「wizLabo」を宝印刷と共同開発。

② 【計画開示システム】BS・PL・CF・資金予算自動化システム「予算会計エクスプレス」〈特許取得〉の開発・販売・サービス支援。「WizLabo」へOEM提供→「WizLabo Budget」。

〈所在地〉〒171-0033　東京都豊島区高田3-14-29　KDX高田馬場ビル7階
　　　　　TEL：03-6863-7200　FAX：03-6863-7201
　　　　　URL：https://www.3cc.co.jp/

改訂増補 予算会計

連結キャッシュ・フロー予算制度の構築に向けて

2016年2月5日　初版発行
2022年4月8日　第2刷発行

著　者　　児玉　厚・海﨑　雅子 ©

発行者　　小泉　定裕

発行所　　株式会社 清文社

東京都文京区小石川1丁目3-25（小石川大国ビル）
〒112-0002　電話03（4332）1375　FAX 03（4332）1376
大阪市北区天神橋2丁目北2-6（大和南森町ビル）
〒530-0041　電話06（6135）4050　FAX 06（6135）4059
URL https://www.skattsei.co.jp/

印刷：亜細亜印刷㈱

■著作権法により無断複写複製は禁止されています。落丁本・乱丁本はお取り替えします。
■本書の内容に関するお問い合わせは編集部までFAX（03-4332-1378）またはedit-e@skattsei.co.jpでお願いします。
■本書の追録情報等は、当社ホームページ（https://www.skattsei.co.jp/）をご覧ください。

ISBN 978-4-433-56985-3